W0177725

Tina Caspari

Bille & Zottel

Ein Zirkuspony zum Liebhaben

Schneiderbuch

EGMONT

© 2016 Schneiderbuch
verlegt durch EGMONT Verlagsgesellschaften mbH,
Gertrudenstraße 30–36, 50667 Köln
Alle Rechte vorbehalten
Der vorliegende Sammelband enthält folgende Titel:
Pferdeliebe auf den ersten Blick (1976)
Zwei unzertrennliche Freunde (1977)
Mit einem Pferd durch dick und dünn (1977)
Umschlaggestaltung: Guter Punkt, München | www.guter-punkt.de
Umschlagmotiv: © Guter Punkt unter Verwendung von Motiven von iStock
Layout und Satz: Greiner & Reichel, Köln
Printed in the EU (675292)
ISBN 978-3-505-13807-2

Die EGMONT Verlagsgesellschaften gehören als Teil der EGMONT-Gruppe zur
EGMONT Foundation – einer gemeinnützigen Stiftung, deren Ziel es ist, die sozialen,
kulturellen und gesundheitlichen Lebensumstände von Kindern und Jugendlichen zu
verbessern. Weitere ausführliche Informationen zur EGMONT Foundation unter:
www.egmont.com

Inhalt

Pferdeliebe auf dem ersten Blick   9

Zwei unzertrennliche Freunde   135

Mit einem Pferd durch dick und dünn   257

Pferdeliebe
auf den ersten Blick

Bille hat Probleme

„Kannst du nicht ein bisschen schneller fahren?", jammerte Bille und duckte sich hinter Karlchens breiten Rücken.

„Wenn ich den Karren in den Graben fahre, kriege ich ihn von meinem Bruder nie wieder!" Karlchen bremste so scharf, dass das Moped schlingerte und quer auf der Fahrbahn zum Stehen kam. „Außerdem ist es sowieso zu spät. Sieh mal, da!"

„Mist!"

Da vorne bog Mutschs klappriger Kombi um die Ecke und hielt mit quietschenden Bremsen vor dem windschiefen Strohdachhaus. Wie jeden Morgen kam sie aus Neukirchen, wo sie auf dem Großmarkt Frischware für ihr kleines Lebensmittelgeschäft besorgt hatte. Warum musste sie ausgerechnet heute so pünktlich sein!

„Was mach ich denn nun bloß? Wäre eure blöde Kiste gleich angesprungen, wäre uns das nicht passiert!", maulte Bille.

„Und wärst du nicht so verrückt darauf, morgens um fünf schon heimlich in den Pferdestall zu gehen, dann bräuchte ich mich jetzt nicht von dir anmeckern zu lassen. Hab ich das nötig?", gab Karlchen zurück.

„Hast ja recht, entschuldige."

Bille sah so todunglücklich aus, dass Karlchens Herz dahinschmolz wie ein Eis am Stiel in der Sonne.

„Also gut – schleich dich durch den Garten nach oben. Ich versuche sie abzulenken."

„Das ist super von dir! Danke!" Bille boxte Karlchen liebevoll und schlich sich im Schutz der Büsche davon.

„Bis später!", rief Karlchen ihr leise nach, dann fegte er mit einem Kavaliersstart die Straße hinunter auf Frau Abromeit zu, die gerade damit begann, ihre Waren auszuladen.

„Morgen, Frau Abromeit!", hörte Bille ihn rufen.

„'n Morgen, du alter Krachmacher, geht's nicht ein bisschen leiser?"

Bille kletterte von dem Holzstoß hinterm Haus auf die Garage, und von dort über den Birnbaum aufs Dach und in ihr Mansardenfenster hinein. Drinnen blieb sie stehen und lauschte.

Verdammt! Mutsch kam schon die Treppe herauf!

Mit einem Satz war Bille im Bett – so wie sie war, in Stiefeln, Jeans und Pulli. Sie zog sich die Bettdecke bis über die Nasenspitze und tat, als schliefe sie fest.

„Bille! Aufstehen – es ist schon halb sieben!"

Mutsch öffnete die Tür und sah ins Zimmer.

„Nun los, Kind, du musst dich beeilen, raus aus den Federn!"

Bille tat so, als müsse sie laut gähnen.

„Schon gut, Mamutschka, ich komm schon …"

Im Stillen schickte sie ein Stoßgebet zum Himmel, ihre Mutter möge nicht auf die Idee kommen, neben ihrem Bett stehen zu bleiben, bis sie sich erhob, oder ihr gar die Decke wegzuziehen. Aber nein, ihr Gebet wurde erhört.

„Ich muss wieder runter, den Wagen fertig ausladen. Putz dir die Zähne gründlich", sagte Frau Abromeit und schloss die Tür hinter sich.

Puh! Das war noch mal gut gegangen. Bille wartete sicherheitshalber, bis sie ihre Mutter unten mit den Gemüsekisten hantieren hörte, dann sprang sie aus dem Bett, zog sich aus und lief ins Bad hinüber. Nur gut, dass Mutsch den intensiven Pferdestallgeruch heute nicht bemerkt hatte. Bille war ganz schön heiß geworden unter der Bettdecke. Egal. Hauptsache, Mutsch hatte sie nicht erwischt. Das hätte wieder ein Theater gegeben!

Karlchen war doch einsame Spitze!

Eigentlich war er wie ein Bruder, überlegte Bille, während sie den Wasserhahn aufdrehte und den Schwamm drunterhielt. Wie der Bruder, den sie sich immer gewünscht hatte: ein Jahr älter und ein richtig guter Freund, auf den man sich verlassen konnte. Bille hatte zwar eine Schwester, aber die war zwölf Jahre älter als sie und genau der Typ, der einem ewig als leuchtendes Beispiel vor die Nase gehalten wird. Bille ließ sich das kalte Wasser über Gesicht, Hals und Schultern laufen. Ah, das tat gut!

Mit Karlchen hatte sie gespielt, seit sie laufen konnte. Mit ihm konnte man jeden Blödsinn machen, und wenn es nötig war, hatte er sich auch mal für sie geprügelt.

Als Bille frisch gewaschen und angezogen in ihr kleines Zimmer zurückkehrte und ans Fenster trat, sah sie drüben bei Brodersens Karlchen am Fenster, der gerade seine Bücher in die Schultasche stopfte.

„Alles gut gegangen!", signalisierte Bille ihm hinüber, und Karlchen winkte zurück: „Verstanden!" Sie hatten seit Langem ihre geheime Zeichensprache.

Karlchen verschwand vom Fenster. Bille lehnte sich hinaus. Wenn sie sich ein wenig vorbeugte, konnte sie links bis nach Groß-Willmsdorf hinübersehen. Dort lagen die breiten

Wirtschaftsgebäude des Gutshofs, und da vorne das Ziel all ihrer Träume und Wünsche: der Pferdestall. Da hatte sie vor einer Stunde noch mit Karlchen frisches Stroh in den Boxen verteilt, bis sie merkte, dass ihre Uhr stehen geblieben war.

Hubert, Karlchens älterer Bruder, der gemeinsam mit dem alten Petersen die Arbeit im Pferdestall besorgte, hatte nicht lange gefackelt: Er hatte Karlchen sein Moped geliehen, damit Bille noch pünktlich nach Hause kam. Jetzt waren Petersen und Hubert sicher dabei, die Pferde für die Morgenarbeit zu satteln. Wie schön wäre es, statt in die Schule zu fahren, in dem Versteck in der großen Kastanie zu sitzen und von dort aus Herrn Tiedjen, dem berühmten Springreiter, zuzuschauen, wie er den jungen Fuchshengst Patrick ritt oder mit einem der anderen Pferde für den Preis der Nationen trainierte!

„Bille! Wo bleibst du denn! Komm frühstücken!", hörte sie Mutsch auf der Treppe ärgerlich rufen.

Seufzend ergriff Bille ihre Schultasche, holte schnell noch das Englischbuch unter ihrem Kopfkissen hervor und rannte die Treppe hinunter.

In der geräumigen Küche, die zugleich als Hinterzimmer und Lager des kleinen Ladens diente, hatte ihr Mutsch das Frühstück hingestellt. Eine Scheibe Schwarzbrot mit Schinken und ein Butterbrötchen mit selbst gemachter Erdbeermarmelade warteten auf dem Teller, Tee und Milch dampften in der Tasse. Bille hatte einen Riesenhunger. Schließlich war sie seit halb fünf Uhr auf und hatte kräftig gearbeitet.

„Hm, danke, das sieht ja super aus!" Bille biss gierig von dem Schinkenbrot ab.

„Nun schling nicht wieder so. 's nimmt dir ja keiner weg!"

Mutsch trank ihre Teetasse leer und räumte ihr Gedeck weg. „Ich hab Karlchen Brodersen vorhin getroffen, er kam schon von der Arbeit. Tüchtiger Junge. Nicht so 'n Langschläfer wie du!"

„Och der …", sagte Bille gleichgültig und dachte bei sich: Wenn du wüsstest!

„Will sich Geld verdienen für ein eigenes Moped, hat er mir erzählt."

„Blöd", murmelte Bille.

„Ich kann das nicht blöd finden, wenn einer mit vierzehn schon sein eigenes Geld verdient – neben all der Arbeit für die Schule."

„So meine ich das ja nicht. Was ich blöd finde, ist, dass er im Pferdestall arbeitet und sich überhaupt nicht für Pferde interessiert. Ihm geht's bloß ums Geld, die Tiere sind ihm egal", sagte Bille verächtlich. „Wenn ich es wäre – ich würde noch mein ganzes Taschengeld dazugeben, wenn man es von mir verlangte, um Herrn Tiedjens Pferde versorgen zu dürfen!"

„Ach ja", stöhnte Mutsch, „da wären wir denn ja wieder beim Thema. Hätte mich auch gewundert, wenn mal eine Mahlzeit vorübergeht, ohne dass du davon anfängst. Na, ich muss jetzt in den Laden. Vergiss bitte nicht – was ist denn das?", unterbrach sie sich.

Mutsch hatte im Vorbeigehen das Englischbuch hochgenommen und einen Blick hineingeworfen. Dabei musste sie entdecken, dass darunter ein Pferdebuch lag.

„Mädchen, Mädchen! Was soll denn das nun wieder …" Mutsch schüttelte verzweifelt den Kopf.

Steter Tropfen höhlt den Stein, dachte Bille. Eines Tages musst du doch nachgeben und mich reiten lassen!

Zum Glück ging jetzt die Ladenklingel und Mutsch hatte keine Gelegenheit mehr, ihr eine Gardinenpredigt zu halten.

„Morjn, Olga!", hörte Bille jemanden sagen.

Das konnte nur Onkel Paul sein. Bille spitzte die Ohren.

„Na, wie geht's uns denn immer so?"

„Äh …", machte Mutsch unbestimmt. „Wie immer?", fragte sie dann, um Onkel Paul abzulenken.

„Wie immer."

Bille hörte, wie Mutsch für Onkel Paul die Brötchen in die Tüte füllte und über den Ladentisch schob.

„Schlechte Geschäfte, wie?"

„Ach, wenn's nur das wäre. Aber die Lütte mit ihrem Pferdefimmel, das macht mich reineweg verrückt! Wo soll das bloß hinführen! So was Nutzloses. Und nix anderes im Kopp!" Mutsch redete sich richtig in Zorn. „Reiten lernen! Als ob wir uns das leisten könn-ten – das wär ja noch schö-ner! Als wenn wir reiche Leute wären – und keine anderen Sorgen hätten!", ereiferte sie sich.

„Na, na, nun mal langsam, Olga. Also erstens ist die Lütte doch ganz in Ordnung. Hat sie nicht bis jetzt immer gute Zeugnisse nach Hause gebracht?"

„Das schon, aber …"

„Und zweitens: Was den Pferdefimmel betrifft, da kann ich mich gut an eine junge Dame erinnern, der man vor dreißig Jahren – noch keine zwölf war sie! – vorgeworfen hat, sie würde sich mehr um die Pferde als um die Menschen kümmern. Die lieber im Stall geschlafen hat als in einem Bett, die …"

„Ach, hör doch auf!", unterbrach ihn Mutsch. „Das war was ganz anderes damals, das ist doch alles vorbei und vergessen. Die Zeiten haben sich geändert!"

Bille kaute vor Aufregung immer schneller. Hochinteressant, was man da zu hören bekam! Dass Mutsch in ihrer Jugend auch so ein Pferdenarr gewesen war, hatte sie Bille bisher wohlweislich verschwiegen! Nur gut, dass Onkel Paul Mutsch schon als kleines Mädchen gekannt hatte.

Sie waren damals in Ostpreußen Nachbarskinder gewesen. Später waren ihre Familien auf der Flucht in einem Treck hier nach Wedenbruck gekommen und hatten sich eine neue Existenz aufgebaut. Mutsch hatte einmal erzählt, dass auf dem Treck auch ein paar wertvolle Trakehnerstuten mitgeführt wurden, die nach Groß-Willmsdorf kamen und deren Nachfahren jetzt unter Herrn Tiedjens erfolgreichsten Springpferden zu finden waren.

„Meine Große, die Inge", fuhr Mutsch drüben fort, „die hat nie solche Flausen im Kopf gehabt. Die hat von Anfang an gewusst, wo ihr Platz im Leben ist – und nicht so rumgesponnen wie unser Küken da. Wenn wenigstens ihr Vater noch lebte – der hätte ihr die Dummheiten schon längst ausgetrieben. Aber auf mich hört sie ja nicht."

„Aber Olga, was ist denn daran nun so Schlimmes, wenn man Pferde liebt und gerne reiten möchte! Du kannst doch deiner Tochter nicht was verbieten, was du haargenauso gemacht hast! Von wem hat sie's schließlich?!"

„Sieh mal einer an!", sagte Bille.

„Das war ganz was anderes!", entgegnete Mutsch heftig. „Wir waren Bauern, für uns waren die Pferde damals lebenswichtig. Heute ist das doch nur noch Luxus."

Für mich sind Pferde auch lebenswichtig, dachte Bille. Sie hätte sich allmählich auf den Weg machen müssen, Karlchen wartete sicher schon. Aber dieses Gespräch konnte sie sich auf keinen Fall entgehen lassen.

„Nur weil du damals einen dicken Strich unter deine Reiterträume gemacht hast, kannst du deiner Tochter doch nicht verübeln, dass sie die gleichen Träume hat!", sagte Onkel Paul.

„So verrückt war ich nie!"

„Du warst noch verrrrückter."

Mutsch schwieg betroffen. Dann flüsterte sie, Bille konnte nicht verstehen, was sie sagte. Wahrscheinlich machte sie Onkel Paul darauf aufmerksam, dass ihr Gespräch mitgehört wurde. Jedenfalls räusperte sich Onkel Paul übertrieben laut und Bille sah ihn in Gedanken vor sich, wie er über das ganze Gesicht grinste.

„Ich kann ihr den Luxus jedenfalls nicht bieten", sagte Mutsch bestimmt. „Sie soll sich man beizeiten um einen ordentlichen Beruf kümmern. Wer weiß, was alles noch kommt. Der Laden geht immer schlechter, jeder will heute nur noch in Supermärkten kaufen, wo er 'ne Riesenauswahl hat und alles zu Sonderpreisen kriegt. Da kann ich nicht mehr mithalten. Wir Kleinen gehen alle kaputt an euch großen Haien. Ja, ja – sieh mich nicht so an, du gehörst auch dazu mit deinem Spar-Markt. Und so jung bin ich auch nicht mehr …"

„Nu hör aber auf", brummte Onkel Paul.

„Jedenfalls werde ich froh sein, wenn für das Küken gesorgt ist. Große Extrawürste sind da nicht drin."

Drüben wurde die Tür aufgerissen, die Ladenklingel schellte.

„Ist Bille noch nicht fertig?", fragte Karlchen atemlos.

„Ich komme schon!", rief Bille, ehe Mutsch antworten konnte. Sie sprang auf, packte das Pferdebuch zusammen mit dem Pausenbrot in die Schultasche, trank im Stehen schnell den letzten Schluck Tee und rannte durch den Laden.

„Tschüss, ihr beiden Streithammel!", rief sie übermütig und zog Karlchen mit nach draußen.

Ihr Fahrrad stand noch in der Garage. Karlchen fuhr ungeduldig im Kreis herum, bis sie es endlich an Mutschs Wagen vorbeigeschoben hatte und auf der Straße stand.

„Nun beeil dich schon, wir sind verdammt spät dran!"

„Weiß ich doch."

Als sie draußen auf der Landstraße waren, fragte Karlchen plötzlich: „Warum hast du das vorhin gesagt?"

„Was denn?"

„Na, das mit den Streithammeln!"

„Ach …", keuchte Bille, sie mussten kräftig gegen den Wind anradeln, der von der Ostsee herüberkam und ein wenig nach Salz schmeckte, „weißt du, sie haben sich ewig in der Wolle. Onkel Paul wirft Mutsch vor, dass sie so eigensinnig an dem Laden hängt, wo sie doch anderswo viel mehr verdienen könnte und nicht so schwer arbeiten müsste. Und Mutsch wirft Onkel Paul vor, dass er drüben in Leesten den Spar-Markt bauen will, weil sie dann noch mehr Kunden verliert, und dass er abends so oft im Krug am Stammtisch sitzt. Und dann meckert er wieder zurück, dass sie sich seit dem Tod von Vater nicht mehr hübsch zurechtmacht – und all so was."

„Aber er geht doch dauernd zu ihr hin? Und da tun sie nichts weiter als streiten?"

„Verrückt, nicht?"

„Ich weiß nicht. Sie müssen sich gewaltig lieben …", meinte Karlchen philosophisch.

„Wie kommst du darauf?"

„Bei meinen Eltern ist das so. Den ganzen Tag streiten sie sich, immer die gleiche Litanei, aber wehe, du sagst selbst mal was von dem, was sie sich so vorwerfen! Dann kannst du was erleben – dann gehen die richtig in die Luft!"

„Da ist Helga!", unterbrach Bille Karlchens Überlegungen.

„Wer ist Helga?"

„Unsere Neue."

Aus der Seitenstraße, die aus dem Nachbarort auf die Hauptstraße zulief, bog ein zierliches schwarzhaariges Mädchen ein und gesellte sich zu ihnen. Bille machte sie mit Karlchen bekannt. Karlchen bekam große Augen, als die hübsche Helga ihm gerade ins Gesicht sah, und seine Ohren nahmen unversehens die Farbe seiner brandroten Haare an.

„Wann habt ihr heute aus?", fragte Karlchen.

„Halb eins", antwortete Bille.

„Schade", seufzte Karlchen. „Ich erst um halb zwei."

Ein Sturz mit glücklichen Folgen

„He, Bille, wo willst du denn so schnell hin?", rief Heike.

„Lass sie. Seit die nur noch die Pferde im Kopf hat, ist sie ein hoffnungsloser Fall", sagte die pummelige kleine Elli und stopfte den Rest ihres Pausenbrots in den Mund.

Heike band gerade ihren Pferdeschwanz zusammen und suchte unter der Bank vergeblich nach der Haarspange.

„Ja, ich glaube auch, die können wir abschreiben", sagte sie seufzend, wobei nicht ganz klar war, ob sie die Spange oder Bille meinte. „Seit Wochen ist sie nicht mehr mit zum Schwimmen gekommen. Ich versteh sie nicht."

„Ich schon", mischte sich Helga ein, die eigentlich ein bisschen traurig war, dass Bille nicht auf sie gewartet hatte. „Pferde sind doch was Wunderbares. Und Reiten. Aber wer kann sich das schon leisten."

„Bille Abromeit sicher nicht!", sagte Elli spitz.

Bille war wie immer als Erste draußen gewesen. Noch während die Schulglocke durch die Gänge schrillte, rannte sie über den Hof. Sie feuerte ihre Mappe mit gezieltem Griff auf den Gepäckträger, sprang aufs Rad und flitzte die Straße hinunter.

Wenn sie vor dem Mittagessen noch an der Koppel vorbeiwollte, musste sie sich beeilen.

Drei Kilometer nach Niendorf, dem Ort, in dem das

Schulzentrum für sämtliche umliegenden Dörfer lag, bog sie von der Chaussee ab und fuhr auf einem Feldweg zur Stutenkoppel hinüber.

Heute waren nur Donau und Iris hier draußen, die beiden, die noch nicht gefohlt hatten. Die Köpfe gesenkt, standen sie in der Mitte der Koppel und rupften bedächtig die saftigsten Grasbüschel heraus. In ihren Mähnen spielte der Wind und Donaus fuchsrotes Fell leuchtete in der Mittagssonne, als hätte man sie in flüssiges Gold getaucht. „Donau! Iris!" Bille kramte in ihrer Tasche nach den mitgebrachten Karotten. „Kommt her, meine Schönen, ich hab was für euch!"

Donau und Iris trotteten langsam heran, die gerundeten Bäuche schwer von dem bald zu erwartenden Nachwuchs. Als Erste streckte Donau ihren Kopf über den Zaun. Sie war jahrelang das erfolgreichste Springpferd in Herrn Tiedjens Stall gewesen. Nun hoffte er, dass sie ebenso erfolgreiche Kinder bringen würde. Dieses war ihr erstes Fohlen, in zwei Wochen sollte es so weit sein.

Donau nahm zart eine Möhre aus Billes flach ausgestreckter Hand. Wie weich ihr Maul war, wie hübsch die großen dunklen Augen, die schmale Blesse auf dem zierlichen Kopf, die kleinen Ohren! So ein Pferd einmal reiten zu dürfen – Bille bekam Herzklopfen, wenn sie nur daran dachte!

Inzwischen war auch Iris herangekommen. Sie war etwas kleiner als Donau, eine Rappstute mit einer weißen Flocke auf der Stirn und ein wenig scheu und kapriziös.

„Na, Gnädigste, gibst du mir heute die Ehre?"

Die Ohren der Stute spielten unruhig. Ganz lang machte sie den Hals, um Billes Hand zu erreichen. Bille spürte den warmen Hauch ihrer Nüstern, als sie prüfend die darauf liegende Mohrrübe beschnupperte.

„Aber, aber – wer wird denn so misstrauisch sein! So ist es gut, siehst du? Das schmeckt, nicht wahr?"

Iris war ein hervorragendes Springpferd. Trotzdem hatte sie wenig Erfolg gehabt, denn ihre Nervosität bei zu laut klatschendem Publikum oder ungewohnten Geräuschen ließ sie immer wieder Hindernisse verweigern oder unkonzentriert springen. Nun wollte Herr Tiedjen versuchen, ob die Mutterfreuden sie ruhiger machten.

Bille wusste alles über die Pferde in Groß-Willmsdorf. Der alte Petersen beantwortete bereitwillig all ihre Fragen, und zu Hause waren die schrägen Wände ihres Dachzimmers tapeziert mit Fotos und Zeitungsartikeln, die von Herrn Tiedjen und seinen Erfolgen berichteten.

Jetzt wurde es aber höchste Zeit, nach Hause zu fahren.

„Tschüss, meine Schönen, macht's gut!"

Bille schob das Rad zurück auf den Weg und stieg auf. Die Stuten begleiteten sie ein Stück am Koppelzaun entlang und wandten sich dann wieder dem Gras zu.

Bille richtete sich hoch auf und trat mit aller Kraft in die Pedale. Mit leicht vorgeneigtem Kopf und halb geschlossenen Augen die Haltung eines Springreiters nachahmend, träumte sie, sie flöge auf Donaus Rücken über die Hindernisse. Hier, der Wassergraben – weit hinüber – das Publikum klatscht – jetzt die Mauer – geschafft! Scharf weitergaloppieren, um vor dem nächsten Sprung noch ein wenig Zeit herauszuholen – ein, zwei Sekunden schneller sein als die anderen!

Sie war inzwischen wieder auf der Straße, die blonde Mähne flog im Wind wie eine Fahne. Bille befand sich gerade im zweiten Stechen mit einem fehlerlosen Ritt auf dem Wege zum Sieg. Ein letzter Sprung noch …

Schrilles Reifenquietschen riss sie aus ihren Träumen. Bille warf sich mit dem Rad zur Seite und landete in hohem Bogen im Straßengraben. Das linke Knie schmerzte heftig, und in dem schönen neuen Sommerrock klaffte ein riesiges Loch. Blut tropfte am Bein hinunter und färbte die weißen Sandalen rot. Bille versuchte sich aufzurappeln. Über ihr erschien das entsetzte Gesicht von Herrn Tiedjen.

„Um Gottes willen, Mädchen, was machst du denn für Sachen! Lass mal sehen, kannst du noch auftreten?"

Herr Tiedjen war käseweiß im Gesicht und untersuchte vorsichtig Billes Bein.

„Komm, stütz dich auf mich, ich bring dich zum Arzt."

Er führte sie zum Wagen und half ihr auf den Sitz. Dann packte er das verbogene Fahrrad in den Kofferraum.

„Bist du nicht die Jüngste von Frau Abromeit? Die so viel bei uns im Pferdestall herumhockt?"

Bille nickte stumm, der Schreck saß ihr noch in allen Gliedern.

„Wie heißt du mit Vornamen?"

„Sibylle – aber alle nennen mich Bille."

„Und wie alt bist du, Bille?"

„Zwölf. Aber ich werde bald dreizehn."

Das Knie brannte scheußlich. Trotzdem genoss Bille es, in so einem tollen Wagen dahinzuflitzen – neben ihrem heimlichen Idol. Sie hätte so gerne mit ihm über ihre Zukunftsträume und Pläne geredet, aber vorerst brachte sie kein Wort heraus.

Die Fahrt war viel zu schnell vorbei. Herr Tiedjen hob Bille aus dem Auto und trug sie zum Haus des Arztes.

Zwanzig Minuten später standen sie wieder auf der Straße, Bille mit einem dicken Verband um das Knie. Herr Tiedjen hatte vom Arzt aus bei Billes Mutter angerufen und ihr schonend beigebracht, was passiert war.

„Na, was hältst du von einer Limonade oder einem Eisbecher auf den Schreck hin, hm?"

„Au ja!", sagte Bille strahlend. Als sie in der Konditorei saßen und Bille sich hingebungsvoll über einen riesigen Eisbecher mit Früchten hermachte, kam Herr Tiedjen wieder auf den Unfall zurück.

„Nun sag mir bloß einmal, Mädchen, wo du deine Gedanken gehabt hast, als du da so die Straße entlanggeschossen bist. Du kamst mir ja wie eine Rakete entgegen!"

„Ich – ich habe geträumt. Ich meine …", Bille musste allen Mut zusammennehmen, „ich habe mir vorgestellt, ich sei auf einem Turnier und würde Donau reiten. Und gerade als ich im Stechen das letzte Hindernis vor mir hatte – alle anderen hatte ich fehlerlos geschafft –, da …"

„Moment mal. Du träumst, dass du reitest, wenn du Fahrrad fährst?" Herr Tiedjen lachte.

Bille lief rot an. Wie konnte er darüber lachen?!

„Was soll ich denn machen, wenn ich keine Möglichkeit habe zu reiten?", sagte sie empört. „Sie haben gut lachen. Sie haben jede Menge Pferde und reisen von Turnier zu Turnier! Aber ich? Von meinem Taschengeld kann ich mir nicht mal eine Reitstunde im Monat leisten. Außerdem ist Mutsch dagegen. Sie meint, Reiten sei nur was für reiche Leute."

Herr Tiedjen sah Bille lange prüfend an. In ihrem Gesicht lag so viel Sehnsucht und Enttäuschung, aber auch Entschlossenheit und Leidenschaft, dass er unwillkürlich an seine eigene Kindheit denken musste, an die Tage, als er morgens um fünf schon im Stall war, an die schlechten

Zeugnisse, die Strafen, den Stubenarrest – an alles, was er in Kauf genommen hatte um der Pferde und um des Reitens willen.

„Deine Mutter hat unrecht, Bille. Reiten ist etwas für Menschen, die Pferde lieben, sie so sehr lieben, dass sie bereit sind, jedes Opfer für diese Liebe zu bringen." Herr Tiedjen sah Bille nachdenklich an. „Ich könnte mir vorstellen, dass du diese Pferdeliebe besitzt. Und ich habe das Gefühl, wir sollten etwas dafür tun, meinst du nicht? Aber darüber wollen wir gemeinsam mit deiner Mutter sprechen." Er lächelte. „Komm. Du wirst mit mir zufrieden sein."

Herr Tiedjen stand auf und reichte Bille den Arm.

In der Tür stießen sie mit Dr. Dörfler zusammen.

„Hallo – das passt ja großartig, dich suche ich nämlich gerade!", sagte der Tierarzt und schüttelte Herrn Tiedjen die Hand. „Ich konnte allerdings nicht ahnen, dass du um diese Zeit schon mit jungen Damen zum Eisessen ausgehst!"

„Du hast mich gesucht? Es ist bei mir drüben doch nichts passiert?", fragte Herr Tiedjen beunruhigt.

„Um Himmels willen, nein! Du brauchst nicht gleich blass um die Nase zu werden. Es betrifft mich. Hast du einen Augenblick Zeit? Gut. Aber jetzt brauche ich erst einmal einen Schnaps, der Schreck ist mir in die Glieder gefahren."

Sie kehrten an den Tisch zurück und setzten sich.

„Nun mach's nicht so spannend. Von was für einem Schrecken sprichst du?"

„Zirkus Sandranelli – schon mal was davon gehört?"

„Nein, ist das eine Bildungslücke?"

„Ganz sicher nicht." Dr. Dörfler lachte bitter. „Es ist der traurigste Lumpenhaufen, der mir je im Leben zu Gesicht gekommen ist."

Die Kellnerin brachte seinen Schnaps und er trank das Glas in einem Zuge leer.

„Nun erzähl schon."

„Da gibt's nicht viel zu erzählen. Ein kleiner Wanderzirkus. Ein paar Kilometer von hier haben sie Station gemacht. Weiß der Himmel, wie sie überhaupt so weit gekommen sind. Jedenfalls hat dort ein gutherziger Mitbürger Anzeige erstattet. Wegen Tierquälerei. Und man hat mich als Gutachter hingeschickt. Ich will dich mit näheren Beschreibungen verschonen. Ein paar der Tiere musste ich gleich einschläfern, um sie von weiteren Qualen zu erlösen, andere hat der örtliche Tierschutzverein aufgenommen."

Dr. Dörfler strich sich über die Stirn, dann schüttelte er heftig den Kopf, als müsse er den Eindruck mit Gewalt verscheuchen.

„Verseucht, verhungert, auf engstem Raum zusammengepfercht – in schmutzigen Kisten und Käfigen, voller Ungeziefer. Na, ich glaube, dir wäre übel geworden bei dem Anblick", erzählte der Tierarzt weiter.

„Unbegreiflich, dass da nicht viel früher jemand eingegriffen hat! Aber so sind die Leute: feige, ohne Verantwortungsgefühl. Keiner will sich die Finger verbrennen, jeder hofft, dass der andere es tut. Aber nun sag mir, was hat das mit mir zu tun?"

„Hör nur weiter. Sie hatten unter anderem ein Kleinpferd da, ein typisches Zirkuspferd, bunt gesprenkelt und der verrückteste kleine Kerl, den ich je gesehen habe. Übrigens das Einzige von den Tieren, das nicht total verhungert war – und noch jung, kaum älter als vier, fünf Jahre …"

Dr. Dörfler zögerte und sah Herrn Tiedjen von der Seite an. „Ja und?", fragte der.

„Er sollte auf den Schlachthof. Zum Pferdemetzger. Keiner wollte ihn haben."

„Armer Kerl! So eine Gemeinheit!", fuhr Bille auf.

„Ja, das dachte ich auch. Er gefiel mir, ich brachte es einfach nicht übers Herz, ihn in den Tod zu schicken. Ich habe ihn gekauft."

Herr Tiedjen bekam Kulleraugen.

„Du hast was? Das darf doch nicht wahr sein. Was willst du denn mit einem Zirkuspferd, du hast doch noch nicht einmal eine Garage, geschweige denn einen Stall. Willst du es mit ins Bett nehmen?"

„Na, auf dem Sofa wäre noch Platz. Da könnte es gleich fernsehen und langweilt sich nicht, wenn es so viel allein sein muss", sagte Dr. Dörfler, ohne eine Miene zu verziehen. „Und vielleicht könnte ihm jemand das Kochen beibringen. Dann müsste ich nicht immer im Gasthaus essen."

Herr Tiedjen grinste.

„Allmählich begreife ich. Ich gehe wohl nicht fehl in der Annahme, dass du bei mir um ein warmes Plätzchen für deinen Findling bitten wolltest."

Jetzt grinste auch Dr. Dörfler.

„Genau so ist es. Ich schenke ihn Groß-Willmsdorf, wenn du bereit bist, ihn durchzufüttern."

„Tja, Bille, was meinst du? Für einen solchen ‚Pflegefall' brauche ich natürlich noch eine Hilfskraft. Würdest du dir eine solche Aufgabe zutrauen? Ihn betreuen – und reiten? Er ist durch den Zirkus bestimmt vollkommen verdorben, der arme Kerl, wer weiß, was sie mit ihm alles angestellt haben. Aber vielleicht können wir ihn wieder hinbiegen und später zum Kauf anbieten. Die Peershofer suchen immer noch ein weiteres Pferd für ihre Kinder. Natürlich wird dir Petersen erst einmal zur Seite stehen. Aber wenn du es schaffst, darfst du die Verantwortung für unser Pflegekind auch ganz allein übernehmen. Na, wie wär's?"

„Ist es ein Pony?", fragte Bille.

Ponys waren in ihren Augen keine richtigen Pferde, schon gar nicht zum Reiten.

„Ein Kleinpferd. Kein Pferd im Taschenformat, wie du dir vielleicht vorstellst. Nur etwas kleiner als Herrn Tiedjens Pferde, falls das deine Sorge ist", sagte Dr. Dörfler lachend, „für dich ist es allemal groß genug."

„Klar schaff ich das! Wann können wir es abholen?", sagte Bille strahlend. „Ist es krank? Muss ich es erst gesund pflegen? Ist es sehr schwach? Na, ich werde es schon rausfüttern!"

„Das wird gar nicht nötig sein. Ich sagte ja schon: Erstaunlicherweise ist es in recht gutem Zustand, keine Ahnung, wie es das geschafft hat. Es ist nur schrecklich ungepflegt – es sieht zum Fürchten aus."

„Das macht nichts, ich kriege es schon hin."

Die beiden Männer zwinkerten sich zu.

„Na bitte, da hörst du's. Also, wann und wo können wir es abholen?"

„Jederzeit. Es steht in Neukirchen beim örtlichen Tierschutzverein im Lupinenweg. Sie haben nicht sehr viel Platz dort und mussten es im Fahrradschuppen unterbringen, aber dort steht es wenigstens trocken und geschützt."

„So, Bille, jetzt müssen wir aber heimfahren, sonst bekommen wir noch Ärger mit deiner Mutter, und aus ist's mit der Zustimmung zu unseren Plänen."

Sie standen auf und verabschiedeten sich von Dr. Dörfler.

„Helfen Sie mir, wenn ich mal nicht weiterweiß? Ich meine, wenn es mal krank ist oder nicht fressen will oder …"

„Selbstverständlich, ich komme ja sowieso regelmäßig nach Groß-Willmsdorf. Du darfst mich jederzeit holen."

„Danke!", sagte Bille glücklich. „Hoffentlich mag es mich. Wenn ich an das Pferd denke, kriege ich schon Gänsehaut vor Freude!"

Liebe auf den ersten Blick

Die Ladenglocke schrillte in die Mittagsstille hinein.

„Frau Abromeit?"

Mutschs Kopf tauchte in der Küchentür auf, sie strich sich verwirrt eine Strähne aus der Stirn.

„Tag, Herr Tiedjen. Na, das ist ja eine schöne Bescherung! Nun komm schnell was essen, ist ja schon halb drei vorbei!" Sie sprach hastig, um ihre Verlegenheit zu verbergen, und schob Bille an sich vorbei in die Küche.

„Tja – ich – ich muss mich wohl für meine Tochter entschuldigen, ich hoffe, sie hat Ihnen nicht zu viel Unannehmlichkeiten bereitet!"

„Aber Frau Abromeit, ich bitte Sie. Gewiss haben wir beide ein bisschen Schuld. Auf der Willmsdorfer Chaussee ist so wenig Verkehr, dass man gar nicht damit rechnet, dass auch mal einer entgegenkommt. Und schließlich hatte der kleine Unfall ja auch sein Gutes: Auf diese Weise habe ich wenigstens Ihre Tochter einmal richtig kennengelernt. Was das betrifft: Haben Sie einen Augenblick Zeit für mich? Ich würde gern etwas mit Ihnen besprechen."

„Natürlich. Bitte sehr – gehen wir dort hinüber."

Mutsch führte Herrn Tiedjen in die Wohnstube, die auf der anderen Seite des schmalen Flurs lag. Zu dumm, so konnte Bille unmöglich hören, was die beiden miteinander sprachen. Arme Mutsch! Sie dachte sicher, jetzt käme das dicke Ende nach und Herr Tiedjen wolle seine Forderungen stellen, wegen des Kratzers am Auto.

Bille wartete in fieberhafter Spannung auf das Ende der Unterhaltung. Und wie immer, wenn sie aufgeregt war, aß sie schnell und mit Heißhunger. Als nichts mehr von Mutschs guter Kartoffelsuppe übrig war und nur noch ein paar einsame Pflaumenkerne daran erinnerten, dass da eben noch ein großer Teller mit Kompott gestanden hatte, lehnte Bille sich seufzend zurück. Was nun? Die beiden redeten ja ewig!

Es blieb ihr nichts anderes übrig, als sich an die Hausaufgaben zu machen. Und auf jeden Fall würde es von Vorteil sein, bei Mutsch einen guten Eindruck zu hinterlassen. Also räumte sie schnell den Tisch ab, spülte das Geschirr und setzte sich dann mit ihren Schulbüchern an den Tisch.

Es war schwer, sich in so einem Augenblick auf einen Hausaufsatz zu konzentrieren. Aber es musste sein!

Sie hatte gerade den ersten Satz geschrieben, da hörte sie Mutschs Stimme auf dem Flur.

„Also schön, Herr Tiedjen, aber wie gesagt: nur zur Probe! Eigentlich bin ich ja gar nicht dafür, und Sie werden mich auch nicht so leicht überzeugen können …"

„Ich hole Bille gegen fünf Uhr ab, wenn es Ihnen recht ist."

„Ist gut, ich sag es ihr. Auf Wiedersehen, Herr Tiedjen."

„Auf Wiedersehen, Frau Abromeit. Und – vielen Dank."

Bille beugte sich schnell über ihr Heft und schrieb eifrig. Mutsch kam in die Küche und stellte sich ans Fenster. Eine Weile sah es so aus, als sei sie ganz in den Anblick ihrer Johannisbeersträucher versunken und rechnete in Gedanken aus, wie viele Gläser Gelee sie dieses Jahr kochen könne, aber dann sagte sie unvermittelt: „Da habt ihr mir ja was Schönes eingebrockt! Also meinetwegen darfst du das Pferd pflegen, solange die Schule nicht darunter leidet."

Sie schaute über die Schulter zu Bille hinüber.

„Wär eine gute Übung für Selbstdisziplin und Zuverlässigkeit, hat er gesagt. Na ja, wir werden ja sehen. Jedenfalls: Im Prinzip bin ich dagegen."

Bille wäre ihr am liebsten stürmisch um den Hals gefallen, aber sie wusste, dass Mutsch allzu heftige Liebesbezeugungen nicht mochte.

So stand sie langsam auf, ging zu ihr hinüber und lehnte den Kopf an ihre Schulter.

„Danke, Mamutschka", sagte Bille leise, „ich bin sehr, sehr froh, weißt du ..." Und nach einer Weile fügte sie hinzu: „Ein bisschen habe ich natürlich auch Angst – ob ich es schaffe."

„Du?", sagte Mutsch fast entrüstet. „Aber klar! Wärst doch sonst nicht meine Tochter!"

Pünktlich um fünf Uhr hielt Herr Tiedjen vor dem Haus. Bille war gerade mit den Hausaufgaben fertig geworden. Der Aufsatz war gewiss nicht einer ihrer besten, aber dafür sollte der nächste absolut super werden, nahm sich Bille vor.

Herr Tiedjen hielt ihr die Tür auf, sie schlüpfte auf den Beifahrersitz, vor Aufregung brachte sie kein Wort hervor. Durchs Ladenfenster sah sie Mutsch winken, Herr Tiedjen winkte zurück und drückte kurz auf die Hupe, dann brauste er mit Bille davon.

Das Verdeck des Wagens war offen. Der Wind pfiff ihnen um die Ohren und der Anhänger hüpfte und klapperte auf der Chaussee, dass es unmöglich war, sich dabei zu unterhalten. Bille war froh darüber, sie hätte nicht gewusst, was sie sagen sollte. Zu unwirklich kam ihr vor, was sie an diesem Tag alles erlebt hatte und noch erleben sollte.

Bis Neukirchen brauchten sie kaum zwanzig Minuten. Fast genauso lange dauerte es, bis sie sich zum örtlichen Tierschutzverein durchgefragt hatten. Niemand schien den Lupinenweg zu kennen.

Schließlich hielten sie vor einem roten flachen Backstein-gebäude, einer Mischung zwischen Baracke und Bungalow, an dessen Tür ein Schild mit der Aufschrift „Verein gegen Missbrauch der Tiere" hing.

„Na endlich!", stöhnte Herr Tiedjen. „Ich habe schon ge-glaubt, den Verein gäbe es gar nicht."

„Sehn Sie doch mal, da!"

Bille hatte es kaum ausgesprochen, da sprang sie schon aus dem Auto und rannte zum Fahrradschuppen hinüber. Das musste es sein: rot gesprenkelt wie das verrostete Dach des Schuppens und mit dem zottigsten Fell, das Bille je bei einem Pferd gesehen hatte. Ein buschiger, zerzauster Schweif hing bis zur Erde herunter, und die Mähne war so dicht, dass Bille an einen ungarischen Hirtenhund erinnert wurde, den sie einmal gesehen hatte.

Herr Tiedjen musste den gleichen Gedanken gehabt ha-ben.

„Um Himmels willen, wo haben sie dich denn losgelassen! Bei dir kann man wohl auch sagen: Wo's wedelt, ist hinten, wie?"

Bille war nahe an das Zirkuspferd herangetreten und streichelte ihm Kopf und Hals. Ihr neuer Schützling ver-lor nicht viel Zeit mit der Bekanntmachung, er schnupperte einmal kurz an Bille hinauf und hinunter, dann hatte er das

Gesuchte gefunden. Mit erstaunlicher Schnelligkeit zog er mit den Lippen eine Tüte aus Billes Jackentasche, legte sie auf die Erde zwischen seine Vorderhufe, ergriff mit dem Maul den unteren Zipfel der Tüte und schüttelte, bis alle Karotten, die Bille vorsorglich für die Fahrt mitgenommen hatte, herausgefallen waren. Zur Prüfung schwenkte er die Tüte noch einmal hin und her, bevor er sie zur Seite fallen ließ, dann machte er sich zufrieden über den Inhalt her.

„Aha." Herr Tiedjen konnte sich das Lachen kaum verbeißen.

Bille warf ihm einen missbilligenden Blick zu.

„Da siehst du, was dich erwartet", sagte Herr Tiedjen. „Man nimmt nicht ungestraft ein Zirkuspferd in Pflege. Mir dämmert so was, warum der Kerl nicht halb so verhungert ist wie die anderen Tiere, von denen Dörfler sprach. Er weiß sich zu helfen."

Bille fuhr dem Buntgesprenkelten mit beiden Händen durch die wollige Mähne.

„Hast du solchen Hunger, mein Armer!"

„Das ist eigentlich unmöglich. Er hat gerade eine große Portion Hafer und zwei Dutzend gelbe Rüben verdrückt. Herr Tiedjen? Darf ich mich vorstellen: Müller, ich bin der Geschäftsführer des Vereins, wir haben heute schon miteinander telefoniert."

Sie hatten das Erscheinen des schmächtigen Herrn Müller gar nicht bemerkt.

Er gab erst Herrn Tiedjen, dann Bille die Hand, ohne die Augen von dem Pferd nehmen zu können.

„Unbegreiflich. Wo lässt er das nur alles?"

„Das sagt meine Mutter auch immer zu mir. Siehst du, mein Lieber, wir sind uns wenigstens ähnlich", sagte Bille zufrieden, und das Pferd hob für einen Augenblick den Kopf und schnaubte ihr zärtlich ins Ohr.

„Liebe auf den ersten Blick, wie ich sehe. Ich glaube, wir sind hier überflüssig, Herr Müller. Gehen wir doch in Ihr Büro und erledigen die nötigen Formalitäten."

Herr Tiedjen ging zum Haus hinüber, gefolgt von dem eifrigen Herrn Müller, der immer wieder zurückschaute, als könne er seinen Augen nicht trauen.

„Ach, Herr Müller!", rief Bille ihm nach, als er gerade die Tür hinter sich schließen wollte.

„Ja bitte?"

„Sagen Sie – wie heißt er eigentlich?"

„Keine Ahnung – das hat man uns nicht gesagt. Vielleicht hat er gar keinen Namen."

„Das ist gut. Danke schön!"

Herr Müller schloss bedächtig die Tür hinter sich, als hätte er Angst, sie durch eine zu heftige Bewegung zu beschädigen. Bille war mit ihrem neuen Freund allein.

„Wie wollen wir dich denn nennen, mein Zotteltier, hm?"

Sie hatte keinen Augenblick aufgehört, ihm die Mähne zu kraulen. Ihre Hände begannen sich mit einer graubraunen, klebrigen Schicht zu überziehen, die sich zu kleinen schwarzen Röllchen formte, sobald sie die Finger aneinanderrieb.

„He, du färbst ab! Also, als Erstes werden wir dich mal gründlich reinigen, scheint mir. Vielleicht kommt darunter noch ein Schimmel zum Vorschein. Dann werde ich dir die Mähne und den Schweif ein bisschen stutzen. Und eine Maniküre könnte auch nicht schaden, wie?"

Bille strich prüfend über Kruppe und Bauch.

„Allzu verhungert siehst du wirklich nicht aus. Wie hast

du das bloß gemacht? Und ein Fell", Bille betrachtete belustigt die rostroten Flecken, „als ob du eine Malerleiter umgerissen hättest, auf der ein Topf mit roter Farbe stand! Zuzutrauen wär dir das."

Das Pferd hatte die letzte Mohrrübe vertilgt und war dazu übergegangen, Bille eingehend zu beschnuppern. Offensichtlich gefielen ihm seine neue Pflegerin und deren Zärtlichkeit.

„So, wir können starten."

Herr Tiedjen trat aus dem Haus und ging zum Wagen hinüber, um die Klappe des Anhängers hinunterzulassen.

„Bring ihn her. Woll'n mal sehen, ob er ohne Protest in unsere Luxuskarosse steigt."

Bille löste den an den Fahrradständern befestigten Führstrick und führte das willig folgende Pferd zum Wagen. Sie hatte ein wenig Herzklopfen, ob ihr Schützling vor dem schmalen Transportanhänger nicht scheuen und vielleicht ausbrechen würde.

„Komm, mein Zottelchen, schön brav ..."

„Zottel? Da hast du einen hübschen Namen für ihn gefunden, ich könnte mir keinen besseren vorstellen."

„Eigentlich wollte ich – aber warum nicht? Bleiben wir bei Zottel, mein Kleiner, wie gefällt dir das?"

Zottel beschnupperte neugierig den Eingang zum Transporter – dann sprang er ohne weitere Aufforderung mit einem kühnen Satz hinein und begann unverzüglich damit, die schützende Polsterung zu verzehren.

„Ich glaube, der braucht einen Maulkorb!" Herr Tiedjen schüttelte den Kopf. „Bind ihn gut fest, und dann lass uns bloß schnell losfahren, ehe er mit dem Dach fertig ist und beginnt, die Wände runterzuknabbern."

Diesmal fuhr Herr Tiedjen so vorsichtig, als hätte er eine Ladung hauchdünner Glaswaren zu transportieren. Und Bille bekam einen steifen Hals vom vielen Nach-hinten-Schauen, aus lauter Angst, dass der Anhänger mit ihrem Liebling sich zu stark in die Kurven legen könnte oder Zottel aus unerfindlichen Gründen zu toben anfangen würde. Aber es ging alles glatt und bald darauf hielten sie in Groß-Willmsdorf vor dem Pferdestall.

Petersen hatte für Zottel schon eine Box bereit gemacht. Zottel stieg bedächtig und voller Würde aus dem Transporter. Hatte Herr Tiedjen ihm ungewollt ein Zeichen gegeben oder hatte er nur das Gefühl, er müsse sich bedanken? Jedenfalls knickte Zottel mit den Vorderbeinen ein und senkte zweimal den Kopf. Bei den Groß-Willmsdorfern erntete er damit seinen ersten großen Lacherfolg. Petersen, Hubert, Karlchen und Bille klatschten Beifall und Zottel erhob sich stolz und schritt auf den Stall zu, wo er Essbares vermutete.

Petersen betrachtete kopfschüttelnd das Innere des Transporters – oder vielmehr das, was davon noch übrig war.

„Kann Pferden eigentlich auch schlecht werden?", fragte Bille besorgt.

„Dem sicher nicht. Wie ich sehe, ist das ein Profi auf diesem Gebiet. Der verdaut auch rostige Nägel und Schuhsohlen."

„Heute bekommt er jedenfalls nichts mehr", sagte Herr Tiedjen bestimmt.

Zottel musste das geahnt haben. Er war ohne zu zögern die lange Stallgasse hinuntergeschritten bis zum anderen Ende, wo sich die Futterkisten befanden. Jetzt steckte er mit der Nase tief im Hafer und ließ es sich schmecken.

„Prost Mahlzeit!", knurrte Petersen, als er mit Bille den Stall betrat. „Den darfst du keinen Augenblick allein lassen!"

Bille nahm Zottel sanft am Halfter und zog ihn mit sich fort.

„Komm, mein Junge, für heute reicht's. Sonst kriegst du noch Bauchweh."

Zottel schüttelte heftig den Kopf, aber es half ihm nichts – Bille führte ihn in die helle, geräumige Box in einem Seitenflügel des Stalles.

„Na, was sagst du, ist das nicht prächtig? Unser Fürstenzimmer, mein Lieber, darauf kannst du dir was einbilden! Hell, sauber, trocken, gut gelüftet – morgens scheint dir die Sonne auf die Nase und oben in der Ecke läuft rund um die Uhr unser Fernsehprogramm: das Schwalbennest. Im Moment ein bisschen langweilig, sie brüten noch. Aber wenn die Kleinen erst mal ausgeschlüpft sind, dann kannst du hier was erleben!"

Zottel war sofort zur Krippe gegangen, musste aber feststellen, dass nichts darin war. Zur Prüfung leckte er sie noch einmal gründlich aus. Dann begann er sein neues Heim zu studieren.

„Es gefällt ihm", sagte Bille glücklich. „Ob ich ihn jetzt gleich mal putze?"

Petersen klopfte Zottel den Hals. Dicke Staubwolken stiegen auf. Karlchen markierte einen Hustenanfall und floh.

„Na, ich würde sagen: Heb dir das für morgen auf", sagte Petersen. „Heute wirst du doch nicht mehr damit fertig. Geh jetzt lieber nach Hause, sonst gibt's gleich am ersten Tag Ärger mit deiner Mutter. Und das wollen wir doch nicht, oder?"

„Also schön." Bille seufzte tief. Es fiel ihr schwer, sich jetzt schon von Zottel zu trennen. Sie legte ihm die Arme um den Hals und drückte ihr Gesicht gegen das struppige, verschmutzte Fell.

„Schlaf gut, mein Liebling", flüsterte sie, „morgen früh bin ich wieder bei dir. Und ich bring dir auch was Schönes mit. Wir werden ein wunderbares Leben miteinander haben."

Sie konnte nicht sehen, dass Hubert zu Petersen getreten war und die beiden sich grinsend anstießen.

„Dein Wort in Gottes Ohr, Mädchen", brummte Petersen. „Ich glaube viel eher, dass du noch dein blaues Wunder mit dem da erleben wirst."

„Wie ich unsere Bille kenne, fährt die ihn noch im Kinderwagen auf dem Hof spazieren", stichelte Karlchen.

„Hör nicht auf sie, Zottel, die sind nur eifersüchtig. Denen werden wir's schon zeigen!"

Herr Tiedjen kam in den Stall und Karlchen ergriff den Besen und begann eifrig, die Stallgasse zu säubern.

„Bille? Gut, dass du noch da bist. Schau mal – hier habe ich einen Sattel und Zaumzeug für deinen Schützling gefunden. Nicht gerade neu, es stammt von einem Kleinpferd, das wir früher einmal hatten. Aber fürs Erste wird es genügen. Und jetzt mach, dass du nach Hause kommst."

Als die Kirchturmuhr elf schlug und Billes Mutter ihre Nachttischlampe ausknipste in dem beruhigenden Bewusstsein, ihre Tochter fest schlafend in ihrem Bett zu wissen, saß Bille auf dem Fußboden ihres Zimmers inmitten von Tuben und Schachteln mit allen möglichen Cremes und Pasten zur Pflege von Leder und Metall und putzte und polierte, bis Sattel und Zaumzeug aussahen, als kämen sie eben aus dem Laden.

Die erste Lektion

Das Putzen war eine harte Geduldsprobe für beide. Zum Schluss konnte Bille kaum noch Kardätsche und Striegel halten, so lahm waren ihre Arme.

Am schwierigsten war es, durch die struppige Mähne zu kommen.

Bille erinnerte sich gut an die Zeiten, als Mutsch ihr noch die Haare kämmte und es immer wieder Tränen gab, wenn sie versuchte, aus Billes naturgelocktem Haar die Knoten zu lösen. Aber das war ein Kinderspiel gewesen gegen das, was Bille bei Zottel erwartete.

Einen Augenblick war sie nahe daran, aufzugeben und die Mähne einfach ganz kurz abzuschneiden, dann aber tat es ihr doch wieder leid um die Pracht, der er seinen Namen verdankte.

Zottel ließ alles geduldig über sich ergehen. Bis Bille an den Schweif kam. Hinten war Zottel kitzlig, und jeden Versuch Billes, ihn bei der Schweifrübe zu packen und sich dem Schweif mit dem Kamm zu nähern, machte er zunichte, indem er die Schweifrübe fest zwischen die Hinterbacken presste.

„Auch so ein Kunststückchen", sagte Karlchen grinsend, der schon eine Weile Billes vergebliche Bemühungen verfolgte. Er stand lässig an die Tür der Box gelehnt und kaute.

„Was hast 'n du da?"

„Marmeladenstulle. Erdbeer."

Bille schaute nachdenklich auf Karlchens Brot. Auch Zottel hatte es entdeckt.

Hmhmhmhmhm, wieherte er dunkel und spitzte die Ohren.

„Komm doch mal ein bisschen näher", sagte Bille scheinheilig.

„Warum?" Karlchen guckte ahnungslos.

„Findest du, dass er einen Senkrücken hat?"

„Nö", sagte Karlchen, trat an Zottel heran und legte prüfend den Kopf schief. Dabei streckte er die Hand, in der er das Brot hielt, ein wenig von sich weg.

Hmhmhmhmhm, machte Zottel, schlug freudig mit dem Schweif, wand mit einer schlangenhaften Bewegung seiner Zunge Karlchen die Stulle aus der Hand und warf sie ins Stroh, um sie vor Karlchens Zugriff zu schützen und zunächst einmal die Marmelade abzulecken.

„Die ist hin", bemerkte Bille ungerührt, ergriff den freudig hin- und herschlagenden Schweif und begann ihn durchzukämmen.

„Du dämlicher Gaul, du!", schimpfte Karlchen und verließ wütend die Box.

Nach zwei Stunden glänzte Zottel, als sollte er noch am gleichen Abend bei einer Galavorstellung des Zirkus Krone auftreten. Herr Tiedjen bemerkte es anerkennend.

„Na, wie geht's deinem Knie? Meinst du, du könntest morgen schon in den Sattel steigen?"

Bille verschluckte sich vor Aufregung.

„Nar! Äh – klatürlich!", sagte sie, weil sie zugleich „klar" und „natürlich" gedacht hatte und die Worte ihr durcheinanderpurzelten.

Herr Tiedjen lachte.

„Ihr seid mir schon ein seltsames Paar! Na, dann woll'n wir mal sehen, was ihr beiden könnt. Um fünf Uhr nachmittags hätte ich Zeit, einverstanden?"

Bille nickte begeistert. Vor lauter Aufregung konnte sie gar nichts sagen.

Sie half Karlchen noch, die Stuten von der Koppel zu holen, dann schnappte sie sich ihr Fahrrad und flitzte im Rennfahrertempo nach Hause.

„Morgen gibt mir Herr Tiedjen die erste Reitstunde!", rief sie schon in der Tür.

Mutsch machte gerade die Tagesabrechnung und sah kaum auf.

„So, so", murmelte sie nur. „Dein Abendbrot steht auf dem Tisch. Und dann marsch mit dir ins Bett. Und gründlich gewaschen, wenn ich bitten darf. Riechst wieder …"

„Diesmal sicher wie eine Zirkusmanege. Dafür ist Zottel so sauber wie ein Konfirmand, du solltest ihn mal sehen!"

„Hab keine Zeit. Solange ich hier alles allein machen muss …"

„Ach, Mutsch, nun sei doch nicht so! Ich wasch dann auch ab und räum die Küche auf. Aber freu dich doch ein bisschen mit mir!"

Mutsch sah auf und blickte Bille nachdenklich an. Und plötzlich lächelte sie – ein verschmitztes Lächeln, das sie ganz jung machte.

„Ich bin ja mächtig gespannt, wie du dich anstellst", sagte sie. „Wirst mir doch keine Schande machen?"

Den ganzen Tag hatte Bille an diese Worte denken müssen. Nein, sie wollte Mutsch keine Schande machen. Und sie wollte sich vor allem nicht vor Herrn Tiedjen blamieren. Aber würde ihr das gelingen?

Zunächst bemühte sie sich, Zottel vorschriftsmäßig zu satteln. Er war ein gutmütiger Kerl und machte ihr keinerlei Schwierigkeiten, außerdem hatte sie bei Petersen schon recht gut gelernt.

Lediglich als sie den Sattelgurt festziehen wollte, kam es ihr vor, als sei Zottel plötzlich noch breiter als hoch. „Den uralten Trick kenne ich schon, mein Junge!", sagte Bille lachend und führte ihn ein paar Schritte. Zottel ließ die Luft aus dem Bauch wie ein angestochener Luftballon. Damit hatte Bille gerechnet. Jetzt konnte sie den Sattelgurt festziehen.

Herr Tiedjen trat zu ihr und betrachtete prüfend ihr Werk.

„Donnerwetter, der ist ja nicht wiederzuerkennen!", sagte er, als er den auf Hochglanz polierten Sattel sah. Er klopfte Zottel den Hals. „Und du bist auch nicht wiederzuerkennen. Gut hat sie das gemacht, unsere Bille, nicht wahr? Als Pferdepfleger hat sie sich schon die erste Eins verdient. – Na, dann kommt. Wir gehen rüber auf den Longierplatz. Da wollen wir dann erst mal in Ruhe über den richtigen Sitz sprechen."

Bille stieg in den Sattel und nahm die Zügel auf. Sicherheitshalber führte Herr Tiedjen Zottel das Stück bis zum Eingang. Dort musste er ihn loslassen, um das Gatter zu schließen.

Kaum hatte Zottel die kreisrunde Bahn betreten, als er auch schon in einen schläfrigen Schaukelgalopp fiel.

„Das habe ich befürchtet", stöhnte Herr Tiedjen. „Wir werden es schwer haben, ihm den Zirkus abzugewöhnen."

Bille hatte nur einen Gedanken: oben bleiben! Und nachdem sie den ersten Schreck überwunden hatte, gelang ihr das auch recht gut, sie passte sich schnell Zottels Rhythmus an und empfand ihn bald als angenehm. Aber wie sie Zottel zum Stehen bringen sollte, davon hatte sie keine Ahnung. Auf den Zügel reagierte er jedenfalls überhaupt nicht. Wahrscheinlich mache ich sowieso alles falsch, dachte Bille verzweifelt.

Herr Tiedjen betrachtete die Szene amüsiert. Mit einem Blick hatte er erfasst, dass Bille sehr sicher im Sattel saß, wenn ihre Haltung auch alles andere als schön war.

„Im Allgemeinen beginnt man den Unterricht im Schritttempo!", rief er schließlich. „Meinst du nicht, ihr wärt fürs Erste genug galoppiert?"

„Ich kann ihn nicht halten!", schrie Bille atemlos.

Karlchen, der auf einem Stapel Bretter in der Nähe saß und zuschaute, formte seine Hände zur Trompete und machte übermütig: „Tätätätäää!"

Auf dieses Signal schien Zottel nur gewartet zu haben. Er machte eine Wendung, bei der Bille nun tatsächlich beinahe aus dem Sattel gesegelt wäre, trabte auf den in der Mitte stehenden Herrn Tiedjen zu und verbeugte sich artig. Herr Tiedjen kratzte sich nachdenklich am Hinterkopf.

„Karlchen!", brüllte er plötzlich. „Flitz ab in den Stall und sag Hubert, er soll Troja für mich satteln!"

„Die is draußen, Herr Tiedjen."

„Also gut, wen haben wir von den Ruhigeren drinnen? Irgendeinen. Ich muss diesem Clown erst mal beibringen, was ein Reitpferd ist. Los, beeil dich!"

Der Aufforderung hätte es nicht bedurft. Karlchen stob in einer Staubwolke davon, um den Auftrag so schnell auszuführen, wie er nur konnte. Er wollte so wenig wie möglich von diesem einmaligen Schauspiel versäumen. Herr

Tiedjen hielt inzwischen Zottel am Zügel und korrigierte Billes Sitz.

Sie hatte sich eingebildet, alles so gut zu machen! Wie war es nur möglich, dass ihr die eigenen Glieder so gar nicht gehorchen wollten!

Immer wieder rutschten die Hacken nach oben oder die Fußspitzen nach außen, und wenn die Beine an allen Punkten stimmten, dann machte sie sicher inzwischen schon wieder einen Katzenbuckel, oder die Ellbogen staken wie die Henkel von Großmamas Zuckerdose in die Luft.

Karlchen kam vom Stall herüber und zog Lohengrin hinter sich her, einen Fuchswallach, der seinem Namen kaum Ehre machte, es sei denn, dass er an einen alternden Opernsänger erinnerte. Heldenhaftes war jedenfalls nicht an ihm zu entdecken. Das täuschte allerdings: Wer ihn kannte, wusste, dass er ganz einfach faul war. Er hatte eine enorme Sprungkraft, tat aber freiwillig nie mehr, als unbedingt nötig war. So wischte er meistens ganz knapp über die Hindernisse, und spürte er, dass er sich verschätzt hatte und einen Sprung zu niedrig angegangen war, dann zog er die Hinterhand im Sprung noch ein klein wenig ein, so als hätte ihn jemand von unten gekitzelt. Das sah so komisch aus, dass er auf Turnieren manchen Lacherfolg erntete.

Zottel betrachtete interessiert den großen Kollegen. Herr Tiedjen saß auf und stellte sich Bille an die Seite.

„So, und von jetzt ab wird erst mal nur Schritt geritten."

Bille nahm die Zügel auf und bemühte sich, alles so vollendet wie möglich zu machen. Lohengrin war bereits ein paar Schritte vorwärtsgegangen, Bille und Zottel standen da wie ein Reiterstandbild.

„Na, was ist?", fragte Herr Tiedjen amüsiert. „Wollt ihr nicht oder könnt ihr nicht? Leichter Schenkeldruck und die Zügel ein wenig freigeben."

Zottel musste das gehört haben: Kaum lockerte Bille den Griff ein bisschen, riss er den Kopf hoch, sodass ihr die Zügel wie gebutterte Spagetti durch die Finger flutschten. Während Bille verwirrt die Zügel wieder aufnahm, stapfte Zottel mit weit ausgreifenden Schritten an Lohengrin vorbei, offensichtlich voller Erwartungsfreude auf unbekannte Abenteuer.

In diesem Punkt allerdings wurde er enttäuscht. Er bekam zwar endlich einmal etwas anderes zu sehen als Zirkusarena und Jahrmarktrummel, er durfte durch die weiten Alleen und schattigen Wege des Willmsdorfer Parks marschieren, aber jeder Versuch, diesen Spaziergang auf seine Weise zu genießen, wurde ihm energisch verwehrt.

Ein paarmal gelang es ihm zwar, den Kopf freizubekommen und ein paar von den würzigen Gräsern am Wege auszurupfen, Augenblicke, in denen Bille erschrocken einen gähnenden Abgrund statt eines stattlichen Pferdehalses sah. Aber meistens hieß es: anreiten – halten – Haltung korrigieren – wieder anreiten – langer Zügel – verkürzter Zügel – Kopf freigeben – halten – wieder anreiten.

Zottel schien zu denken: Wann wissen die denn nun endlich, was sie wollen! Ihn langweilte dieses Spiel und er für seinen Teil wollte nicht mitspielen. Er war unkonzentriert und unaufmerksam.

„Du musst mit ihm sprechen – nicht mit Worten, sondern mit den Schenkeln und mit den Zügeln. Nicht grob – stell dir vor, es bestünde zwischen euch eine Verbindung wie ein feiner elektrischer Strom, der von dir zu ihm fließt und von ihm zu dir und durch den du ihm alles mitteilst, was er tun soll."

„Als ob ich mit ihm telefoniere?"

Herr Tiedjen lachte.

„Wenn du es so nennen willst? Aber sagen wir lieber: Gedankenübertragung. Du selbst musst ganz auf das konzentriert sein, was ihr beiden tun wollt. Mit der Zeit wird er diese Sprache verstehen – deine eigene Konzentration wird sich auf ihn übertragen."

Dieser Rat schien zu helfen. Bille konzentrierte sich ganz darauf, mit Zottel auf diese Weise zu sprechen, und dachte nicht mehr ängstlich und verkrampft daran, was sie wohl alles falsch machte. Und Zottel wurde zusehends aufmerksamer und weicher im Maul, seine Schritte wurden weit und frei.

„Genug für heute!", sagte Herr Tiedjen schließlich und wendete zum Hof hinüber. „Ich glaube, ihr beiden habt heute eine ganze Menge gelernt."

„Nicht zu fassen", sagte Bille strahlend, „wir sind doch nun eine Stunde lang nur ganz friedlich im Schritt durch den Park geritten, und trotzdem bin ich nass geschwitzt und k. o., als hätte ich die ganze Zeit dicke Bäume durchgesägt oder ein ganzes Feld umgegraben!"

„Das ist gut, ein Zeichen, dass du richtig gearbeitet hast. Ich bin sehr zufrieden mit euch."

Sie waren vor dem Stall angelangt und saßen ab. Karlchen übernahm Lohengrin und Bille belohnte Zottel erst einmal mit einer ganzen Hand voller Pellets.

„Verwöhn ihn nicht zu sehr", mahnte Herr Tiedjen, der seinerseits Lohengrin ein paar Pellets reichte und ihm den Hals klopfte. „Der Bursche wird uns sonst zu fett! Also – bis zum nächsten Mal. Übermorgen?"

„Oh, toll, ja! Danke schön!"

Bille hatte nicht zu hoffen gewagt, dass Herr Tiedjen wirklich ihren Reitunterricht übernehmen würde. Wie auf Wolken schritt sie mit Zottel in den Stall hinein, um ihn in der Box abzusatteln und trocken zu reiben.

„Hubert! Mach die Haferkiste zu, der Fresser kommt!", schrie Petersen, der gerade die abendliche Ration verteilte.

„Hackt doch nicht immer auf ihm rum!", sagte Bille empört. „Er hat so viel durchgemacht!" Sie streichelte Zottel zärtlich und warf den Männern einen vernichtenden Blick zu.

„Mit dir eben?" Hubert lachte.

„Sag man nix, Jung." Petersen trat zu ihnen. „Der Chef hat unserem Küken eben die zweite Unterrichtsstunde angeboten. Darauf kann sie sich schon 'n bisschen was einbilden, muss mächtig begabt sein, unsere Lütte, sonst würde er sich gar nicht die Zeit nehmen."

„Erzähl mal, wie war's denn? Biste runtergeflogen?", fragte Karlchen.

„Im Schritt? Wohl kaum ..."

„Ihr seid nur Schritt geritten? Was für 'n Kinderkram", sagte Karlchen enttäuscht.

„Du hast eben keine Ahnung!", brauste Bille auf. „Zottel muss schließlich erst mal begreifen, was man von einem Reitpferd erwartet!"

„Na, was schon!", gab Karlchen verächtlich zurück. „Parieren muss er. Darfst dir nix gefallen lassen, das ist alles."

„Idiot! Jetzt weiß ich auch, warum du die Pferde immer am Halfter auf die Koppel führst. Großer Reiter – schon mal oben gesessen?"

„Ich? Ich bin doch nicht lebensmüde!"

„Ja, streitet nur so weiter, die Haferkiste ist gleich leer!",
rief Petersen.

„Zottel!" Bille bekam einen roten Kopf und zerrte ihren
Liebling eilig in die Box. „Du alter Spinner, musst du denn
auch gleich jede Gelegenheit ausnützen!"

„Das macht ihn mir ja nun wieder sympathisch", sagte
Hubert grinsend. „Dumm is er nich."

War alles umsonst?

„Hallo, Bille!"

„Helga, was machst du denn hier?"

Helga wurde rot. „Karlchen hat mir angeboten, mich durch den Pferdestall zu führen und mir einmal eure Lieblinge zu zeigen", sagte sie.

So ein Biest! dachte Bille. Dabei sind ihm Pferde völlig egal! Es muss wohl andere Gründe haben … Sie sprang aus dem Sattel, zog die Steigbügel hoch und führte Zottel am Zügel in den Stall.

„Komm mit", sagte sie. „Karlchen ist sicher drinnen."

Da kam er auch schon aus Petersens Kammer, er hatte sich gewaschen und die widerspenstigen roten Locken gekämmt. Helga und Karlchen begrüßten sich verlegen. Eine kleine Pause entstand.

„Hattest du gerade Reitunterricht?", fragte Helga schließlich.

„Meine fünfte Stunde", antwortete Bille. „Heute haben wir uns mit den verschiedenen Trabarten beschäftigt. Ich bin völlig fertig, bei Herrn Tiedjen zu lernen ist Schwerarbeit, weißt du. Ich fühle mich schlapp wie ein nasses Handtuch."

„Musst du dich nicht um Zottel kümmern?", sagte Karlchen anzüglich. „Komm, Helga, ich zeig dir erst mal unsere Fohlen."

Bille wollte etwas erwidern. Aber dann sah sie Karlchens bittenden Blick und lachte nur.

„Hast recht – ich muss mich beeilen, meine Mutter wartet auf mich. Also – macht's gut!"

Zu Hause angekommen, stürzte sie erst einmal ein großes Glas Milch hinunter. Mutsch sah es kopfschüttelnd.

„Trink nicht so hastig! Herrgott, dass man aber auch alles ständig wiederholen muss!"

„Ich hab so 'nen Durst …"

„Der wird auch gelöscht, wenn du langsam trinkst."

Mutsch ging hinüber, um den Laden zu schließen, und Bille begann sich die Stiefel von den heißen, geschwollenen Füßen zu ziehen. Drüben wurde gesprochen. Wenn das noch Kunden sind, sind sie ziemlich spät dran, dachte Bille, es ist doch schon Viertel vor sieben!

Plötzlich horchte sie auf. Das waren doch die Stimmen von Herrn Lohmeier, dem Verwalter von Groß-Willmsdorf, und von seiner Frau! Bille konnte nicht verstehen, was sie sagten. Sie ging näher zur Tür. Immerhin hätte es ja sein können, dass es um sie und um Zottel ging. Bille überlegte blitzschnell, ob sie irgendeinen Fehler begangen hatte, eine Nachlässigkeit im Stall vielleicht …

„Das wird leider nicht gehen", hörte sie Mutsch sagen, „im Oktober sind wir schon fort. Ich gebe das Geschäft auf."

„Sie gehen fort?", fragte Herr Lohmeier ungläubig.

„Ja, wir ziehen zu meiner älteren Tochter in die Stadt", bestätigte Mutsch. „Sie hat mir gerade heute geschrieben und mir den Vorschlag gemacht. Sie meint, ich könnte da eine sehr gute Stellung annehmen, und eine kleine Wohnung hat sie auch für uns. Hier in Wedenbruck wird es auf die Dauer einfach zu schwierig für mich. Ich kann mich nicht ewig von früh bis spät abrackern … Und Sie wissen ja – der neue Supermarkt …"

„Jaja …", sagte Herr Lohmeier nachdenklich.

„Aber ist denn das schon sicher? Und so schnell?", fragte Frau Lohmeier.

„Na ja – so gut wie sicher."

Bille erstarrte. Das war doch unmöglich! Mutsch wollte wirklich mit ihr in die Stadt ziehen? Und sie hatte ihr nichts davon gesagt! Das durfte einfach nicht wahr sein! Vielleicht hatte Mutsch ja nur – aber nein, wenn sie es schon zu solchen Leuten wie den Lohmeiers sagte, dann wusste es morgen das ganze Dorf, und Mutsch konnte gar nicht mehr zurück, auch wenn sie gewollt hätte.

Bille zwängte ihre Füße wieder in die Stiefel und schlich aus dem Haus. Sie mochte Mutsch jetzt nicht begegnen, sie musste unbedingt allein sein. Was sie da eben gehört hatte, war so ungeheuerlich, dass sie es noch gar nicht richtig begriff.

Es gelang ihr, ungesehen durch den Garten und auf die Koppel zu kommen. Wenn sie dicht am Zaun entlangging, konnte Mutsch sie vom Haus aus nicht sehen. Von dort aus gelangte sie auf einen kleinen Pfad, auf dem man hintenherum durch den Park nach Groß-Willmsdorf kam.

Im Stall war es ruhig. Petersen und Hubert hatten bereits Feierabend gemacht, nur leises Schnauben und gelegentliches Hufescharren drang in die Abendstille. Bille ging auf Zehenspitzen zu Zottels Box, öffnete leise die Tür und schlüpfte hinein. Dann schob sie den Riegel wieder vor und ließ sich neben Zottel ins Stroh fallen. Zottel wieherte verhalten und begrüßte sie zärtlich, indem er ihr in die Haare und ins Gesicht blies. Dann untersuchte er sie nach versteckten Leckerbissen.

„Ich hab dir nicht mal was mitgebracht, mein Liebling, nicht einmal daran habe ich mehr denken können! Ach, es ist alles so – so …" Die Tränenflut war nicht mehr zu bremsen.

Seit sie den Stall betreten hatte, war Bille die Tragweite dessen, was Mutsch da vorhin gesagt hatte, erst voll bewusst geworden. Dies alles sollte sie verlassen? Ihren geliebten Freund Zottel, die Reitstunden bei Herrn Tiedjen, Groß-Willmsdorf? Den weiten Park, den Hof, die Ställe, Koppeln und Felder nie wiedersehen? Verzichten auf den Duft der Wiesen, wenn sie frühmorgens zum Stall radelte, auf die Abende, wenn sie die Stuten mit ihren Fohlen hereinholten und das Fell der Tiere in der Abendsonne wie Gold leuchtete und glänzte, dass man glaubte, die Augen schließen zu müssen? Den Wind in den Bäumen, die weiß getünchten Mauern des Pferdestalls in der Mittagsglut, das Zwitschern der Schwalben, die durch das Stallfenster aus und ein flogen, all diese Geräusche, Düfte und Farben eintauschen gegen das Grau einer Großstadtstraße, Benzingeruch und Autolärm?

„Nein, ich geh hier nicht weg!", schluchzte Bille. „Sie müssen mich schon mit Gewalt wegtragen! Und wenn sie das tun, werde ich immer wieder zurückkommen, immer wieder, bis sie es aufgeben!"

Aber sie wusste genau, dass das alles nichts nützen würde, wenn Mutsch sich einmal ernsthaft entschlossen hatte, in die Stadt zu ziehen.

In Hungerstreik werde ich treten!, schwor sich Bille, und das war wirklich das Schlimmste, was sie sich vorstellen konnte. Bei dem Gedanken, wie sie immer magerer werden

würde, bis man sie als blassen Schatten auf eine Kranken-
bahre legen und nach Groß-Willmsdorf zurückbringen würde, weinte sie umso heftiger.

Zottel stand vor ihr und scharrte mit dem Huf. Seiner
Ansicht nach musste jetzt irgendwas geschehen. Dass Bille
da im Stroh lag und merkwürdige Geräusche von sich gab,
konnte er nicht begreifen.

Bille sprang auf.

„Ach, Zottel!", schluchzte sie und vergrub ihr Gesicht in
seiner Mähne. Zottel knabberte an ihren Jeans und machte
sich daran, alle erreichbaren Knöpfe abzubeißen.

Über zwei Stunden hockte Bille nun schon bei Zottel in
der Box. Die Schluchzer wurden seltener und allmählich
wurde sie ruhig und ein bisschen schläfrig. Aber immer
noch war ihr nicht eingefallen, was sie tun könnte, um das
Unglück zu verhindern.

Draußen war es dunkel geworden, einzelne Sterne waren
zu sehen, und zwischen den Zweigen der großen Blutbuche
hing eine schmale Mondsichel.

Das Geräusch von Schritten auf dem Kies schreckte Bille
auf. Vorsichtig wurde die Stalltür geöffnet.

„Bille?"

Bille hielt den Atem an. Sie spürte, wie Mutsch angestrengt
ins Dunkel horchte, unsicher, ob sie weitergehen sollte.

„Bille!?"

Mutsch blieb noch eine Weile im Dunkeln stehen, dann
hörte Bille, wie sie die Tür wieder schloss und sich ihre
Schritte draußen entfernten. Wohin würde sie jetzt gehen?

Natürlich – zu Onkel Paul! Warum war er ihr nicht eher
eingefallen, er war der Einzige, der vielleicht helfen konnte.
Sie musste unbedingt vor Mutsch bei ihm sein!

Bille hatte Glück: Sie hatte den alten Petersen vorhin sagen hören, dass er zum Skat in den *Krug* ginge, also würde auch Onkel Paul dort sein. Mutsch suchte sicher zunächst Onkel Pauls Wohnung auf, also hatte Bille einen Vorsprung. Wie ein Indianer auf dem Kriegspfad schlich sie im Schutz der Parkbäume an Mutsch vorbei, die sie als Schatten gegen den Nachthimmel auf der Chaussee sah.

Sie hatte recht gehabt: Mutsch wandte sich zum anderen Ende des Dorfes in die Richtung, in der Onkel Pauls Haus lag. Bille rannte, so schnell sie konnte, zum *Krug* hinüber.

„Nanu, Deern, was machst du denn noch so spät hier?"

Die dicke Frau Jansen, die hinter der Theke stand und Gläser spülte – ihre Tochter Elli ging mit Bille in eine Klasse –, sah verwundert von ihrer Arbeit auf.

„Hast du deine Hausaufgaben vergessen? Elli ist oben."

„'n Abend, Frau Jansen, nein danke, ich muss nur unbedingt Onkel Paul sprechen!", stieß Bille außer Atem hervor.

Frau Jansen sah ihr prüfend in das verheulte Gesicht.

„Ist doch hoffentlich nix Ernstes? Na, dann geh man – da drüben, am Stammtisch."

Die Männer waren schon auf sie aufmerksam geworden, Bille musste wirklich einen recht aufgelösten Eindruck machen. Onkel Paul legte sofort seine Karten beiseite und stand auf.

„Bille – ja Kind, wie siehst du denn aus?" Er legte besorgt seinen Arm um ihre Schulter und zog sie an sich. Mit der anderen Hand zupfte er ihr ein paar Strohhalme aus Haaren und Pulli.

Onkel Paul war für Bille eine Mischung aus Rübezahl und heiligem Nikolaus, zum Fürchten groß und mit einem tiefen, dröhnenden Bass, dabei aber gütig und zartfühlend, dass es einem ganz weich und wehmütig werden konnte. Bille fing bei so viel väterlicher Wärme wieder an zu heulen.

„Ach, Onkel Paul", schluchzte sie, „es ist etwas Schreckliches passiert!"

„Na, na, na – nun komm, erzähl mal in Ruhe."

„Können wir nicht woanders hingehen? Wo ich dich allein sprechen kann?"

Onkel Paul zwinkerte seinen Skatbrüdern zu und bot Bille den Arm wie ein Kavalier seiner Dame. Bille musste unter Tränen lächeln. Bei Onkel Paul konnte man sich wirklich geborgen fühlen.

Onkel Paul führte sie durchs Lokal in den Biergarten hinaus. Dort setzten sie sich an einen der Tische unter den großen Kastanien, sie saßen im Dunkeln wie in einer schützenden Höhle. Das Licht aus den Fenstern malte kleine, helle Rechtecke in den Kies, erreichte sie aber nicht. Onkel Paul nahm Billes Hand.

„Na, nun schieß mal los, wo drückt der Schuh? Hast du was angestellt?"

„Mutsch will in die Stadt ziehen!", platzte Bille heraus.

Onkel Paul blieb vor Schreck der Mund offen stehen.

„Das ist ja das Allerneueste! Warum denn das?"

„Weil das Geschäft immer schlechter geht – na ja, und dein neuer Spar-Markt – du weißt ja, wie sie darüber denkt. Ich hab's gehört, wie sie es Herrn und Frau Lohmeier erzählt hat. Eine Wohnung hat sie auch schon!" Billes Stimme zitterte schon wieder bedenklich.

Onkel Paul fasste sich an die Stirn. „Ich glaub, mich tritt 'n Pferd. Das is doch nich möglich …"

Bille hatte ihn noch nie so verwirrt gesehen.

„Du musst unbedingt etwas dagegen unternehmen, Onkel Paul!", drängte sie.

„Jaja – sicher …", murmelte er gedankenverloren. Und nach einer Weile: „Da steckt doch bestimmt deine Schwester, die Inge, dahinter. Die hat schon immer gedrängelt, ihr solltet zu ihr ziehen."

„Kann schon stimmen", sagte Bille düster. Sie liebte Inge sehr, aber das würde sie ihr nie verzeihen!

„Ich fahr morgen in die Stadt. Ich muss mit Inge reden. Das fehlte gerade noch, wo ich doch …" Onkel Paul schwieg.

„Wo du was?"

„Na ja, ich hab da so meine Pläne. Aber das braucht noch 'n bisschen Zeit, weißt du."

„Ich versteh kein Wort, was für Pläne denn?"

Bille brannte vor Neugier, vielleicht winkte da schon die Rettung und sie brauchte sich gar keine Sorgen zu machen?

Onkel Paul sah sie nachdenklich von der Seite an.

„Kannst du schweigen, Deern?"

„Aber klar, wie 'n Grab!"

„Wollen wir beide ein Komplott schmieden?"

„Ein Komplott?"

„Ja – um deine Mutter rumzukriegen."

Bille nickte eifrig.

„Jetzt muss ich dich aber erst mal was fragen, mein Deern. Was ganz Ernstes."

Onkel Paul wurde feierlich und ein bisschen unsicher.

„Ja, was denn, Onkel Paul?"

„Wenn ich Olga – ich meine, wenn ich deine Mutter nun heiraten würde, würdest du mich dann als Stiefvater mögen?"

Onkel Paul räusperte sich verlegen.

Statt einer Antwort fiel Bille ihm um den Hals und presste ihr verheultes, verschwitztes Gesicht an seine stoppelige Backe. Er roch ein bisschen nach Pfeifentabak und Bier und Gasthausessen.

„Ich wäre ganz wahnsinnig – total – irrsinnig froh!", flüsterte Bille ihm ins Ohr.

„Total genügt schon." Onkel Paul räusperte sich wieder, seine Stimme klang auf einmal ganz heiser.

„Also gut. Jetzt verrate ich dir mein Geheimnis. Ich möchte deiner Mutter die Leitung des Spar-Markts übertragen. Hab ihr zwar gesagt, ich wüsste jemand sehr Tüchtigen für den Posten, aber so richtig zu fragen hab ich mich noch nicht getraut. Auch das andere nicht – ob sie meine Frau werden möchte …"

„Das schaffen wir schon, Onkel Paul, wenn wir beide zusammenarbeiten!", sagte Bille zuversichtlich.

„Pschschscht!", machte Onkel Paul gerade noch rechtzeitig.

Mutsch kam eilig auf den *Krug* zugelaufen.

„Was machen wir denn jetzt?", fragte Bille ängstlich.

„Das kriegen wir schon, lass mich das man machen. Du siehst zu, dass du fix ins Bett kommst, und ich rede inzwischen mit ihr."

„Danke, Onkel Paul!" Bille drückte ihm noch schnell einen Kuss auf die Stirn, diesmal vermied sie die kratzige Wange, und schlich im Schatten der Kastanien davon. Sie sah noch, wie Onkel Paul auf das Haus zuging und in der Tür mit Mutsch zusammenprallte.

Bille hörte ihre Mutter heftig auf Onkel Paul einreden, dann sagte Onkel Paul so laut, dass sie es hören musste:

„Komm, Olga, jetzt trinken wir erst mal in aller Ruhe einen auf die Aufregung, ich hab dir was zu sagen."

Er schob Mutsch energisch vor sich her in den Schankraum, und die Tür schloss sich hinter den beiden.

Bille hätte zu gern gehört, was sie da drinnen sprachen, aber jetzt gab es nur eines: im Bett sein und fest schlafen, wenn Mutsch nach Hause kam.

Ehe sie das Licht ausmachte, sprang Bille noch einmal aus dem Bett, riss eine Seite aus einem ihrer Schulhefte und schrieb:

„Liebe Mutsch, verzeih mir, dass ich dir
Sorgen bereitet habe. Es tut mir so leid! Aber
ich war so unglücklich! Schlaf gut. Gute Nacht!
Kuss – deine Bille"

Sie legte den Zettel auf Mutschs Kopfkissen und betete inständig, der Kelch des mütterlichen Donnerwetters am nächsten Morgen möge an ihr vorübergehen.

Zottels Streich

Mutsch hatte kein Wort gesagt. Und Bille hatte den bösen Abend schnell vergessen, denn inzwischen hatte es Zeugnisse gegeben und die Ferien hatten begonnen, eine herrliche, aufregende Zeit. Bille kam nur noch zu den Mahlzeiten nach Hause, den größten Teil des Tages verbrachte sie mit Karlchen in Groß-Willmsdorf bei den Pferden.

Herr Tiedjen hatte jetzt selten Zeit, ihr Unterricht zu geben, er reiste von Turnier zu Turnier, und wenn er wirklich einmal da war, dann widmete er sich dem Training der Pferde, mit denen er in dieser Saison an den Start ging. Aber auch beim Zuschauen lernte sie viel.

Während Karlchen auf dem Bretterstapel, der ihnen als Zuschauerbank diente, lang ausgestreckt in der Sonne döste, verfolgte Bille atemlos jede Bewegung von Pferd und Reiter. Wie vieles hatte sie früher einfach übersehen, wenn sie ihm heimlich zuschaute! Auf jedes seiner Pferde stellte Herr Tiedjen sich anders ein, behandelte das eine mit besonders viel Geduld, das andere mit mehr Strenge.

„Sie ist heute fantastisch in Form!", schwärmte Bille.

„Wer?", fragte Karlchen schläfrig.

„Feodora."

„Wieso?"

„Schau hin, dann siehst du's selbst!", sagte Bille leicht verärgert.

„Wozu? Solange Pferde keinen Motor und keine Räder haben, sind sie für mich uninteressant."

„Ich wundere mich wirklich, warum du nicht lieber an 'ner Tankstelle arbeitest!"

„Wollt ich ja, aber sie haben mich nicht genommen. Und da hat Hubert gesagt …"

„Hubert, Hubert! Der hätte dir lieber erst mal ein bisschen Nachhilfeunterricht in Pferdeliebe geben sollen! Aber für dich zählt höchstens Geschwindigkeit. Wenn ich dir sagen würde, dass Feodora heute mit hundertachtzig Sachen über den Parcours gegangen ist, würdest du wahrscheinlich hellwach werden."

Karlchen richtete sich auf und sah Bille verblüfft an.

„Im Ernst, ist sie das?"

„Idiot."

Bille wandte sich wieder Herrn Tiedjen zu und Feodora, ihrem Liebling unter seinen Turnierpferden. Sie war eine zierliche Apfelschimmelstute mit einer fast schwarzen Mähne und feurigen, wachen Augen. Man traute ihr die Kraft, mit der sie sprang, kaum zu. Wie eine Stahlfeder schnellte sie vom Boden ab, weich, als hätte sie Flügel, setzte sie wieder auf. Sie ist ein Fabeltier aus dem Märchen, mit unsichtbaren Schwingen, dachte Bille verträumt.

Feodora hatte ihre Morgenarbeit für heute beendet. Herr Tiedjen sprang ab und belohnte sie mit ein paar Pellets, dabei unterhielt er sich mit ihr wie mit einer alten Freundin.

Jetzt führte Hubert Nathan heran, den siebenjährigen braunen Wallach. Mit seinem kräftigen Knochenbau war er das Gegenteil der zarten Feodora, ein gutmütiger Riese.

„Bille!"

Bille wäre beinahe von ihrem Sitz gefallen, als Herr Tiedjen sie aus ihren Träumen riss.

„Übernimm du bitte Feodora, Hubert soll hierbleiben und später die Zeit stoppen."

Bille wurde rot vor Stolz. Dass sie und nicht Karlchen Feodora führen durfte, empfand sie als besonderen Vertrauensbeweis. Bille nahm die Stute am Zügel und ließ sie dabei nicht aus den Augen, aus Angst, es könne dieser Kostbarkeit auf der kurzen Strecke etwas zustoßen. Beim Absatteln achtete sie darauf, nur ja keinen falschen Handgriff zu tun, und rieb Feodora so sorgfältig ab, als hätte sie eine Kranke zu versorgen. Als der alte Petersen zu ihr trat, wurde ihr etwas wohler, nun trug sie die Verantwortung nicht mehr allein.

„Na, unser jüngster Pferdepfleger macht sich! Kannst gleich weitermachen, Sinfonie kommt heute Morgen noch dran."

Bille schaute ihn ein wenig unsicher an.

„Na komm, nur Mut – willst doch was lernen! Ich pass schon auf, dass nix schiefgeht."

Sinfonie, eine Fuchsstute mit einer breiten weißen Blesse und weiß gestiefelten Beinen, sah aus wie ein Engel, aber sie war das Unberechenbarste, was je im Groß-Willmsdorfer Stall gestanden hatte. Bille war nervös, als sie jetzt mit dem Zaumzeug in ihre Box trat. Petersen stand hinter ihr.

Sinfonie spielte unruhig mit den Ohren und drehte sich weg. Wie Bille auch versuchte, an sie heranzukommen, die Stute drehte ihr immer wieder die Kehrseite zu und hob wie zur Warnung das rechte Hinterbein.

„Lass dich nicht einschüchtern, Deern, sie spielt nur mit dir."

Bille machte sich etwas größer und atmete tief durch.

„Na, na, na …", sagte sie dann mit tiefer Stimme und so laut sie konnte. Dabei trat sie mit einem energischen Schritt nah an Sinfonie heran und streifte ihr rasch das Zügelende über den Kopf. In die linke Hand, mit der sie das Gebiss an Sinfonies Maul heranführte, hatte sie ein Zuckerstück gemogelt. Sinfonie fiel auf den Trick herein und das Gebiss rutschte zugleich mit dem Zuckerstück ins Maul.

„Siehst du, du musst nur energisch sein", sagte Petersen, der nichts von dem Manöver gemerkt hatte.

Bille machte Nasen- und Kehlriemen zu und holte den Sattel. Sinfonie wurde mit einem weiteren Zuckerstück abgelenkt und beschränkte sich auf einen kleinen Trippeltanz, während Bille den Sattel auflegte und den Sattelgurt festzog.

„So, meine Schöne, das wäre geschafft." Bille wischte sich den Schweiß von der Stirn.

„Hm, hast eine Menge dazugelernt in den letzten Wochen."

Der alte Petersen gab ihr einen anerkennenden Klaps auf die Schulter.

Bille mochte solche Beweise der Anerkennung nicht besonders, aber im Augenblick war sie so stolz darauf, mit der schwierigen Pferdedame fertig geworden zu sein, dass sie gnädig darüber hinwegsah. Sie führte die Stute am Zügel hinaus und zum Springplatz hinüber.

Kaum war sie aus dem Stall heraus, besann sich Sinfonie auf ihren schlechten Ruf und begann mit dem Kopf zu schlagen und kleine Bocksprünge zu machen. Bille hatte alle Mühe, sie zu halten.

„Oh, là, là, meine Süße, ganz ruhig, du hast gleich genug Gelegenheit zum Austoben. Ruhig – ganz ruhig!" Bille pfiff durch die Zähne, wie sie es bei Petersen immer wieder beobachtet hatte.

Sie war heilfroh, als sie den Platz erreichten, ohne dass sich Sinfonie losgerissen hatte. Erleichtert drückte sie Hubert die Zügel in die Hand und sagte hastig: „Tschüss, ich muss jetzt nach Hause. Hab Mutsch fest versprochen, ihr heute das Kochen abzunehmen."

Auf dem Heimweg musste sie plötzlich daran denken, wie viel sich in den vergangenen Wochen in ihrem Leben geändert hatte. Ihre kühnsten Träume waren Wirklichkeit geworden. Und wenn es ihr gelang, Herrn Tiedjen von ihren reiterlichen Fähigkeiten zu überzeugen, würde sie vielleicht bald eines der großen Pferde reiten dürfen. Sie musste unbedingt so viel wie möglich mit Zottel trainieren, auch in Herrn Tiedjens Abwesenheit. Gleich heute Nachmittag wollte sie es auf eigene Faust versuchen. Der alte Petersen hatte frei, Herr Tiedjen fuhr in die Stadt, und Hubert war draußen auf den Koppeln beschäftigt. Das war eine großartige Gelegenheit, sich mit Zottel selbstständig zu machen.

Gleich nach dem Mittagessen wollte Bille nach Groß-Willmsdorf zurückfahren, aber Mutsch hielt sie auf.

„Musst du denn immer nur bei den Pferden herumlungern", sagte sie verärgert, „die Ferien sind doch lang genug. Könntest mir ruhig auch mal ein bisschen Zeit schenken. Im Garten fällt das Obst bald von den Sträuchern und ich komm nicht dazu, es zu pflücken. Der Laden und der Haushalt wachsen mir über den Kopf, aber du siehst und hörst nichts. Ich hab im Stillen gehofft, du würdest es aus eigenem Antrieb tun, aber da das nicht der Fall ist, muss ich es dir ja wohl sagen: Geh bitte jetzt als Erstes in den Garten und nimm die Johannisbeeren ab."

„Aber Mutsch, kann ich nicht morgen – gerade heute wollte ich …", stotterte Bille, brach dann aber ab. Sie wusste zu gut, dass Mutsch recht hatte, seit Tagen hatte sie den Vorsatz, ihr im Garten zu helfen, und hatte es immer wieder verschoben.

„Also gut", sagte sie seufzend, „wenn ich jetzt einen großen Eimer voll pflücke und die Beeren nach dem Abendbrot entstiele, darf ich dann heute Nachmittag noch zum Reiten?"

„Na schön, aber hilf mir wenigstens noch beim Abtrocknen."

So schnell hatte Bille noch nie in ihrem Leben Johannisbeeren gepflückt. Eine Stunde später stand der Eimer gehäuft voll auf dem Küchentisch. Bille war so heiß geworden bei ihrer Rekordarbeit, dass sie sich erst einmal ihre verschwitzten Sachen vom Leib zerrte und sich unter die Dusche stellte. Sie hatte das Gefühl, wie ein Stück glühende Kohle zu zischen, als der kalte Wasserstrahl ihren Körper traf. Genießerisch reckte sie ihr Gesicht dem erfrischenden Tropfenregen entgegen.

„Alles fertig!", rief sie strahlend, als sie durch den Laden hinausging. „Hast du gesehen? Der Eimer läuft fast über, so viel habe ich draufgehäuft!"

„Ja, unsere Bille – für die Mutti tut sie alles, wie?", sagte eine Kundin leutselig, die gerade eine Packung Waschpulver bei Mutsch kaufte.

„Für mich nicht – für die Pferde!", antwortete Mutsch ironisch. Sie sah nicht besonders glücklich aus, und Bille beschloss, morgen freiwillig den Rest der Johannisbeeren und auch noch Himbeeren zu pflücken.

Seit Onkel Paul mit Mutsch gesprochen hatte, war kein Wort über den geplanten Umzug gefallen. Aber Bille wurde den Verdacht nicht los, dass Mutsch lediglich alles geheim hielt, um sie dann eines Tages vor die vollendeten Tatsachen zu stellen und den Abschied schmerzvoll, aber kurz zu halten. Möglicherweise würde Mutsch sie damit zu trösten versuchen, dass sie ihr am neuen Wohnort Reitunterricht in einer richtigen Reitschule spendierte. Aber was konnte das schon sein gegen den Verlust der Stunden bei Herrn Tiedjen!

Bille nahm sich vor, in den nächsten Tagen besonders lieb und aufmerksam zu Mutsch zu sein, um etwas über ihre Pläne herauszubekommen. Wie hatte sie sich auch nur so in Sicherheit wiegen können seit dem Gespräch mit Onkel Paul! Sie hatte keinerlei Zweifel gehabt, dass er alles in Ordnung bringen würde. Und über den Pferden hatte sie mal wieder alles andere vergessen.

Nicht einmal nach seinem Besuch bei Inge hatte sie ihn gefragt. Auch das wollte sie gleich morgen nachholen. Mit diesen guten Vorsätzen stieg sie aufs Fahrrad und fuhr nach Groß-Willmsdorf hinüber.

Schon auf dem Weg zum Stall hatte Bille ein merkwürdiges Gefühl im Magen. War es Lampenfieber vor dem ersten selbstständigen Ausritt? Nein – es musste etwas passiert sein!

Bille warf das Rad gegen die Stallmauer und rannte hinein. Drinnen war es totenstill. Kein Schnauben, Rascheln oder fröhliches Wiehern zur Begrüßung – nur ein paar Fliegen brummelten träge in der Mittagshitze.

Die Tür zur Box stand weit offen, von Zottel keine Spur!

Er hatte es also tatsächlich geschafft. Bille hatte schon manchmal den Verdacht gehabt, es könne ihm gelingen, die

Tür von innen zu öffnen, hatte den Gedanken aber wieder verworfen, da es ihr unmöglich schien, dass er den Riegel erreichen würde. Er musste im Zirkus bei einem Entfesselungskünstler in die Lehre gegangen sein!

„Zottel! Zottel! Verdammt noch mal, wo steckst du denn?" Im Stall war er nirgends. Kein Wunder, die Stalltür hatte ja auch weit offen gestanden. Seufzend machte sich Bille auf die Suche.

Zottel hatte sich an diesem Nachmittag besonders gelangweilt. Die anderen Pferde waren auf der Koppel, nur er musste hier im Stall warten, bis seine Herrin geruhte, sich um ihn zu kümmern. Und weil er sich so langweilte, steckte er den Kopf durch die Gitterstäbe der Box, sah sehnsüchtig auf die weit geöffnete Stalltür und begann spielerisch mit dem Maul nach dem Holzpflock zu schnappen, der schräg unter ihm aus dem Türverschluss ragte. Irgendwann einmal war der Metallzapfen abgebrochen und man hatte ihn provisorisch durch ein Stück Holz ersetzt. Das kam Zottel zu Hilfe. Er reckte den Hals noch ein wenig mehr und konnte den Pflock nun auch mit den Zähnen erreichen. Er biss darauf herum, zog und zerrte so lange, bis der Pflock heraussprang und die Boxentür Zottels Druck nachgab.

Zottel wieherte freudig überrascht. Er trabte zum Stall hinaus und um die Ecke in den Park hinein. Hier unter den Bäumen würde ihn so leicht niemand entdecken, und er konnte endlich einmal ungestört die würzigen Gräser probieren, die ihn schon so oft gelockt hatten.

Zottel schüttelte die Mähne und senkte erwartungsvoll den Kopf. Aber plötzlich erschnupperte er da zwischen den Düften von Klee und saftigem Gras einen Geruch, der ihn in freudigste Erwartung versetzte.

Hmhmhmhm, machte Zottel, es hörte sich an, als hätte er leise gelacht. Mit weit aufgeblähten Nüstern nahm er die Fährte auf und trabte der Quelle des verheißungsvollen Duftes entgegen.

Heute war Frau Lohmeiers Kaffeekränzchentag. Das Haus, das der Verwalter mit seiner Frau bewohnte, lag gleich hinter dem Park.

Auf der Veranda stand – mit einem Tuch sorgsam gegen die Fliegen geschützt – die fertige Kaffeetafel mit Torte, Plätzchen, Milch und Schlagsahne und der silbernen Zuckerdose, einem Erbstück von Frau Lohmeiers Großmutter. In der Mitte des Tisches prangte ein herrlicher Sommerstrauß. Nur der Kaffee fehlte noch. Frau Lohmeier stand gerade in der Küche am Herd und filterte ihn liebevoll und sorgfältig, beschwingt von der Vorfreude auf die Komplimente, die sie ganz sicher zu hören bekommen würde.

Ohne Umstände schritt Zottel zur Tat.

Ungeduldig zerrte er mit den Zähnen das störende Tuch von der Tafel und warf es auf den Boden. Eins der Gedecke wickelte sich sanft hinein und ging mit hinab, ohne Schaden zu nehmen.

Zottel machte sich zunächst einmal über die Cremetorte her. Dann folgten in rascher Reihenfolge die Plätzchen und die Zuckerstücke. Zum Schluss kam die Schlagsahne dran.

Nach so viel Süßem brauchte Zottel unbedingt etwas Kräftiges. Dazu eignete sich der Blumenstrauß vorzüglich. Zottel hob ihn vorsichtig aus der Vase. Der Hals der Vase war eng, sie schwebte ein Stückchen über den Tisch und fiel dann mit dumpfem Platschen in den Rest der Cremetorte.

Der Genuss von Schlagsahne regt die Verdauung an. Und so blieb es nicht aus, dass die Veranda noch mit ein paar Äpfeln geziert wurde.

Bille hatte inzwischen den ganzen Park abgesucht. Sie steuerte gerade auf Familie Lohmeiers Garten zu, als ein gellender Schrei die Nachmittagsstille zerriss. Bille befürchtete das Schlimmste. Sie raste um die Hausecke herum – und blieb wie zur Salzsäule erstarrt stehen. Vor Entsetzen sperrte sie den Mund auf, als wolle sie einen Kartoffelkloß verschlucken. War das, was sie sah, Traum oder Wirklichkeit?

Zottel stand hoch aufgerichtet auf den Hinterbeinen, geziert mit einem Weihnachtsmannbart aus Schlagsahne, auf der Veranda und hielt die Reste eines Blumenstraußes im Maul. Und davor stand die schreiende Frau Lohmeier, vor sich auf dem Boden die Scherben der Kaffeekanne in einem dunkelbraunen See, neben sich die Kaffeetafel, die aussah, als hätte eine Bombe eingeschlagen.

Bille löste sich aus ihrer Erstarrung.

„Zottel!!“, schrie sie. „Zottel, du Idiot, was hast du da wieder angestellt, komm sofort her!“

Sie wusste nicht, ob sie lachen oder weinen sollte, aber die Komik des Anblicks siegte. Bille prustete los vor Lachen.

Zottel hatte sich wieder auf alle vier Beine hinuntergelassen, nachdem Frau Lohmeier aufgehört hatte, die Arme zum Himmel zu erheben. Er warf ihr die Reste des Blumenstraußes vor die Füße, grüßte noch einmal dankend mit einem Nicken und trabte freudig schnaubend zu Bille hinüber.

„So, du findest das komisch, junge Dame!“

Frau Lohmeier war schneeweiß im Gesicht und zitterte vor Zorn.

„Das Lachen wird dir schnell genug vergehen, verlass dich drauf, dafür werde ich sorgen! Und jetzt nimm dieses Ungeheuer und verschwinde, aber schnell! Der Gaul ist die längste Zeit auf dem Hof gewesen, das schwöre ich. Und du wage es nicht, dich hier noch einmal blicken zu lassen!"

Frau Lohmeier drehte sich brüsk um und verschwand im Haus. Drinnen hörte Bille sie schluchzend nach ihrem Mann rufen. Das konnte ja übel ausgehen!

Bille ergriff Zottel bei der Mähne und führte ihn bedrückt zum Stall zurück. Was sollte sie jetzt bloß tun?

Zottels Wiedergutmachung

In dieser Nacht schlief Bille kaum. Immer wieder gingen ihr die Ereignisse des vergangenen Tages durch den Kopf.

Nachdem sie Zottel zurück in seine Box gebracht hatte, war sie noch einmal zum Lohmeierschen Haus zurückgegangen, um sich für Zottels Untaten zu entschuldigen. Sie hatte geklingelt und geklopft, aber Frau Lohmeier hatte ihr nicht geöffnet. Sie hatte die Kaffeekränzchendamen für heute abbestellt, nachdem sie unter Tränen und in leuchtenden Farben am Telefon das Unglück geschildert hatte – und den Schock, den sie dadurch erlitten hatte, und war mit einem Migräneanfall zu Bett gegangen.

Was sollte Bille machen? Ratlos war sie zum Stall zurückgebummelt. Die Lust an der Reitstunde war ihr für heute vergangen. Wäre doch wenigstens Petersen dagewesen, damit sie ihm den ganzen Vorfall hätte beichten können! Karlchen und Hubert würden höchstens einen Lachanfall bekommen, wenn sie ihren Bericht hörten.

Natürlich hatte sie Karlchen die ganze Geschichte dann doch erzählt, und der erwartete Lachanfall war nicht ausgeblieben. Karlchen wieherte, jaulte und schluchzte. Er war nie sehr gut auf Frau Lohmeier zu sprechen gewesen, und dass Zottel ihr einen solchen Streich gespielt hatte, bereitete ihm ein Riesenvergnügen.

„So komisch ist das gar nicht", hatte Bille leise gesagt,

„mach mir lieber mal einen Vorschlag, was ich jetzt tun soll!"

„Gar nichts", hatte Karlchen gekeucht und verzweifelt nach Luft geschnappt. „Warte doch erst mal ab. Vergiften wird sie Zottel ja nicht gleich."

Das war nicht gerade ein Trost gewesen und weitergeholfen hatte es ihr auch nicht.

Einer plötzlichen Eingebung folgend, hatte Bille dann abends auf dem Hof gewartet, bis Herr Tiedjen zurückkam, um bei ihm ein Geständnis für Zottel abzulegen, ehe er den Vorfall von den erbosten Lohmeiers erfuhr. Aber das hatte alles nur noch schlimmer gemacht.

Herr Tiedjen war nervös und übermüdet gewesen, zudem hatte er Sorgen mit Nathan, der seit heute Vormittag lahmte und für das nächste Turnier gemeldet war. Herrn Tiedjens Laune war tief unter dem Gefrierpunkt gewesen, und als er Billes Bericht hörte, winkte er nur ärgerlich ab.

„Kind, für solche Mätzchen habe ich jetzt wirklich keine Zeit. Mach das mit Herrn Lohmeier ab, ich habe weiß Gott andere Sorgen!"

Bille war wie ein begossener Pudel nach Hause geschlichen und hatte sich über den Eimer Johannisbeeren hergemacht. Beim Entstielen der Beeren war in ihrem Kopf ein einziges Chaos, ihre Ängste steigerten sich ins Unendliche, sie sah Zottel verstoßen, zum Tode verurteilt, verladen und zum Pferdemetzger gebracht. Der Kloß in ihrem Hals wuchs und schwoll, und ein kleiner Tränenbach lief an der Nase herunter und schmeckte salzig und nach bitterer Verzweiflung.

Ein paarmal hatte sie angesetzt, Mutsch alles zu erzählen, aber dann hatte sie es doch lieber bleiben lassen. Wusste sie denn, ob Mutsch die Geschichte nicht zum willkommenen Anlass nehmen würde, ihr die Reiterei wieder zu verbieten? Nein, sie musste die Lösung selbst finden.

Wäre doch wenigstens Onkel Paul in der Nähe! Aber der war jetzt so mit der Fertigstellung seines Spar-Marktes beschäftigt, dass er manchmal erst gegen Mitternacht nach Hause kam und vor Tagesanbruch schon wieder nach Leesten hinüberfuhr. Trotzdem war Onkel Paul wohl der Einzige, der helfen konnte. Onkel Paul – und Petersen. Mit diesem Gedanken war Bille schließlich eingeschlafen – einer unruhigen und kurzen Nacht entgegen.

Kurz vor vier Uhr morgens war sie wieder hellwach. Sie beschloss, von Sorge getrieben, sofort nach Zottel zu sehen. Leise zog sie sich an und schlich aus dem Haus.

So früh war sie noch nie draußen gewesen. Die Sonne kam hinter dem Horizont herauf, auf den Wiesen lag der Morgennebel, und die Kühe standen darin wie in einem See aus Milch, sie sahen aus wie fremde Wesen aus einem Märchen. Erste Vogelstimmen wurden laut und drüben auf dem Hof krähte ein Hahn. Die Luft roch würzig nach feuchtem Gras, und der Zauber dieser Morgenstimmung nahm Bille so gefangen, dass sie ihren Kummer vergaß und sich fühlte, als seien diese verzauberte Welt und sie selbst gerade eben erst erschaffen worden und als gehöre all dieses ihr ganz allein.

Im Stall war es noch ruhig. Bille schlich sich zu Zottels Box. Er musste sie trotzdem gehört haben, denn er stand erwartungsvoll an der Tür und begrüßte sie mit einem dunklen, verhaltenen Wiehern.

Bille betrachtete ihn eingehend.

„Na, du Fresssack? Wie ist dir der Kuchen bekommen? Bist du ganz in Ordnung?"

Tatsächlich schien ihm das üppige Festmahl nicht das Geringste ausgemacht zu haben.

Bille holte Zaumzeug und Sattel aus der Sattelkammer und trat zu ihm.

„Komm", sagte sie, „ich zeig dir einen wunderschönen Morgen."

Zottel schien das Geheimnisvolle der Unternehmung zu begreifen. Als sie aus dem Stall kamen, trat er ganz leise auf. Bille führte ihn um den Stall herum, erst dann saß sie auf. Im Schritt ging es durch den Park hinaus in die Felder.

„Hoffentlich kriegen wir beide keinen Ärger wegen unseres Ausflugs. Aber bis Petersen und Hubert in den Stall kommen, sind wir wieder zurück."

Bille trabte an und bog in einen Feldweg ein, der zwischen Zäunen hindurch auf eine kleine Anhöhe führte. Oben kam man auf eine Birkenallee, von der aus man weit ins Land schauen konnte.

Bille ließ Zottel eine Weile am langen Zügel im Schritt gehen und atmete tief durch. Ein leichter Wind spielte in den Blättern der Birken und streichelte Bille wie in einer Umarmung. Was für ein Augenblick – man müsste ihn festhalten können!, dachte sie. Die Sorgen des vergangenen Tages wurden klein hinter dem Eindruck dieses Morgens.

Wie hatte sie sich nur so einschüchtern lassen können! Irgendeinen Weg musste es doch geben, sich bei Frau Lohmeier zu entschuldigen und ihren Zorn zu besänftigen! Bille beschloss, all ihr gespartes Taschengeld zu opfern, um für den Schaden aufzukommen. Vielleicht konnte sie für Frau Lohmeier auch irgendwelche Arbeiten erledigen, im Garten helfen oder Botengänge übernehmen.

Bille nahm die Zügel auf und galoppierte an. Darauf

schien Zottel nur gewartet zu haben, er legte ein Tempo vor, als hätte er Sprungfedern unter den Hufen. Einen Augenblick lang fürchtete Bille, dieser herrliche Morgen hätte ihn so übermütig gemacht, dass er durchgehen, sie abwerfen und hinausstürmen würde in die Weite der Welt. Aber dieser Schreck dauerte nur eine Sekunde. Dann gab sie sich ganz der Freude an dem scharfen Galopp hin.

Eine Stunde später kamen sie erschöpft und glücklich zum Hof zurück. Bille saß ab und führte Zottel durch die Stallgasse. Karlchen war gerade dabei, Petersen und Hubert in leuchtenden Farben Zottels Streich zu erzählen. Die beiden lachten glucksend in sich hinein, auch sie schienen Frau Lohmeier dieses Erlebnis zu gönnen.

„Ihr habt gut lachen", sagte Bille bedrückt. „Aber was wird aus Zottel und mir? Das kann ganz schön ins Auge gehen."

„Ach was, da mach dir man keine Sorgen, mein Deern, irgendwie kommt das schon wieder ins Lot. Kommt Zeit, kommt Rat."

Mehr wusste ihr der alte Petersen also nicht zu sagen? Und sie hatte so auf einen vernünftigen Vorschlag gehofft! Da blieb also nur noch Onkel Paul.

Heute musste sie ihn unbedingt noch erwischen, ganz gleich, wie spät er nach Hause kam.

Zunächst einmal ging sie gleich nach dem Frühstück ins Büro hinüber, um sich dem gefürchteten Gespräch mit Herrn Lohmeier zu stellen.

Herr Lohmeier war nicht da. Er wäre auf der Zuchtviehschau, sagte ihr Frau Beck, die nette alte Sekretärin, die schon bei Herrn Tiedjens Vater die Buchhaltung besorgt hatte. Ihre dicken Brillengläser blitzten und gaben ihr einen Ausdruck, als lachte sie heimlich. Sie sah Bille prüfend an.

„Was möchtest du denn von Herrn Lohmeier, kann ich ihm was bestellen?"

Sicher hatte sich die Sache schon bis zu ihr herumgesprochen!

„Och …", druckste Bille, „n-nein, ich kann ja dann morgen wiederkommen. Vielen Dank."

Auf dem Rückweg klingelte sie noch einmal bei Frau Lohmeier. Vielleicht war die jetzt bereit, Billes Entschuldigung anzuhören. Aber Frau Lohmeier dachte nicht daran zu öffnen. Bille war es, als hätte sich die Gardine leicht bewegt. In Gedanken sah sie Frau Lohmeier vor sich, mit zusammengekniffenen Lippen und kalten Augen.

„Na, dann eben nicht!", knurrte Bille.

Jetzt blieb wirklich nur noch Onkel Paul als letzte Rettung. Bille holte sich von Mutsch die Erlaubnis, ihn nach dem Abendbrot noch besuchen zu dürfen. Vorher würde er ja doch nicht da sein.

Bille fuhr die Abkürzung über den alten Heuweg, der hinter Wedenbruck herumführte, eine löchrige, wenig benutzte Schotterstraße, die an beiden Seiten mit Schlehdornen gesäumt war. Schon von Weitem sah sie, dass Onkel Paul noch nicht zu Hause sein konnte: Tür und Fenster waren verschlossen und Zeitung und Post steckten noch im Briefkasten. Nun gut, dann würde sie eben warten.

Bille zog vorsichtig die Illustrierte aus dem Briefkasten, setzte sich auf die Treppenstufen und begann zu lesen. Als sie ihre Lektüre beendet hatte, war es inzwischen so dunkel geworden, dass sie die Buchstaben kaum noch erkennen konnte. Eine Viertelstunde noch, sagte sich Bille. Und dann gab sie noch eine Viertelstunde zu. Onkel Paul kam nicht. Noch zehn Minuten.

Ob er auf dem Heimweg erst mal in den *Krug* gegangen war? Aber dann hätte er hier vorbeikommen müssen. Noch fünf Minuten, und dann …

Schließlich konnte sie nicht die ganze Nacht hier sitzen – sie musste eben morgen früh gleich nach Leesten hinüberfahren und dort mit ihm sprechen, auch wenn er sich ungern bei der Arbeit stören ließ. Bille schob das Rad auf die Straße und machte sich auf den Heimweg.

Hundert Meter weiter auf dem alten Heuweg hörte sie plötzlich ein merkwürdiges Geräusch. Bille hielt an und lauschte.

„Uuuaaach …", kam es seitlich aus den Büschen, gefolgt von einem schnarchenden und pfeifenden Singsang. Nach einem Tier hörte sich das nicht an!

Bille zögerte. Was konnte das sein? Ob sie aus dem Dorf Hilfe holen sollte? Schließlich war es dunkel und sie war ganz alleine.

Bille gab sich einen Ruck. Vielleicht brauchte hier jemand ihre Hilfe, und sie stand herum und überlegte!

Sie ging vorsichtig näher. Jetzt entdeckte sie die Umrisse eines Autos, das im Graben mitten zwischen den Schlehen steckte. Der Wagen kam ihr bekannt vor. Ein schwarzer Opel Astra, den fuhr hier nur einer.

„Herr Lohmeier", rief Bille entsetzt, „ist Ihnen was passiert?"

Sie schaute durch das heruntergekurbelte Fenster. Herr Lohmeier, der zusammengesunken auf dem Vordersitz lag, richtete sich schwerfällig auf und sah Bille aus glasigen Augen an. Als er den Mund öffnete, kam ihr eine Wolke von Bierdunst entgegen.

„Bille, was machst du denn in meinem Schlafzimmer?"

„Sie sind nicht in Ihrem Bett, Herr Lohmeier, Sie sitzen noch in Ihrem Auto – und das steckt im Graben fest. Wie ist denn das passiert?"

„Ach, verdammt …" Herr Lohmeier wurde etwas wacher. „Was sagst du da?", lallte er. „Ist das wahr?"

„Ja, schauen Sie selbst."

Herr Lohmeier versuchte auszusteigen, plumpste aber wie ein Mehlsack zurück auf seinen Sitz und sagte weinerlich: „Ich muss eingeschlafen sein. War ein schrecklich anstrengender Tag heute. Was machen wir denn nun? Wenn das meine Frau erfährt – der schöne neue Wagen!" Seine Zunge schien schwer wie Blei zu sein, er hatte Mühe, die Worte klar herauszubringen.

„Wissen Sie was, Herr Lohmeier? Sie bleiben jetzt ganz ruhig hier sitzen und ich hole Hilfe."

„Um Gottes willen, nein, das darf kein Mensch erfahren! Ich bin blamiert!"

„Keine Sorge, es erfährt niemand! Ich habe eine viel bessere Idee. Schlafen Sie nur weiter, ich bin gleich wieder da."

Der Aufforderung hätte es nicht bedurft. Herr Lohmeier schnarchte schon wieder. Bille hob ihr Fahrrad auf und fuhr, so schnell es die Dunkelheit erlaubte, nach Groß-Willmsdorf hinüber. Wenig später stand sie im Stall.

Der Einfall, Zottel zu holen und mit seiner Hilfe das Auto aus dem Graben zu ziehen, war Bille ganz spontan gekommen. Jetzt hieß es, über die Ausführung des Plans nachzudenken. Im Geschirr zu gehen, war Zottel gewöhnt, ein passendes Geschirr war auch vorhanden, aber was brauchte sie noch?

Zunächst einmal legte sie Zottel das Geschirr an, dann suchte sie im Stall an Ketten und Stricken zusammen, was ihr für die Unternehmung geeignet schien. Eine starke Taschenlampe bewahrte der alte Petersen oben im Geräteschrank auf, die würde sie sicher brauchen können. Sie steckte alles in einen leeren Hafersack und packte ihn Zottel auf den Rücken.

„So, mein Lieber, heute spielst du mal Packesel."

Zwanzig Minuten später waren sie bei Herrn Lohmeier angelangt. Der schlief immer noch tief und fest. Bille hatte Mühe, ihn wach zu rütteln.

„Herr Lohmeier! Herr Lohmeier, ich bin's – Bille! Sie müssen mir jetzt helfen. Ich bin mit Zottel hier – um Sie aus dem Graben zu ziehen!"

„Ah… rktpf… ngrrr…" Herr Lohmeier gurgelte und schnaufte, dann schüttelte er sich, als hätte man ihn ins Wasser geworfen, und riss die Augen auf. Es dauerte eine ganze Weile, bis er kapiert hatte, wo und in welcher Situation er sich befand. Aber dann verklärte sich sein Gesicht, der Groschen war gefallen.

„Bille, du bist Gold wert, das werde ich dir nie vergessen!", dröhnte er in unvermuteter Lautstärke los, als gälte es, vor tausend Leuten eine Opernarie zum Besten zu geben.

„Pschschscht!", machte Bille erschrocken. „Ich denke, uns soll niemand hören!"

„Richtig", flüsterte Herr Lohmeier, „an die Arbeit."

Er schälte sich aus seinem Sitz, schwankte ein paarmal hin und her und stand schließlich fest auf seinen Füßen.

Bille hatte inzwischen zwei Seile herausgesucht und betrachtete prüfend das Heck des Autos. Da unten war der Abschlepphaken. Sie mussten den Wagen erst einmal rückwärts aus dem Graben ziehen. Irgendwie gelang es ihr, die Seile um den Haken zu knoten und auf beiden Seiten an Zottels

Geschirr zu befestigen. Von Herrn Lohmeier war nicht allzu viel Hilfe zu erwarten, immerhin schien er allmählich nüchterner zu werden.

„Jetzt kann's losgehen!", befahl Bille. „Ich nehme Zottel am Zügel und Sie setzen sich ans Steuer."

Zottel brauchte sich kaum anzustrengen. Ein kurzer Zug, ein Kratzen und Scharren der Schlehenzweige am Lack der Motorhaube, dann stand der Wagen wieder auf der Straße.

„Ich würde vorschlagen, wir spannen Zottel jetzt vor das Auto und er zieht Sie bis auf den Hof. Dann hört und sieht uns keiner."

Sie spannte Zottel um, dann setzte sich Herr Lohmeier wieder hinters Lenkrad. Bille marschierte mit Zottel vorneweg. Mit abgeblendeten Scheinwerfern fuhren sie auf den Hof bis vor die Garage. Niemand war ihnen begegnet.

„Leise!", mahnte Bille. „Ich bringe Zottel jetzt zurück in den Stall. Aber vorher helfe ich Ihnen noch, den Wagen in die Garage zu schieben, kommen Sie."

Herr Lohmeier nahm Bille bei den Schultern.

„Mädchen, du bist voll in Ordnung, das werde ich dir nie vergessen! Und es bleibt ganz bestimmt unter uns?"

„Klar, Herr Lohmeier. Aber ich habe eine Bitte …"

„Na?"

„Sie wissen doch, was Zottel gestern angestellt hat. Ich meine, mit dem Kaffeetisch Ihrer Frau …"

„Hä?", machte Herr Lohmeier verständnislos. Dann fiel ihm die Geschichte wieder ein und er brach in grölendes Gelächter aus.

„Pst! Nicht so laut! Herr Lohmeier, Zottel hat Ihnen doch heute Abend geholfen. Versprechen Sie mir, dass Sie ihn nicht vom Hof verbannen werden? Dass ihm nichts passiert?"

„Warum soll ihm was passieren? Nur über meine Leiche! Ich verrate doch meine besten Freunde nicht!"

Herr Lohmeier öffnete weit die Arme, stürzte an Bille vorbei und landete an Zottels Hals, den er überschwänglich küsste.

Hoffentlich erinnert er sich auch morgen noch daran, dachte Bille besorgt, so besonders nüchtern scheint er mir immer noch nicht zu sein.

„Freunde, ihr könnt euch auf mich verlassen!", sagte Herr Lohmeier feierlich. „Gute Nacht! Und nochmals Dank!"

Er warf ihnen noch ein paar Kusshände zu, dann schritt er steifbeinig zu seiner Haustür, wo er eine Weile vergeblich versuchte, das Schlüsselloch zu treffen, bis die Tür von innen geöffnet wurde und er fast waagerecht ins Haus stolperte.

Oje! dachte Bille. In dessen Haut möchte ich jetzt nicht stecken! Hoffentlich ergeht es mir nicht genauso. Ach was, dann muss ich Mutsch eben die ganze Geschichte erzählen. Und Mutsch kann schweigen wie ein Grab, das weiß ich.

Zirkuspferd bleibt Zirkuspferd

Herr Lohmeier hielt sein Versprechen.

Als Bille am nächsten Morgen nach dem Stalldienst zum Frühstück nach Hause radeln wollte, verabschiedete er sich gerade an der Haustür von seiner Frau, um ins Büro hinüberzugehen. Er sah erstaunlich frisch und rosig aus und war heiterster Stimmung.

„Guten Morgen, junge Dame, gut geschlafen?", rief er Bille zu.

Frau Lohmeiers Gesicht wurde frostig.

„Guten Morgen, Herr Lohmeier – guten Morgen, Frau Lohmeier", fügte sie rasch hinzu, „danke, ich habe prima geschlafen, und Sie?" Bille sprang vom Rad und kam abwartend näher.

Herr Lohmeier zwinkerte ihr zu.

Dann wandte er sich an seine Frau. „Ist sie nicht ein Prachtmädchen?", fragte er. „Steht jeden Morgen um fünf Uhr auf, um im Stall zu arbeiten. Und mit Pferden kann sie umgehen, wirklich, da kann man nur staunen! Ihr Pferd ist das gepflegteste im ganzen Stall."

„Ihr Pferd? Der Ausdruck ist wohl etwas übertrieben, das Pferd gehört Herrn Tiedjen", sagte Frau Lohmeier spitz.

„Der hat's ihr anvertraut. Und er hatte recht damit."

„Püh ...", machte Frau Lohmeier nur.

„Ein intelligentes Kerlchen, dieser Zottel, und ein großartiger Charakter, da gibt's gar nichts ..."

Frau Lohmeier lief rot an und wollte etwas sagen, aber
Herr Lohmeier ließ sie nicht zu Wort kommen.

„Und wegen des Streichs, den er uns da neulich gespielt
hat, wollen wir ihm doch nicht böse sein. Der Verschluss an
seiner Box hätte längst repariert werden müssen. Petersen
hat mich schon vor Wochen darauf aufmerksam gemacht
und ich habe glatt vergessen, dem Handwerker Bescheid zu
sagen. Ich werde mich gleich darum kümmern. Also – Wiedersehen! Und grüß deine Mutter, Bille!"

„Ja, danke – wird gemacht, Herr Lohmeier!"

Als Bille außer Hörweite war, jubelte sie laut. Sie hätte sich
nicht träumen lassen, dass Herr Lohmeier so energisch für
sie Partei ergreifen würde. Das mit dem reparaturbedürfti-
gen Riegel hatte er sicher erfunden.

Beim Frühstück hielt es Bille nicht mehr aus. Sie erzählte
Mutsch die ganze Geschichte – Zottels Streich, ihre Ängste
und vergeblichen Entschuldigungsversuche und schließlich
von dem glücklichen Zufall, der Zottel die Möglichkeit gab,
alles wiedergutzumachen.

Mutsch lachte, bis ihr die Tränen kamen. Immer wieder
musste Bille vormachen, wie Zottel vor Frau Lohmeier auf
den Hinterbeinen gestanden hatte, und je mehr diese die
Arme gen Himmel hob, desto höher stieg auch er.

„Nein, zu komisch", lachte Mutsch, „er muss gedacht haben, sie sei sein Zirkusdirektor und gäbe ihm Zeichen für
sein Kunststück."

„Mutsch – aber du versprichst mir, dass die Geschichte
unter uns bleibt, ja? Vor allem das von gestern Abend!", sagte
Bille eindringlich.

„Aber natürlich. Deshalb bist du gestern also so spät nach Hause gekommen! Ich wollte schon mit Onkel Paul schimpfen. Was macht er eigentlich – man bekommt ihn überhaupt nicht mehr zu sehen?"

„Ach, er ist doch ständig drüben in Leesten. Der Spar-Markt muss wohl bald fertig sein, da ist er natürlich für nichts anderes mehr zu sprechen. Was meinst du, soll ich nicht einfach mal rüberfahren und schauen, wie weit sie sind?"

Es war, als rassele bei Mutsch eine Jalousie herunter. Ihr Gesicht nahm einen verschlossenen Ausdruck an.

„Wenn's dir Spaß macht, bitte", sagte sie kühl. „Ich muss jetzt in den Laden."

Sie stand auf, räumte ihr Gedeck in die Spüle und ließ heißes Wasser darüberlaufen. Wie sie so dastand, vornübergebeugt, mit hängenden Schultern, sah sie alt und verlassen aus. Wie jung hatte sie vorhin gewirkt, als sie lachte! Warum war sie nur so schrecklich verbohrt, wenn es um den Spar-Markt ging!

Bille beschloss, auch darüber mit Onkel Paul zu reden.

Als Bille ihr Fahrrad von der Hauswand nahm, fiel ihr ein, dass sie doch ebenso gut nach Leesten hinüberreiten konnte, statt zu fahren. Sie musste ja nicht unbedingt die Chaussee nehmen, auf Feldwegen kam sie genauso gut hin. Also fuhr sie zum Stall hinüber, um Zottel zu satteln. Der freute sich, als er merkte, dass es statt eines strengen Trainings einen morgendlichen Vergnügungsritt gab.

Es war schwül, am Himmel zogen sich erste Wolkenberge zusammen und auf den Wiesen wurde in aller Eile das letzte Heu hereingeholt. Sicher würde es am Nachmittag ein Gewitter geben, aber noch schien die Sonne.

Bille überlegte, ob sie nicht gleich an die Ostsee weiterreiten sollte, um ein erfrischendes Bad zu nehmen. Außerdem musste es herrlich sein, am Strand entlangzugaloppieren! Aber von Leesten waren es noch fünf Kilometer bis zur See, und die Aussicht, auf dem Rückweg vielleicht von dem Gewitter überrascht zu werden, war nicht sehr angenehm. Also tröstete sie sich mit dem Gedanken an eine Dusche unter dem Gartenschlauch bei ihrer Heimkehr.

„He – Bille!"

Sie hatte gerade die ersten Häuser von Leesten erreicht, als Elli, Heike und Martina auf ihren Rädern neben ihr auftauchten.

„Hoch zu Ross – ich werd nicht mehr!", sagte Heike, schwankend zwischen Bewunderung und Spott.

„Der sieht aus, als käm er aus dem Zirkus!"

„Wo hast 'n den aufgegabelt?"

„Er gehört zum Stall von Herrn Tiedjen", sagte Bille würdevoll. „Ich bin seine Pflegerin und darf mit ihm trainieren. War gar nicht so einfach, ein normales Reitpferd aus ihm zu machen, aber er hat sich großartig entwickelt."

„Na, jetzt begreife ich, warum du nie mehr Zeit für uns hast. Bei solchen Pflichten! Da bist du natürlich voll ausgelastet", meinte Heike ironisch.

„Wir haben schon befürchtet, du hättest die Pocken oder sonst eine Krankheit, weil du dich gar nicht mehr blicken lässt. Geschweige denn mit zum Baden kommst!", warf Elli ihr vor.

„Ich möchte ja gern, aber ..." Bille spürte ein leises Bedauern in sich aufsteigen, unterdrückte es aber sofort. „Wisst ihr, bei Herrn Tiedjen persönlich Unterricht zu bekommen und seine Pferde betreuen zu dürfen ist eine Chance, die man wahrnehmen muss. Da bleibt einfach keine Zeit mehr für andere Dinge."

„Na ja, du warst ja immer schon ein Einzelgänger, dagegen ist wohl kein Kraut gewachsen", sagte Martina achselzuckend. „Wenn du nur noch mit so bedeutenden Leuten zu tun hast, werden wir dich wohl bald auf den Titelseiten der Zeitungen sehen. ‚Sibylle Abromeit siegte im Großen Preis von Deutschland' oder so."

„Quatsch, so weit ist es ja nun wirklich noch nicht! Ich habe ja noch nicht mal mit dem Springen angefangen, Herr Tiedjen ist da sehr gründlich, der schickt einen nicht einfach so über die Hindernisse ..."

Zottel wurde unruhig und begann zu tänzeln. Ihn langweilte dieses Gespräch, vor allem weil er merkte, dass Billes Aufmerksamkeit von ihm abgelenkt war. Er warf heftig den Kopf hoch und scharrte ungeduldig mit dem Huf.

„Ich muss weiter", sagte Bille schnell, „ich will Onkel Paul besuchen. Also – macht's gut!"

Sie trieb Zottel an und bog in die Dorfstraße ein, an deren Ende die Baustelle lag.

„Wir kommen mit!", riefen die Mädchen hinter ihr her. „Als Ehrengarde!" Sie lachten.

Bille auf einem Zirkuspferd, den Anblick wollten sie sich so schnell nicht entgehen lassen. Auch andere Kinder wurden auf das auffallende Pferd aufmerksam und folgten, von Neugierde getrieben. Schon bereute Bille, dass sie geritten war – schließlich wollte sie hier keine Vorstellung geben.

„Darf man den streicheln?"

„Beißt der?"

„Frisst der auch Schokolade?"

„Darf ich auch mal reiten?"

So und ähnlich tönte es von allen Seiten.

Bille wurde der Aufzug immer unbehaglicher. Zum Glück war sie jetzt am Ziel.

„Wahnsinn!", rief sie überrascht.

Dort, wo letztes Mal noch kahle Mauern ohne Dach gestanden hatten, erhob sich jetzt ein heller, moderner Bau, weiß und hellblau gestrichen, mit großen Fensterflächen und einem von Rosenrabatten gesäumten runden Platz davor. Im geräumigen Verkaufsraum waren Handwerker dabei, Regale aufzurichten und Neonröhren zu installieren.

Bille sah sich um. Wo konnte sie Zottel festmachen, ohne dass er von Kindern geneckt wurde und vielleicht etwas anstellte? Sie war von einem dichten Kranz von Neugierigen umringt.

Da drüben waren Haken in die Mauer eingelassen, an denen man Hunde anbinden konnte, das war kaum das Richtige. Aber hinter dem Haus musste es ja einen Hof zum Abladen der Waren geben, der nicht für jedermann zugänglich war. Bille hoffte inständig, Onkel Paul möge sie entdecken und ihr zu Hilfe kommen. Aber von Onkel Paul war weit und breit nichts zu sehen.

Stattdessen erschien jetzt der Lautsprecherwagen der Gemeinde. Er bog in die Straße ein und hielt genau vor dem Spar-Markt – wohl erfreut, so viele Zuhörer auf einmal anzutreffen. Dann schaltete er seinen Lautsprecher ein. Über den Platz ergoss sich eine Woge von Walzermusik, die „Schöne blaue Donau" brandete an Zottels Ohren und ließ ihn in seliger Erinnerung erschauern. Bille merkte es und ahnte das Schlimmste.

Nach dieser Musik hatte Zottel früher im Zirkus den Höhepunkt seines Auftritts vorgeführt: einen Walzertanz.

Hmhmhmhm …, machte Zottel begeistert.

„Zottel, sei vernünftig!", flehte Bille.

Aber es war schon zu spät. Zottel warf einmal kurz den Kopf in den Nacken und begann sich in kleinen Galoppsprüngen um sich selbst zu drehen. Schallendes Gelächter übertönte die Musik und erfüllte Straße und Platz. Bille wurde knallrot. Immer mehr Leute liefen zusammen. Verzweifelt versuchte Bille, Zottel zum Stehen zu bringen – vergeblich! Ihm schien der Auftritt vor einem so dankbaren Publikum großartig zu gefallen. Und je mehr gelacht und applaudiert wurde, um so schwungvoller wurden seine Sprünge. Bille wurde bereits ganz schwindlig von der Dreherei.

„Schau sie an, unsere tolle Reiterin", hörte sie Heike sagen, „sie kriegt ihr Pferd nicht zum Stehen!"

„Geschieht ihr ganz recht, was muss sie auch so angeben!"

„Wetten, dass sie gleich runterfliegt?", stichelte Elli.

Den Spaß sollt ihr nicht haben!, dachte Bille wütend. Oben bleiben werde ich. Irgendwann muss die verdammte Musik ja mal zu Ende sein!

„Alle Achtung, du sitzt ja wie eine Eins!", hörte Bille plötzlich Onkel Pauls Stimme durch den Lärm aus Musik und Gelächter hindurch.

„Fiete, dreh doch mal den Kasten ab!", rief er. Dann nahm er Zottel am Zügel, der erschöpft schnaubend stehen blieb. So lange hatte er noch nie Walzer getanzt.

„Donnerwetter, du hast wirklich viel gelernt bei Herrn Tiedjen – in der kurzen Zeit. Deine Haltung ist erstklassig!"

„Danke, Onkel Paul", flüsterte Bille.

Sie bemühte sich, so elegant wie nie zuvor aus dem Sattel zu springen, was ihr zu ihrer Genugtuung auch gelang. Dann nahm sie Zottel am Zügel und stakste mit etwas steifen Beinen hinter Onkel Paul her.

„Komm, mein Deern, hinten im Hof kannst du deinen Zottel anbinden. Was zu trinken bekommt er auch. Und dann kannst du mir beim zweiten Frühstück Gesellschaft leisten, magst du?"

„Klar! Was meinst du, was ich schon wieder für einen Hunger habe!"

Onkel Paul war wirklich Gold wert. Auf dem Hof war es schattig und kühl und an der Einfahrt hing ein großes Schild „Zutritt nur für Lieferanten". Die gaffende Menge blieb auf dem Vorplatz zurück und zerstreute sich allmählich.

„Puh, das war der erste öffentliche Auftritt meines Lebens", stöhnte Bille. „Ganz schön anstrengend."

Sie nahm Zottel das Zaumzeug ab, streifte ihm das Halfter über, das sie vorsorglich eingesteckt hatte, und band ihn neben der Laderampe fest. Onkel Paul brachte ihr ein altes Handtuch, mit dem sie Zottel trocken reiben konnte. Als sie damit fertig war, bekam Zottel noch einen Eimer Wasser und dann gingen sie in Onkel Pauls Büro.

„Ich habe gar nicht gewusst, dass der Spar-Markt schon fast fertig ist! Er ist toll geworden. Zeigst du mir nachher alles?"

Onkel Paul strahlte. Billes Lob freute ihn offensichtlich.

„Nicht wahr – ein schöner Bau! Die Besichtigung können wir ebenso gut gleich vornehmen. Komm – hier geht's lang."

Er öffnete Bille die Tür zum Verkaufsraum.

„Hier, gleich links, das ist die Theke, an der Wurst, Fleisch und Käse verkauft werden sollen. Die Tür hier rechts führt zu den Lagerräumen. Dahinter an der Längswand die Tiefkühltruhen und die Regale für Gemüse und Frischobst. Die Regale in der Mitte sind für Nährmittel und Konserven, die dort rechts für Wasch- und Putzmittel und Kosmetik ...“

„Und die Tiefkühltruhe hier vorne?“

„Für Molkereiprodukte, Milch, Butter, Sahne und so weiter.“

„Und das runde Regal da? Sieht aus wie eine Litfasssäule.“

„Da kommen Kaffee, Tee und Schokolade hin. Komm, du hast die Kassen noch gar nicht gesehen. Vollautomatisch, mit Förderband und Geldrückgabe und allem Drum und Dran.“

„Echt super! Wenn ich denke, wie Mutsch oft alles noch auf dem Papier zusammenzählt, wenn unsere vorsintflutliche Kasse mal wieder den Geist aufgegeben hat ...“

„Gefällt's dir?“

„Einmalig – vor allem die Farben, alles in Zitronengelb und Orangerot, meine Lieblingsfarben!“

„Ja, und weißt du, warum? Damit auch bei Regenwetter alles aussieht, als schiene die Sonne durchs Fenster. Das versetzt die Leute in gute Laune und ...“

„... sie kaufen mehr, als sie wollten.“

Sie lachten.

„Ehrlich gesagt, Onkel Paul – so schön habe ich es mir gar nicht vorgestellt.“

„Warte erst mal, bis die Waren eingeräumt sind! Das wird ein Anblick – natürlich müssen zur Einweihung Blumen her, ein Meer von Blumen!“, sagte er verträumt. „Glaubst du, dass es deiner Mutter gefallen wird?“

Er war stolz wie ein kleiner Junge auf sein neues Spielzeug.

„Ach, Onkel Paul", sagte Bille bedrückt, „vorläufig sieht sie schon rot, wenn sie nur das Wort ,Spar-Markt' hört. Was machen wir bloß mit ihr?"

„Tja. – Nun lass uns erst mal frühstücken."

Sie gingen in Onkel Pauls Büro und er holte aus einem kleinen Kühlschrank Wurst, Käse, Butter und eine Flasche Milch. Dann zauberte er aus einer Schublade Semmeln, Teller und Campingbestecke.

„Wird alles im Spar-Markt Leesten zu kaufen sein", sagte er augenzwinkernd. „So, jetzt wollen wir es uns richtig gemütlich machen. Bedien dich."

Bille belegte sich eine Semmel dick mit Bauernwurst und Onkel Paul goss ihr einen Becher Milch ein.

„Weißt du, mir ist da eben so eine Idee gekommen wegen der Eröffnung …"

„Für Mutsch?"

„Nein, für dich und deinen Zottel. Ihr könntet mir ein bisschen helfen, wenn du Lust hast. Zettel verteilen, Reklame machen, meine ich. Wir könnten euch beide ein bisschen zirkusmäßig verkleiden …"

„Ich könnte Luftballons und Bonbons verteilen …"

„Du könntest in die umliegenden Orte reiten …"

„… vielleicht Kutschfahrten für Kinder veranstalten."

„Es wäre eine tolle Werbung für uns."

„… oder Zottel vor einen Eiswagen spannen und Eis verkaufen!"

Onkel Paul grinste. „Ich sehe, du bist ein erstklassiger Mitarbeiter, voller Ideen und Aktivität. Ich weiß auch, von wem du das hast." Er seufzte. „Wenn sie sich doch bloß nicht so verkrochen hätte nach dem Tode deines Vaters. Sie kommt mir manchmal vor wie Dornröschen im Turm.

Dringend Zeit, dass sie einer wach küsst. Ist doch noch 'ne junge Frau …"

„Vielleicht können wir sie überlisten?", fragte Bille.

„Darüber denke ich ja die ganze Zeit nach."

„Und wenn du sie entführst?"

„Hm – hier, probier mal den Käse."

„Du lenkst ab! Wie war überhaupt dein Gespräch mit Inge?"

„So lala – sie hatte wenig Zeit, musste zu einer Verabredung. Ich glaube, sie hat mir gar nicht richtig zugehört, hat nur gesagt, sie wolle sich die Sache mal durch den Kopf gehen lassen, da spielten auch noch andere Überlegungen eine Rolle. Weiß der Teufel, was sie damit gemeint hat."

„Onkel Paul, wir müssen Inge zu unserer Verbündeten machen! Lade sie hierher ein. Ich bin sicher, wenn sie den Laden hier sieht, ist sie Feuer und Flamme! Was Besseres kann sie Mutsch doch gar nicht wünschen! Hast du ihr wenigstens gesagt, dass du Mutsch heiraten möchtest?"

Onkel Paul wurde verlegen.

„Ich – äh – ich hatte es vor, aber dann habe ich mich nicht getraut. Es war nicht so der richtige Moment, weißt du …"

„Oh, Onkel Paul!", sagte Bille verzweifelt. „Wenn du solche Hemmungen hast, wirst du dich nie trauen, Mutsch zu fragen! Am Ende muss ich das noch für dich tun."

„Wär vielleicht gar keine schlechte Idee."

 ## Zottel als Hilfspolizist

In den nächsten Tagen schlug das Wetter um. Bille war nach ihrem Besuch bei Onkel Paul gerade noch mit Zottel in den Stall gekommen, bevor ein schweres Gewitter losbrach. Danach blieb das Wetter regnerisch und kühl.

Bille nutzte die Gelegenheit, um Mutsch mehr als sonst im Haus und im Garten zu helfen. Helga leistete ihr dabei oft Gesellschaft, und wenn Helga da war, ließ Karlchen nicht lange auf sich warten.

Nachdem Bille und Karlchen morgens ihren Stalldienst absolviert hatten und Bille eine Stunde geritten war, nahmen sie Zottel mit ins Dorf, pflockten ihn im Garten unter dem großen Apfelbaum an oder suchten für ihn eine Stelle, wo er ihnen durch seinen ungeheuren Appetit das Mähen ersparte.

Dann nahmen sie gemeinsam Äpfel und Sommerbirnen ab oder halfen beim Einkochen. Hatten sie in der Küche zu tun, steckte Zottel den Kopf durchs Fenster und wartete, bis für ihn ein Leckerbissen abfiel. Einmal war es ihm sogar gelungen, sich loszureißen und in die Küche zu marschieren, wo er an Töpfen und Schubladen schnupperte und genau studierte, wo es hier etwas zu holen gab. Dann wollte er in den Laden, wo Mutsch gerade neu eingetroffene Ware auspackte, die Bille und Helga in die Regale räumten.

„Das könnte dir so passen! Ab mit dir in den Garten,

Bürschchen!", kommandierte Mutsch. An der Art, wie sie ihm zärtlich aufs Hinterteil klopfte, sah Bille, dass auch sie Zottel lieb gewonnen hatte.

Der Gedanke an Mutsch und Onkel Paul ließ Bille nicht mehr los. Bis jetzt hatte sie den Freunden noch nichts von Onkel Pauls Plänen erzählt, es sollte ja auch ein Geheimnis bleiben. Aber dieses Geheimnis mit sich herumzuschleppen wurde ihr immer schwerer.

„Was tut dein Vater eigentlich, wenn er bei deiner Mutter etwas durchsetzen will, was sie nicht möchte?", fragte sie Karlchen eines Tages, als sie gemeinsam den Stall ausfegten.

„Das gibt's gar nicht", brummte Karlchen.

„Wieso nicht?"

„Höchstens umgekehrt – dass meine Mutter mal bei meinem Vater was erreichen will."

„Und?"

„Was heißt ‚und'?"

„Wie macht sie das?"

„Sie stellt ihn vor vollendete Tatsachen. Sie richtet es irgendwie so ein, dass er dann gar nicht mehr zurückkann."

„Hm …"

Sie waren allein im Stall, Hubert und Petersen waren schon gegangen, nachdem Karlchen und Bille versprochen hatten, den Stall ordnungsgemäß fertig zu machen.

Karlchen stützte sich auf seinen Besen und sah Bille von der Seite an.

„Sag mal", fragte er zögernd, „würde es dir was ausmachen, wenn ich jetzt schon gehe?"

„Nö, warum?"

„Ich hab nämlich noch 'ne Verabredung. Dann zisch ich gleich los, ja?"

„Klar, ich mach das hier schon. Hau ab – und viel Spaß!"

„Danke!" Karlchen flitzte davon, als brenne ihm der Hosenboden.

Bille fegte die letzten Strohhalme zusammen und räumte die Geräte weg. Sie liebte es, allein im Stall zu sein – verantwortlich für Herrn Tiedjens Pferde. So reinigte sie anschließend noch den Geräteschrank, stieg auf einen Schemel, um von der Lampe Fliegendreck und Staub zu entfernen, und überlegte, was sie sonst noch tun könnte, um ein bisschen länger in der Nähe ihrer Lieblinge zu bleiben. Warum sollte sie nicht mal die Fenster putzen? Petersen würde staunen, wenn er morgen früh in den Stall käme!

Als sie mit dem ersten Fenster fertig war, begannen ihre Arme lahm zu werden und sie bereute ihren Entschluss ein bisschen. Aber das zweite Fenster schmutzig lassen? Das kam nicht infrage, da hatte sie auch ihren Stolz. Schlimm genug, dass sie an diejenigen Fenster, die hoch über den Boxen waren, nicht herankam. Die sahen schon aus wie Milchglasscheiben! Aber dazu hätte sie eine Leiter benötigt, das musste sie sich für einen anderen Tag aufheben. Außerdem wurde es allmählich dunkel und im diffusen Zwielicht polierte sie die Scheiben wieder und wieder, damit das Werk auch vor Petersens Augen bestehen konnte.

Todmüde legte sie schließlich Lappen und Schwamm weg und stellte den Eimer an seinen Platz. Heute hatte sie wirklich einen langen Arbeitstag hinter sich. Bille war sehr zufrieden mit sich. Sie trat zu Zottel in die Box, um ihm Gute Nacht zu sagen, und legte ihr Gesicht zärtlich an seinen Hals.

„Gute Nacht, mein Dicker, schlaf gut. Uuaach ... am liebsten würde ich mich gleich neben dich legen, so müde bin ich. Na denn, tschüss – bis morgen."

Gähnend verließ sie die Box und wollte den Riegel schließen. Ein nagelneuer Riegel war angebracht worden. Er saß noch so stramm, dass sie all ihre Kraft brauchte, um ihn zu bewegen.

„Verdammt, der klemmt schon wieder! Zu blöd, dass Hubert nicht mehr hier ist, ich hätte dran denken sollen, dass ich es allein nicht schaffe!"

Bille lief auf den Hof hinaus, um sich nach Hilfe umzusehen.

Auf dem Hof war alles still, die Arbeiter hatten längst Feierabend gemacht, und auch Frau Beck, die Sekretärin, war nach Hause gegangen. Bille überlegte, ob sie bei Herrn Lohmeier klingeln sollte, verwarf diesen Gedanken aber sofort. Nach einem Gespräch mit der giftigen Frau Lohmeier war ihr gar nicht zumute.

Ratlos kehrte sie in den Stall zurück. Was sollte sie tun? Es wurde höchste Zeit für sie, nach Hause zu gehen, Mutsch wartete sicher schon.

Noch einmal versuchte Bille den Riegel zu bewegen. Vergeblich. Zottel hatte sich bereits niedergelegt und schaute kaum auf, als sie sich an der Tür zu schaffen machte. Ob er bis morgen früh durchschlafen würde? Warum nicht – er schlief oft noch, wenn sie morgens in den Stall kam. Und außerdem wusste er ja nicht, dass der Riegel nicht fest verschlossen war.

Als Bille aus dem Stall trat, sah sie drüben an der Garage Herrn Lohmeier, der gerade nach Hause gekommen war und seinen Wagen abschloss.

„Herr Lohmeier, ein Glück, dass ich Sie treffe!", rief Bille schon von Weitem. „Ich bin noch ein bisschen im Stall geblieben, um die Fenster zu putzen, ich wollte Herrn Petersen morgen damit überraschen", sprudelte sie hervor, „und jetzt bekomme ich den neuen Riegel an Zottels Box nicht richtig zu. Würden Sie mir helfen?"

„In Ordnung, Mädchen, das werden wir gleich haben. Ich muss nur schnell einmal ins Haus ..."

„Wird es lange dauern? Ich bin verdammt spät dran, Mutsch wird schon böse sein."

„Weißt du was? Fahr du nur schon nach Hause, ich kümmere mich gleich darum."

„Danke, Herr Lohmeier!"

Leider hielt Herr Lohmeier sein Versprechen nicht. Als er ins Haus trat, lief im Fernsehen gerade sein Lieblingskrimi. Eine Weile stand er – die Türklinke in der Hand, den Hut auf dem Kopf – im Zimmer und starrte auf die Mattscheibe, dann setzte er sich, magisch angezogen von dem Geschehen auf dem Bildschirm, in seinen Fernsehsessel. Schließlich nahm er den Hut ab, und als seine Frau ihm sein allabendliches Bier brachte, waren Zottel, der offene Riegel und die weit offen stehende Stalltür vergessen.

Weder Bille noch Herr Lohmeier ahnten zu dieser Stunde, dass das Unheil bereits vor der Tür stand.

Nicht vor der Stalltür. Das Unheil wartete wenige Meter von der Abromeitschen Ladentür entfernt in Gestalt von Kalle Ungeheuer, wegen schweren Raubes zu acht Jahren Gefängnis verurteilt und heute Morgen aus der Haftanstalt entflohen. Als blinder Passagier verschiedener Lastwagen war er bis nach Wedenbruck gelangt, wo er erst einmal eine Pause einlegte, um sich Verpflegung und neue Kleidung zu organisieren.

Er hatte sich in einen Schlupfwinkel oben im Dach der Scheune zurückgezogen, die dem Laden schräg gegenüberlag. Von hier aus konnte er genau beobachten, was auf der Straße vor sich ging, ohne selbst gesehen zu werden. Außerdem konnte er ausgezeichnet studieren, wo im Laden die Dinge zu finden waren, die er für seine Flucht benötigte.

Als es im Dorf still wurde, rüstete sich Kalle Ungeheuer zum Aufbruch. Genauer gesagt: zum Einbruch. Er stieg aus seinem Versteck hinunter und überquerte die Straße.

Für einen Profi wie ihn war das Schloss an Frau Abromeits Ladentür ein Kinderspiel. Kalle Ungeheuer lauschte einen Augenblick, ob jemand das leise „Klackklock" gehört hatte, als er die Tür öffnete. Alles blieb still.

Jetzt galt es, sich flach wie eine Flunder zu machen. Er hatte am Tage beobachtet, dass die Ladenglocke erst zu läuten begann, wenn die Tür schon halb geöffnet war.

So – geschafft. Jetzt konnte er sich erst mal eine Pause gönnen. Dann würde er sich systematisch mit allem ausrüsten, was er für die Weiterreise benötigte.

Zottel hatte seine erste Runde Schlaf beendet und erwachte, weil ihm ein ungewohnter Luftzug um die Nase wehte und ihm das runde Hinterteil über Gebühr kühlte. Er erhob sich und steckte die Nase zwischen die Gitterstäbe seiner Tür. Knirsch, machte es, und der nur ganz knapp vorgeschobene Riegel sprang auf. Die Tür öffnete sich mit einem unmelodischen Quietschen weit auf die Stallgasse hinaus. Ihr folgte Zottel, die Nase immer noch zwischen den Gitterstäben, wie ein Schlafwandler. Zottel zog den Kopf heraus und marschierte zur Futterkiste.

Die aber war verschlossen.

Was war nahe liegender, als sich auf den Weg zu machen,

um anderswo seinen Appetit zu stillen? Zottel trabte zum Stall hinaus, um Bille und Mutsch einen nächtlichen Höflichkeitsbesuch abzustatten und dafür vielleicht mit ein paar Leckerbissen belohnt zu werden.

Die Nacht duftete nach Klee und reifem Korn, ein leichter Wind trieb Regenwolken über den Himmel, ab und zu kam der Mond zum Vorschein. Bei Abromeits warteten Äpfel am Baum und eine Menge Essbares in Küche und Laden. Zottel legte einen flotten Trab vor.

Kalle Ungeheuer hatte zunächst einmal sein altes Hemd gegen ein neues vertauscht, ebenso die Socken. Andere Kleidungsstücke führte Frau Abromeit leider nicht. Dafür fand er Feldflasche und Brotbeutel, sogar einen Jägerrucksack – einen uralten Ladenhüter. Nun kam der Lebensmittelvorrat dran, zuletzt das Bargeld. Er hatte keine Eile, er fühlte sich sicher.

Dem Pulverkaffee folgten Zucker, ein Brot, eine Salami und zwei Packungen Käse. Ein paar Konserven konnten auch nichts schaden. Und zwei Flaschen Schnaps für die kühlen Nächte.

Kalle Ungeheuer hockte gerade vor dem Regal, in dem sich die Kosmetikartikel befanden, um seinem Vorrat ein Stück Seife und eine Zahnbürste anzufügen (schließlich war er ein reinlicher Mensch), als ihn ein heißer Hauch im Nacken traf und zur Salzsäule erstarren ließ. Der Hauch wurde von einem böse schnarchenden Räuspern begleitet, höhöhöhö, Kalle Ungeheuer hatte einen solchen Ton noch nie in seinem Leben gehört. Vorsichtig duckte er sich und warf sich dann blitzschnell auf die Seite.

Leider hatte er übersehen, dass an dieser Stelle das Faß mit Frau Abromeits selbst eingelegten Gurken stand. Das Fass stürzte krachend um, und eine kühl-saure Brühe ergoss sich über den erschreckten Einbrecher.

Doch nicht genug damit. Was ihn mit seinem feurigen Hauch eben von hinten getroffen hatte, richtete sich jetzt steil über ihm auf, wuchs ins Riesenhafte und stürzte, begleitet von Scherbengeklirr und sprühenden Funken, auf ihn nieder. Kalle Ungeheuer spürte einen stechenden Schmerz in Knie und Magen, er war einer Ohnmacht nahe und schnappte verzweifelt nach Luft.

Er war bei Gott noch nie ein Feigling gewesen. In einer zünftigen Prügelei nahm er es mit fünfen zugleich auf. Aber der Begegnung mit dem Übersinnlichen war er nicht gewachsen.

„Gott steh mir bei, der Teufel persönlich", ächzte er, und „Hilfe!!! Hilfe!!", schrie er mit allen Kräften, die er noch aufzubringen vermochte.

Dessen hätte es gar nicht bedurft, längst war Mutsch auf die Geräusche im Laden aufmerksam geworden und hatte vorsichtshalber bei Polizist Bode angerufen. Der hatte sich in aller Eile die Uniformjacke über den Schlafanzug gezogen. Auf die Stiefel verzichtete er, denn barfuß war er immer noch am schnellsten. Die Pistole zog er sicherheitshalber schon im Laufen aus dem Koppel. Ein Einbruch in Wedenbruck, das war doch wenigstens mal was.

Im Windschatten des Zweizentnermannes Bode betrat Mutsch die Küche und schaltete das Licht ein. Polizist Bode stürzte vorwärts in den Laden.

„Stehen bleiben, oder ich schieße!", brüllte er mit Donnerstimme.

Hmhmhmhm …, machte Zottel ärgerlich.

Er hatte gerade begonnen, sich über den Inhalt des von

ihm zertrümmerten Bonbonglases herzumachen, und fühlte sich gestört.

Polizist Bode starrte Zottel verwirrt und ungläubig an. Erst ein klägliches Wimmern auf dem Fußboden machte ihn auf den wirklichen Missetäter aufmerksam. Umkränzt von sauren Gurken, mit Sahnebonbons garniert, lag da der gar nicht mehr fürchterliche Einbrecher, der nun seinerseits ungläubig auf das rot gesprenkelte Pferd stierte, das er für den Satan persönlich gehalten hatte.

Einen Augenblick herrschte Totenstille, dann brach Mutsch in schallendes Gelächter aus und Polizist Bode prustete unter Lachen hervor: „Stehen Sie auf, Mann, Sie sind verhaftet!"

Bille, die einen gesegneten Schlaf hatte, taumelte durch die Küche und erschien mit halb geschlossenen Augen im Türrahmen.

„Was soll denn dieser blödsinnige Lärm mitten in der Nacht", brachte sie gähnend hervor, „was ist hier eigentlich los?"

Mutsch betrachtete ihre im Stehen schlafende Tochter mit gutmütigem Spott.

„Nichts", sagte sie trocken. „Zottel hat nur einen Einbrecher überwältigt. Geh nur wieder ins Bett."

„Ach so", murmelte Bille, „dann ist es ja gut. Ich dachte schon, es sei was passiert." Wie eine Schlafwandlerin stieg sie wieder die Treppe hinauf.

Polizist Bode und Frau Abromeit sahen ihr verblüfft nach.

Dann wurde der Polizist wieder dienstlich.

„Los, Mann, stehen Sie endlich auf!"

„Ich kann nicht!", jammerte der Einbrecher. „Das Biest hat mir ein Bein zertrümmert!"

Polizist Bode band das Koppel über der rutschenden Schlafanzughose fester, dann bückte er sich, warf sich den stöhnenden Einbrecher über die Schulter und ging zur Tür.

„Na, denn gute Nacht, Olga", sagte er und verschwand mit seiner Last in der Dunkelheit.

„Und du kannst für den Rest der Nacht im Schuppen schlafen. Der ist zwar nicht so komfortabel wie deine Box, aber wenigstens trocken", sagte Mutsch zu Zottel gewandt. „Komm, Herr Hilfspolizist."

Aber Zottel hörte nicht. Der machte gerade eine neue Erfahrung: dass es Bonbons gibt, die einen daran hindern, die Zähne auseinanderzubekommen.

 Geheimnisvolle Briefe

Als Bille und Karlchen am nächsten Morgen Zottel wie einen Sieger zurück in den Stall führten, steckte Petersen Bille einen blauen Briefumschlag zu. Was hatte das nur zu bedeuten?

Während Karlchen in leuchtenden Farben Zottels nächtliche Heldentat schilderte, als hätte er danebengestanden, hockte sich Bille auf einen umgestülpten Tränkeimer und riss den Umschlag auf. Er enthielt nichts weiter als einen kleinen Zettel, auf dem in Onkel Pauls steiler Handschrift stand:

„Komm unbedingt heute Nachmittag gegen vier
Uhr in mein Büro! Eine Überraschung wartet –
Gruß! O. P."

„Herr Petersen", sagte Bille aufgeregt, „heute Nachmittag kann ich leider nicht kommen. Es handelt sich um eine sehr wichtige Verabredung!"

Petersen war gerade dabei, Nathan das Fell auf Hochglanz zu polieren.

„Ist doch klar, mein Deern", rief er, „bist doch sowieso ein freiwilliger Helfer hier und kannst kommen und gehen, wie du magst, wenn du deinen Zottel versorgt hast. Außerdem hast du ja gestern für eine ganze Woche vorgearbeitet – die

Fenster sind so blank, dass man glaubt, 's wär gar kein Glas drin."

„Frau Saubermann persönlich, was?", keuchte Hubert unter Lohengrins Bauch hervor, wo er gerade den fünften vergeblichen Versuch machte, den linken Vorderhuf des Wallachs auszukratzen. Lohengrin pflegte sich dieser Prozedur zu entziehen, indem er sein ganzes Gewicht auf das Bein legte, das gerade dran war. „Karlchen!", brüllte Hubert ärgerlich. „Ich geb dir das Geld nicht, damit du hier rumstehst und quatschst! Hilf mir mal!"

Bille begann mit Zottels Morgentoilette. Die Zähne hatte sie ihm mit Mutschs Hilfe schon zu Hause gereinigt, um die Reste der Sahnebonbons zu entfernen. Ihr war nicht sehr wohl bei dem Gedanken an seinen ungewöhnlichen Imbiss.

„Was mache ich eigentlich, wenn Zottel mal 'ne Kolik bekommt?", rief sie zu Petersen hinüber.

„Gib ihm Rizinus!", quakte Karlchen.

Petersen beachtete ihn nicht. „Am besten, du rufst gleich den Tierarzt. Und bis der kommt, sorg dafür, dass er ständig in Bewegung bleibt. Leg ihm 'ne Decke über und lass ihn tüchtig laufen."

„Dass der mal 'ne Kolik bekommt, glaube ich nie im Leben!", mischte sich Hubert ein. „Der hat doch 'nen Magen aus Eisen!"

„Kann Zottel heute nicht mal mit den Zweijährigen auf die Koppel?", fragte Bille. „Ich möchte, dass er sich richtig austobt."

„Nachtigall, ick hör dir trapsen", brummte Hubert. „Was hat er denn wieder angestellt, unser kleiner Liebling, hä?"

Diesmal fuhr sie doch lieber mit dem Fahrrad nach Leesten. Zottel durfte sich inzwischen mit den Zweijährigen auf der Waldkoppel tummeln. Um Punkt vier Uhr betrat Bille Onkel Pauls Büro.

Das Büro war leer. Bille ging zu dem kleinen Glasfenster hinüber, durch das man in den Verkaufsraum sehen konnte. Dort drüben stand er – und neben ihm eine junge Dame im hellblauen Kleid.

„Inge!", rief Bille und riss die Tür auf. „Menschenskind, Inge, du bist also die große Überraschung! Hat Onkel Paul dir schon alles gezeigt?"

Inge nickte vergnügt. „Ja, und er hat mich völlig überzeugt. War auch nicht besonders schwer", sie sah sich um und zwinkerte Onkel Paul zu, „bei so guten Argumenten! Jetzt brauchen wir nur noch den Schlachtplan zu entwerfen – nicht wahr, Väterchen?"

„Bist du verrückt?" Onkel Paul rollte entsetzt mit den Augen und suchte nach Holz. Da er aber um sich herum nur Kunststoff fand, klopfte er an seinen eigenen Kopf. „Verruf es bloß nicht, nachher sagt sie doch noch Nein!"

Er schob die beiden Schwestern vor sich her in sein Büro. „So, jetzt ziehen wir uns zur Beratung zurück. Wie wär's mit einem Eis?"

„Au ja, super!"

„Das wird uns sicher beflügeln."

Onkel Paul holte aus seiner Kühltruhe eine große Packung Eistorte und Inge und Bille machten es sich in der Sitzecke bequem.

„Habt ihr schon einen Plan?", fragte Bille.

„Ja, hör zu", begann Inge eifrig. „Ich werde Mutsch sagen, ich hätte nun endlich den Traumjob für sie gefunden. Das

Gehalt, das Onkel Paul ihr bietet, wird sie bestimmt locken. Ich werd sie fragen, ob ich den Vertrag für sie vorbereiten darf, werde etwas von einem guten Freund sagen, der mir das Angebot für sie gemacht hat. Mir wird schon was einfallen. Dann hole ich sie am Eröffnungstag ab und bringe sie her."

„Oje, hoffentlich geht das gut. Aber Karlchen sagt ja auch …"

„Was?"

„Karlchen sagt, wenn seine Mutter was bei seinem Vater erreichen will, dann stellt sie ihn vor vollendete Tatsachen. Also gut, und was soll ich dabei tun?"

„Nun, wir haben uns gedacht, du spannst Zottel vor eine geschmückte Kutsche und verteilst Werbegeschenke. Und wenn's dann so weit ist, macht Onkel Paul mit Mutsch in der Kutsche eine Ehrenrundfahrt und – na ja, den Rest muss er besorgen."

„Ja, aber was wird aus unserem Laden?"

„Der wird geschlossen. Ich habe schon einen Interessenten für unser Haus. Einen jungen Kunstschmied, der sich auf dem Lande eine Werkstatt einrichten möchte."

Warum wurde Inge rot?

„Dann müssen wir also aus unserem Haus raus? Schade", sagte Bille enttäuscht.

Die Röte in Inges Gesicht vertiefte sich noch ein wenig.

„Och – na ja, wie man's nimmt …"

Onkel Paul grinste.

„Da mach dir man keine Sorgen, meine Lütte, es wird wohl in der Familie bleiben."

Wie zur Bestätigung wurde auf dem Hof dreimal kurz gehupt. Bald darauf erschien ein hünenhafter junger Mann mit roten Haaren und einem Rauschebart in der Tür.

„Das ist Thorsten", sagte Inge, immer noch ein wenig verlegen. „Thorsten, das ist meine kleine Schwester Bille. So, wir müssen leider weg. Leb wohl, Onkel Paul, bis nächste Woche! Ich halte dich telefonisch auf dem Laufenden. Tschüss, Kleines, und verplapper dich nicht bei Mutsch!"

Ehe Bille noch etwas fragen konnte, waren Inge und Thorsten verschwunden.

Auch Onkel Paul schien nicht die Absicht zu haben, weitere Erklärungen abzugeben.

„So, mein Deern, jetzt wird's ernst, ich habe eine Menge Arbeit für dich. Hier sind die Werbezettel. Und hier ist eine Liste der Dörfer, in denen du sie verteilen sollst. Wir werden deinen Zottel ein bisschen ausstaffieren, er bekommt zwei Satteltaschen, eine für die Zettel und eine für die Luftballons und Süßigkeiten. Du brauchst nichts weiter zu tun, als dich mit ihm dort aufzustellen, wo am meisten Betrieb ist, und deine Zettel dann den Leuten in die Hand zu drücken. Vielleicht findest du noch ein paar Freundinnen, die mitmachen wollen?"

„Das wird eine arbeitsreiche Woche", sagte Bille, die aufmerksam die Liste der Dörfer und Höfe studierte. „Aber ich freu mich drauf! Mal sehen, wer mir helfen kann – ich glaube, es ist besser, wenn ich jetzt gleich nach Hause fahre und mich drum kümmere, Onkel Paul. Außerdem will ich Mutsch noch ein bisschen im Haushalt zur Hand gehen. In den nächsten Tagen werde ich kaum dazu kommen."

„Ist gut, mein Deern, tu das. Ich erwarte dich morgen um neun Uhr hier, in Ordnung?"

„Okay. Tschüss, Onkel Paul!"

Natürlich wäre sie jetzt viel lieber nach Groß-Willmsdorf gefahren, um den Rest des Tages bei den Pferden zuzubringen. Aber eine große Sache war große Opfer wert und sie musste Mutsch bei guter Laune halten.

Nun – wenigstens Zottel Gute Nacht sagen wollte sie noch, deshalb bog sie von der Chaussee auf den Feldweg ein, der zur Waldkoppel hinüberführte, ein besonders schönes Stück Weideland, das von drei Seiten von Laubwald umgeben war. Der Weg war holprig und glitschig von den vielen Regenfällen in letzter Zeit. Bille musste sich ganz darauf konzentrieren, nicht auszurutschen. Außerdem verfolgten die Schnaken, die an diesem schwülen Nachmittag besonders angriffslustig waren, unbarmherzig ihre nackten Arme und Beine. So kam es, dass sie erst im letzten Augenblick zwei lange Beine in ausgebleichten Jeans auf ihrem Weg sah, und so scharf bremste, dass sie seitwärts in eine Pfütze rutschte und sich ein schmutziger Wasserschwall auf eben diese Hosenbeine ergoss.

„He, spinnst du? Die habe ich vor einer Stunde frisch angezogen!"

„Karlchen!", rief Bille erschrocken. „Was machst du denn hier? Oh, entschuldige bitte!" Sie sprang vom Rad, suchte vergeblich nach einem Taschentuch und begann schließlich mit der Hand, so gut es ging, die Dreckspritzer von Karlchens Jeans zu entfernen.

„Was ich hier mache? Blöde Frage – ich will die Pferde reinholen!"

„Allein? Und so schick angezogen? Wo ist denn Hubert?"

Karlchen sah sich um, er schien beunruhigt. „Hubert ist zur Stutenkoppel rübergegangen. Ich hab ihm gesagt, ich schaff das hier schon. Außerdem bist du ja da."

Wieder sah er sich um.

„Ist irgendwas?"

„Nö, warum?"

„Weil du hier bist, auf der anderen Seite der Koppel – und nicht am Gatter. Wartest du auf jemanden?"

„Ich? Wie kommst du darauf?"

„Na, weil du dich dauernd umsiehst! Was ist denn los?"

„Ach nichts", wehrte Karlchen ab und fuhr fort, suchend um sich zu schauen.

„Hast du was verloren? Kann ich dir helfen?"

„Ehem …", brummte Karlchen unschlüssig.

„Also, was ist nun, kommst du?"

„Geh schon mal vor, ich komm gleich. Ich muss noch was …"

Karlchen bückte sich nach einem Stück Papier, hob es rasch auf, ließ es aber angewidert fallen, als er bemerkte, dass es sich um ein Stück fettiges Butterbrotpapier handelte.

„Nun sag schon, was los ist! Was suchst du eigentlich?"

„Och …", sagte Karlchen und wurde rot. „Ich muss hier irgendwo den – meinen – nun ja, ich hatte einen Brief – von – von – ja, von meiner Mutter, ich sollte ihn in den Briefkasten werfen. Ich muss ihn hier irgendwo verloren haben."

„Warum sagst du das nicht gleich? Komm, ich helf dir suchen! Deine Mutter wird ganz schön wütend werden, wenn sie hört, dass du ihn verloren hast. War es ein wichtiger Brief?"

„Ein was? Ach so – ja, nein, nicht so besonders wichtig."

Karlchen fühlte sich sichtlich nicht wohl in seiner Haut.

„Weißt du was? Du könntest mir einen Gefallen tun. Hol du doch die Pferde von der Koppel – dann kann ich weitersuchen. Ich meine, du weißt ja sowieso nicht, wo ich überall gewesen bin." Er machte eine vage Handbewegung in Richtung der Koppel und zum Wald hin.

„Na schön, wie du willst. Aber dann musst du mein Rad nehmen, okay?"

„Okay, ich komme dann nach."

Bille kroch durch den Koppelzaun, um den Weg zum Gatter abzukürzen. Da drüben hoben sich die braunen und fuchsroten Pferdekörper deutlich gegen das helle Grün der Buchen ab, nur eines schien zu fehlen: das rot-weiß gesprenkelte Fell Zottels. Wo steckte der Bursche wieder? Er war doch mit draußen gewesen. Hatte er eine Lücke im Zaun gefunden und sich selbstständig gemacht? Bille sah sich um.

Da – endlich entdeckte sie ihn, versteckt unter den herabhängenden Zweigen einer Buche. Aber warum kam er nicht? Er schien sehr intensiv mit etwas beschäftigt zu sein. Und wenn sie sich nicht täuschte, kaute er auf etwas. Was sonst hätte ihn auch vom Kommen abhalten können!

Bille stakste durch Disteln und Brennnesseln bis zu der Stelle, an der Zottel stand. Die Zweige der Buche reichten fast bis auf die Erde, sie bildeten eine gemütliche Höhle. Das musste auch jemand anders bemerkt haben, denn das Erste, was Bille sah, war ein roter Kugelschreiber, der unter dem Baum lag.

Zottel, den Kopf leicht gesenkt, die Ohren seitlich herabhängend, den Blick starr nach unten gerichtet, malmte wie ein Wiederkäuer. Aus den Mundwinkeln quoll ihm ein unansehnlicher grauer Brei. Kaugummi!, dachte Bille entsetzt.

„Zottel! Du schrecklicher Kerl! Was hast du denn jetzt wieder angestellt!", stöhnte Bille.

Erst jetzt bemerkte Zottel seine Freundin. Sein Blick wurde lebendig und erwartungsvoll, und sein lebhaftes Ohrenspiel verriet, dass es ihm keineswegs schlecht ging und dass es sich bei seinem jammervollen Aussehen lediglich um einen Akt äußerster Konzentration gehandelt hatte.

Bille versuchte ihm das Maul zu öffnen und den grauen Brei daraus zu entfernen. Dabei entdeckte sie etwas Weißes in seinen flaumigen Barthaaren, einen zusammengefalteten Papierschnipsel, der seiner Kauwut bisher entgangen war.

Frau Brodersens Brief!, dachte Bille entsetzt. Er muss ihn Karlchen aus der Hosentasche gezogen haben. Um sicherzugehen, faltete Bille das Schnipselchen auseinander und studierte es. Kaum fünf Worte waren noch zu erkennen:

„ *– an Helga!*
– sanften Blicken
– und entrücken –"

„Ach, du glaubst es nicht!", platzte Bille heraus. „Karlchen hat ein Gedicht geschrieben. Ein Gedicht für Helga! Na, jetzt wird mir einiges klar. Zottel! Du hast das Gemüt eines Nilpferds! Wie konntest du nur!"

Ein Festtag für Mutsch

„Nächsten Samstag musst du mal allein zurechtkommen", sagte Mutsch am Dienstag beim Abendbrot. „Inge holt mich ab, wir haben etwas Wichtiges zu erledigen."

Das kam so plötzlich, dass Bille, die gerade einen großen Schluck Milch genommen hatte, sich verschluckte und husten musste, bis sie knallrot anlief.

„Um Himmels willen, Kind, wie oft habe ich dir schon gesagt, du sollst nicht so hastig trinken!" Mutsch klopfte ihr halb ärgerlich, halb besorgt den Rücken. Gemerkt hatte sie nichts.

„Fein!", sagte Bille, als sie wieder Luft bekam. „Vielleicht nehme ich mir ein Picknick mit und bleibe über Mittag in Groß-Willmsdorf. Oder ich fahr mal mit den anderen Mädchen zum Strand."

„Das solltest du tun, du kümmerst dich in letzter Zeit ja überhaupt nicht mehr um deine Freundinnen!"

„Wenn sich nun mal keine für Pferde interessiert? Mal abgesehen von Helga, die habe ich schon angesteckt."

Mutsch seufzte.

Sie hatte es längst aufgegeben, sich über Billes Pferdefimmel aufzuregen. Es half ja sowieso nichts, ihre Tochter tat, was sie wollte.

„Vielleicht finde ich eines Tages eine richtige Reiterfreundin", sagte Bille tröstend.

„Ich fürchte nur, dass du bis dahin vergessen hast, dass es außer Pferden noch andere Dinge auf der Welt gibt."

Bille hatte Helga und Heike als Hilfstruppe für den Werbefeldzug gewinnen können, sie erklärten sich bereit, einen Teil der Orte zu übernehmen.

Da sie nicht einen so wirkungsvollen Begleiter wie den geschmückten Zottel hatten, verkleideten sie sich als Clowns. Sie banden sich Luftballons in die Haare und machten mit dem Lärm einer Kindertrompete und einer ausgedienten Trommel auf sich aufmerksam. Damit machten sie nicht weniger von sich reden als Bille in ihrem Cowboydress auf Zottel.

Onkel Paul konnte zufrieden sein. Pfundweise hatten die Mädchen Bonbons verteilt, dazu Dutzende von Luftballons mit der Aufschrift „Sparen mit dem Spar-Markt von Leesten".

Als die drei Mädchen am Freitagnachmittag erschöpft von ihrem letzten Einsatz zurückkehrten und sich ihrer Verkleidung entledigt hatten, wartete Onkel Paul mit einer Überraschung auf sie.

„Alle in einer Reihe aufstellen und Augen zu!", kommandierte er.

„Und Mund auf?", fragte Bille vorwitzig.

Onkel Paul antwortete nicht, er raschelte mit Seidenpapier und behängte sie mit etwas. Dann stülpte er ihnen noch etwas auf den Kopf.

„Augen auf!", befahl Onkel Paul.

Bille, Helga und Heike sahen sich an. Jede von ihnen zierte ein schneeweißes T-Shirt mit den leuchtend orangeroten Buchstaben S M L, dazu eine freche Schirmmütze mit der gleichen Aufschrift, nur diesmal in den Farben Weiß auf Orangerot.

„So, jetzt darf sich jede von euch aus diesem Karton noch passende weiße Jeans heraussuchen, dann habt ihr eure Uniform zusammen. Natürlich sind die Buchstaben nur angeheftet, ihr sollt ja nicht ewig als Reklame herumlaufen."

„Wir dürfen die Sachen behalten? Toll!"

„Echt stark! Danke schön!"

„Onkel Paul, du bist einfach super!" Bille fiel ihm um den Hals.

Helga betrachtete sich lachend im Spiegel.

„Man wird glauben, wir sind ein neuer Fußballklub."

„Ja – Sportverein der Müden und Lahmen!" Heike hängte sich bei Helga ein und zog sie fast zu Boden.

„Ganz schön albern, der Verein! Nun kommt, Zottel wartet nicht gern auf sein Abendbrot."

In der Tür – Helga und Heike waren vorausgegangen – hielt Onkel Paul Bille auf.

„Na, aufgeregt?", fragte er, und sie bemerkte, dass seine Hände leicht zitterten.

„Ach was, warum denn, Onkel Paul? Das schaffen wir doch mit links!", sagte sie zuversichtlich.

Aber wenn sie ehrlich war, hatte sie vor dem morgigen Tag grässliches Lampenfieber. In ihrem Bauch kribbelte es wie in einem Ameisenhaufen.

Auf dem Heimweg sagte Helga plötzlich: „Du, Bille, darf ich Zottel auch mal reiten?"

Bille zögerte. Eigentlich war es ihr gar nicht recht, jemand anderen an ihren Liebling heranzulassen. Aber dann fiel ihr ein, wie sehr sie sich gewünscht hatte, eine Freundin zu haben, die ihre Pferdeleidenschaft teilte, und sprang ab.

„Na klar, am besten gleich! Vielleicht bringt dich das auf den Geschmack."

Bille half Helga in den Sattel und erklärte ihr den richtigen Sitz. Dann nahm sie Zottel sicherheitshalber am Zügel.

Helga biss sich vor Anspannung auf die Lippen, sie wollte alles richtig machen. Aber allmählich löste sich ihre Verkrampfung, und sie sah Bille strahlend an.

„Meinst du, Herr Tiedjen würde mir auch Unterricht geben?"

„Ich weiß nicht. Im Moment hat er nicht einmal mehr Zeit für mich. Die vielen Turniere, weißt du ..."

Bille wurde schmerzlich bewusst, wie sehr ihr der Unterricht bei ihm fehlte. Wenn er wirklich mal in Groß-Willmsdorf war, beachtete er sie kaum, und nach Zottel hatte er sich schon lange nicht mehr erkundigt.

„Vielleicht im Herbst. Oder im Winter – wenn die Turniersaison vorbei und wieder Ruhe eingekehrt ist. Ich werde ihn auf jeden Fall fragen, wäre schön, wenn du mitmachen könntest!"

Dabei war sie sich gar nicht so sicher, ob Herr Tiedjen sich für sie selbst noch einmal Zeit nehmen würde.

„Jetzt will ich aber auch mal!", mischte sich Heike energisch ein.

Helga stieg ab und machte ein paar unsichere Schritte, wie ein Seemann, der nach monatelanger Fahrt zum ersten Mal wieder festen Boden unter den Füßen hat.

Heike hatte sich vorgenommen, alles besser zu machen als Helga. Sie nahm so viel Schwung beim Aufsteigen, dass sie um ein Haar auf der anderen Seite wieder heruntergefallen wäre, hätte Bille sie nicht am Bein festgehalten. Zottel schlug unwillig mit dem Kopf.

„Du brauchst ihn nicht zu führen, das schaff ich schon allein!", sagte Heike siegessicher, als sie schließlich richtig im Sattel saß. „Hü! Hüa!!"

Zottel fand diese Art der Anrede ausgesprochen ordinär. Ein kräftiger Ruck mit dem Kopf, und die Zügel schossen nach vorn und glitten Heike aus den Händen.

Zottel wandte sich zum Straßengraben und begann friedlich zu grasen.

„Hüa! Wirst du wohl, du dummes Vieh, was soll denn das!"

Zottel tat, als sei Heike Luft. Heike lehnte sich nach vorn und angelte nach den Zügeln, vergeblich.

„Na, nun nimm doch schon den Kopf hoch!" Heike trommelte mit den Fäusten gegen Zottels Hals.

Zottel riss den Kopf so plötzlich nach oben, dass Heike sich die Nase stieß, dann machte er ein paar kurze Bocksprünge und senkte den Kopf ebenso schnell, um sich erneut dem Klee zuzuwenden. Heike wurde ein paarmal hin und her geworfen wie auf einem schlingernden Schiff bei Windstärke zehn und landete schließlich sanft im Gras.

Bille und Helga grinsten.

„So, so, du schaffst das allein …"

„Ich glaube eher, er hat dich geschafft. Na, mach dir nichts draus, jeder Reiter fällt mal runter", tröstete Bille sie.

„So ein Idiot!", schimpfte Heike hinter Zottel her, der friedlich grasend am Straßengraben entlangspazierte, als wäre er allein auf der Welt. „Also ehrlich: Das ist doch nur ein Beweis dafür, dass Pferde die dümmsten Tiere der Welt sind!"

„Weil er die Ehre nicht zu schätzen wusste, dich tragen zu dürfen?", spöttelte Helga.

Bille nahm Zottel zärtlich am Zügel und führte ihn auf die Straße zurück. Dann saß sie auf.

„Du hast eben von Pferden keine Ahnung!", sagte sie mitleidig zu Heike, die sich immer noch abwechselnd Nase und Po rieb. „Lernen lässt sich das nicht. Man hat es oder man hat es nicht."

Am nächsten Morgen – die Sonne strahlte vom Himmel, wie es sich für solch einen Festtag gehörte – putzten Karlchen und Bille Zottel für seine Galavorstellung, bis er kaum mehr wiederzuerkennen war. In die Mähne hatten sie bunte Schleifchen gebunden und auch der Schweif war in zahlreiche kleine Zöpfe geflochten, deren Enden bunte Bänder zierten. Zottel ließ alles geduldig mit sich geschehen, als ahnte er, was auf dem Spiel stand.

„Wollen wir ihm auch die Hufe lackieren, so richtig glänzend schwarz – als hätte er Lackschuhe an?", fragte Karlchen.

„Unsinn, mit was denn? Bis wir hinkommen, ist er sowieso wieder dreckig. Nimm lieber ein paar Lappen mit, damit wir ihn noch mal aufpolieren können", sagte Bille besorgt. „Und jetzt komm – je eher wir da sind, desto besser!"

„Wann soll's denn losgehen?"

„Um zehn Uhr – aber bis dahin haben wir noch eine Menge zu tun."

Onkel Paul hatte eine kleine Kutsche für Zottel besorgen lassen und sie über und über mit Blumengirlanden geschmückt.

„Hier habt ihr noch einen Korb voller Blumen für sein Zaumzeug", sagte Onkel Paul, als Bille und Karlchen mit Zottel den Hof betraten.

„Gut, aber das machen wir zuallerletzt, sonst hat er bis dahin alles aufgefressen", entschied Bille. „Was können wir sonst noch tun?"

„Helga und Heike stellen gerade vorn die Sonnenschirme und Tische für den Begrüßungstrunk auf. Sie können euch sagen, was noch alles zu tun ist."

Bille band Zottel im Hof an – weit weg von allem, was ihn als Extrafrühstück hätte reizen können – und ging mit Karlchen durch den Laden nach vorn.

Helga und Heike waren fleißig gewesen, das Portal war mit bunten Fähnchen geschmückt und überall standen Körbe und Vasen voller Sommerblumensträuße.

„Na endlich!", stöhnte Heike. „Wir haben geglaubt, ihr kämt überhaupt nicht mehr. Habt ihr eurem Liebling noch Dauerwellen gemacht?"

„Ja – so könnte man's nennen", sagte Bille ungerührt.

„Also, an die Arbeit – holt mal die Gläser und Getränke aus dem Lager. Wir machen inzwischen hier weiter", kommandierte Heike und breitete weiße Tischtücher auf die Tische.

Bille führte Karlchen ins Lager. Dort standen Kartons mit Gläsern bereit und mehrere Kühlboxen mit Sekt, Orangensaft und Cola.

„Gibt's das wirklich umsonst?", fragte Karlchen und schaute sehnsüchtig auf die Colaflaschen.

„Klar – an so einem großen Feiertag. Aber du wirst schon noch ein bisschen warten müssen. Hier, fass an!"

Zu zweit schleppten sie die Kühlboxen nach draußen. Auf halbem Weg setzte Bille ihre Last plötzlich hart auf den Boden. Es klirrte bedenklich.

„Was ist los, kannst du nicht mehr?"

„Mensch, Karlchen, ich bin so aufgeregt – mir ist ganz schlecht!"

Karlchen legte den Kopf schief und betrachtete Bille eingehend. „Du siehst aus wie ein Harzer Käse. Na los, scher dich zu deinem Zottel, ich mach das hier schon."

Vor dem Eingang versammelten sich immer mehr Neugierige, die die Vorbereitungen für den großen Augenblick mit Interesse verfolgten. Kurz vor zehn Uhr bog Bille mit Zottel vor der geschmückten Kutsche um die Ecke. Ein lautes „Ah!!!" und prasselnder Applaus empfingen sie. Bille wurde rot vor Stolz und Zottel dankte artig mit einer Verbeugung. Er sah aus wie eine lebende Erntekrone auf vier Beinen, überall steckten Sträußchen aus Sommerblumen und Ähren.

Karlchen kam herüber, um ein wenig an Zottels Ruhm teilzuhaben, und gemeinsam begannen sie, an die Kinder Luftballons, Fähnchen und Süßigkeiten zu verteilen. Aus den Lautsprechern drang beschwingte Tanzmusik – Onkel Paul hatte streng darauf geachtet, dass kein Stück darunter war, das Zottel in alte Zirkusseligkeit versetzen würde.

Jetzt erschien auch Onkel Paul, er nahm mit dem großen Schlüsselbund in der Hand seinen Platz vor dem Portal ein, bleich, aber gefasst. Er duftete nach einem teuren Kölnisch Wasser und das nagelneue Hemd weichte unter kleinen Schweißbächen vor sich hin. Aber das sah niemand. Eine erwartungsvolle Menschenmenge scharte sich um Onkel Paul.

Eine Minute nach zehn. Bille musste sich auf Zottel stützen, sie hatte das Gefühl, ihre Knie bestünden aus nasser Watte. Zottel scharrte ungeduldig mit dem Huf. Die Leute begannen ihre Uhren zu vergleichen, sie tuschelten und steckten die Köpfe zusammen. Drei Minuten nach zehn. Onkel Paul räusperte sich nervös.

Da – endlich! – bog Inges alter VW um die Ecke und hielt genau vor dem Portal. Bille sah Mutschs ratloses Gesicht und ihren Versuch, sich zu sträuben. Aber Onkel Paul war schon bei ihr, riss die Autotür auf und bot ihr den Arm. Die Leute kamen neugierig näher. Mutsch blieb gar nichts anderes übrig, als den dargebotenen Arm zu nehmen und an Onkel Pauls Seite wie eine Braut zum Eingang des Spar-Marktes zu schreiten.

„Sieht sie nicht wunderhübsch aus?", flüsterte Bille Karlchen zu.

Karlchen nickte. Mutsch trug ein weit schwingendes geblümtes Sommerkleid, sie war beim Friseur gewesen, und sogar ein wenig Make-up hatte sie aufgelegt, das war sicher Inges Verdienst.

„Nachdem ..." Onkel Paul räusperte sich. „Nachdem ...", brüllte er jetzt mit fester Stimme über die Köpfe der Menge hinweg, „unsere Hauptperson, die künftige Leiterin unserer Filiale, Frau Olga Abromeit, eingetroffen ist, habe ich die Ehre und das Vergnügen, den Spar-Markt Leesten feierlich zu eröffnen!"

Aus dem Lautsprecher kam ein Tusch, donnernder Applaus antwortete.

Onkel Paul übergab Mutsch die Schlüssel. Zwei Angestellte öffneten auf ein Zeichen von Onkel Paul das Portal, einige offizielle Herren schüttelten Mutsch und Onkel Paul die Hände, Helga, Heike und Karlchen begannen Sekt auszuschenken. Die Leute drängten sich um die Stände, um einen Gratistrunk zu erwischen.

„Bravo, Frau Abromeit! Ja so eine Überraschung!

Herzlichen Glückwunsch!" Mutsch war von gratulierenden Bekannten umringt. Sie lächelte verwirrt nach allen Seiten und brachte kein Wort heraus.

Onkel Paul ließ sie nicht aus den Augen. Schließlich nahm er sie am Arm, führte sie zur Kutsche und rief laut: „Und jetzt möchte ich unsere neue Chefin zu einer Ehrenrundfahrt einladen!"

Bille übergab Onkel Paul die Zügel und führte Zottel durch die Menge bis auf die Straße. Dort flüsterte sie ihm ins Ohr: „Entschuldige, mein Kleiner, ich mach's nachher wieder gut!" Damit kniff sie ihm einmal kräftig in den Bauch.

Zottel machte einen Satz und jagte in wilden Galoppsprüngen die Straße hinunter. Bille sah nur noch, dass Mutsch Onkel Paul die Zügel aus der Hand nahm, dann waren sie in einer Staubwolke verschwunden.

„Bille! Komm, du musst uns helfen!", rief Helga verzweifelt. „Wir brauchen Nachschub, schnell!"

Bille wusste nicht, wie sie die nächsten zwei Stunden verbracht hatte. Wie eine Schlafwandlerin rannte sie zwischen Lager und Vorplatz hin und her, holte Flaschen, spülte Gläser, schenkte aus – rannte wieder ins Lager, um Gläser und Flaschen zu holen. Hin und wieder drang ein Satz in ihr Bewusstsein, wenn Heike flüsterte: „Gib dem nichts mehr, der war schon sechsmal da!", oder Helga zu Karlchen sagte: „He, du bist nicht zum Trinken, sondern zum Helfen hier!" Aber meistens drehten sich ihre Gedanken um Zottel, Mutsch und Onkel Paul.

Warum blieben sie so lange weg? Hatten sie sich so viel zu sagen? Machte Mutsch am Ende doch Schwierigkeiten?

War Zottel etwa durchgegangen – und sie hatten einen Unfall gehabt?

„Wir brauchen frische Gläser, willst du gehen oder soll ich?", fragte Heike.

„Lass nur, ich mach das schon!" Bille nahm das Tablett mit den schmutzigen Gläsern und schob sich durch den inzwischen überfüllten Laden ins Lager. Ein Dutzend Mal war sie heute schon zum Wasserhahn gelaufen, hatte Gläser gespült und abgetrocknet. Aber diesmal war etwas anders – ein Geräusch, das vorher noch nicht dagewesen war. Bille sah sich um. Das Lager schien so ruhig wie – halt, da hinten! Hinter den Obstkisten! Bille stellte das Glas aufs Tablett zurück und lief zwischen Kisten und Kartons zum anderen Ende des Raumes.

„Um Himmels willen, Zottel!"

Da stand er, noch im Geschirr, die eine Deichsel baumelte abgebrochen in der Lederschlaufe an seiner Seite. Zottel verzehrte Äpfel und frischen Salat.

Bille wurde blass. Also doch ein Unfall! Wo war der Wagen? Sie lief zur Laderampe vor. Ja, da hing er, Zottel hatte versucht, mit dem Wagen ins Lager zu marschieren, und dabei war die Deichsel gebrochen. Aber wo waren Mutsch und Onkel Paul – lagen sie am Ende irgendwo draußen, mit gebrochenen Gliedmaßen? Sie musste sofort Karlchen holen.

In der Tür stieß sie mit Helga zusammen. „Wo bleibst du denn mit den Gläsern? Schnell!"

„Keine Zeit", stammelte Bille und stürzte an ihr vorbei.

Vor dem Regal mit den Spirituosen musste sie eine Vollbremsung machen, dort versperrten zwei Gestalten in weißen Mänteln ihr den Weg.

„Das Angebot an Schnäpsen ist viel zu reichlich, das werden wir reduzieren. Und an Babynahrung hast du gar nicht gedacht!", hörte Bille sagen. Sie richtete sich auf.

„Mutsch, Onkel Paul – Gott sei Dank! Ich dachte schon …"

Bille seufzte erleichtert. Dann lächelte sie verschmitzt. „Es hat nicht zufällig einer von euch daran gedacht, Zottel anzubinden?"

Das Erntedankfest

Die Felder waren abgeerntet, im Park von Groß-Willmsdorf begannen die Bäume sich bunt zu färben. Die Ferien lagen lange zurück. Seit Wochen herrschte wieder der Schulalltag über Billes Leben.

Noch wohnten sie in dem windschiefen, gemütlichen Häuschen, aber das Schaufenster war leer und an der Ladentür hing ein Schild mit der Aufschrift: „Wegen Geschäftsaufgabe geschlossen."

Mutsch fuhr jeden Morgen nach Leesten hinüber und kam erst abends wieder zurück. Und Onkel Paul kümmerte sich inzwischen um eine neue Baustelle: Sein eigenes Haus wurde umgebaut und erweitert, denn Weihnachten wollten Mutsch und er heiraten. Dann würden sie umziehen und Inge und Thorsten wollten damit beginnen, den Laden in eine Kunstschmiedewerkstatt umzugestalten.

Die ganze Familie schien Kopf zu stehen: Wo immer zwei von ihnen zusammen waren, wurden Baupläne studiert, Möbel, Farben und Stoffe besprochen, Preise verglichen und Pläne für die Hochzeit gemacht. Bille kam sich bei diesem Rummel höchst überflüssig vor.

Mutsch hatte weniger Zeit für sie denn je. Mittags aß Bille das, was Mutsch am Abend vorgekocht hatte, dann verbrachte sie den Nachmittag bei den Pferden, und abends, wenn Mutsch und Onkel Paul zusammenhockten und über die gemeinsame Zukunft sprachen, verkroch sie sich hinter ihre Schulbücher oder ging zu Karlchen hinüber.

Manchmal kam Helga mit nach Groß-Willmsdorf und Bille ließ sie auf Zottel reiten. An anderen Tagen half sie dafür Helga, die in einigen Fächern Schwierigkeiten hatte, bei den Hausaufgaben.

An zwei Tagen in der Woche lud Onkel Paul Bille zum Mittagessen in den *Krug* ein. Dann ließ er sich von ihren Schulerlebnissen und von Zottel erzählen. Aber Bille wurde das Gefühl nicht los, dass seine Gedanken ständig bei Mutsch waren, und es kam vor, dass sie sich nach der Zeit zurücksehnte, in der sie Mutsch ganz für sich allein gehabt hatte.

Im Reiten machte sie große Fortschritte.

Petersen, dem es immer beschwerlicher wurde, ein Pferd zu besteigen, nahm diejenigen seiner Schützlinge, die bewegt werden mussten, nur noch an die Longe.

Eines Tages – er führte gerade Patrick heraus – fragte er Bille: „Na, mein Deern, wie wär's – hast du Mut?"

„Sie meinen, ich soll Patrick reiten? Ob das Herr Tiedjen erlaubt?"

„Das verantworte ich schon. Wird Zeit, dass wir eine zweite Kraft bekommen, die in Herrn Tiedjens Abwesenheit mit den Pferden arbeitet. Schläft ja sonst alles ein hier. Ich kann's nicht mehr – also sieh zu, dass du fix was lernst."

„Sie meinen, das könnte ich?"

„Mit der Zeit – warum nicht? Das liegt ganz bei dir. Also? Denn man zu!"

„Ohne Steigbügel?"

„Ehrensache."

Bille wurde ein bisschen mulmig, aber sie ließ es sich nicht anmerken. Petersen nahm sie an die Longe, nachdem sie mit seiner Hilfe etwas ungeschickt auf Patricks Rücken gelandet war. Aber ohne Steigbügel – daran musste man sich erst mal gewöhnen.

Patrick war ein ganzes Stück größer als Zottel. Das war schon ein anderes Gefühl, der Boden schien plötzlich weit entfernt, und Patricks Temperament ließ auch nichts zu wünschen übrig. Außerdem waren seine Bewegungen viel schwungvoller. Bille musste sich erst auf seine kraftvollen, weit ausgreifenden Schritte und Sprünge einstellen.

„Arme über den Kopf!", kommandierte Petersen oder „Arme seitwärts!" Seine Zurufe knallten wie Schüsse über den Platz, Bille hätte dem stillen, gütigen Mann nie so viel Kraft und Energie zugetraut.

„Du bist steif wie ein Besenstiel, komm in die Mitte, jetzt wird erst mal ein bisschen Gymnastik gemacht."

Er ließ sie den Oberkörper abwechselnd nach beiden Seiten schwingen, dann die Beine nach hinten, wobei sie über dem Pferderücken die Hacken zusammenschlagen musste, danach die Beine vorn über den Pferdehals, und schließlich musste sie sich noch zwanzigmal nach hinten legen und wieder aufrichten. Bille geriet dabei ganz schön ins Schwitzen. War das anstrengend!

„So – jetzt können wir anfangen, jetzt bist du ein bisschen warm geworden."

„Das ist ja wie beim Militär!", stöhnte Bille. „Richtiger Drill!"

Petersen lachte.

„Siehst du – wird höchste Zeit, dass man dich mal ein bisschen in die Zange nimmt. Bist mächtig träge geworden in den langen Ferienwochen. Aber jetzt geht's ran: Arme seitwärts und leichttraben."

Unmöglich, sich auf dem Pferderücken zu heben ohne die helfende Stütze der Steigbügel!

„Das kann ich nicht!", jammerte Bille.

Aber Petersen lachte nur.

Nach dieser Reitstunde hatte Bille seit langer Zeit einmal wieder einen kräftigen Muskelkater. Trotzdem freute sie sich schon auf den nächsten Unterricht bei Petersen.

War er früher einmal Reitlehrer gewesen? Niemand im Dorf wusste etwas über Petersens Vergangenheit. Nur dass er nach jahrelanger Gefangenschaft wegen seiner hervorragenden Pferdekenntnisse auf Groß-Willmsdorf Unterschlupf gefunden hatte, war allgemein bekannt. Gemunkelt wurde natürlich alles Mögliche, aber da er sehr zurückgezogen lebte und niemanden störte, kümmerte sich keiner um seine Vergangenheit.

Diesmal hatte sich Petersen für Bille etwas Besonderes ausgedacht.

„Zieh morgen eine Jogginghose und Turnschuhe an", hatte er ihr gesagt, „wir wollen mal was für deine Gelenkigkeit tun."

Zu ihrem Erstaunen hatte er sie Zottel nicht satteln lassen, sondern ihm einen Bauchgurt mit Haltegriffen angelegt. Und nun übte er mit ihr bereits seit einer halben Stunde das Aufspringen auf ein galoppierendes Pferd und ließ sie auf dem Pferderücken aufstehen und Balanceübungen machen. Zwischendurch zeigte er ihr immer wieder, wie man fällt, ohne sich zu verletzen. Das war auch nötig, denn ohne Stürze ging es diesmal nicht ab. Bille kam sich vor wie ein

Mehlsack, sie hätte nie geglaubt, dass es so schwer wäre, sich im Stand auf einem Pferderücken zu halten! Dagegen war das Aufspringen ein Kinderspiel.

„Na, du kriegst den Trick schon raus. Immer schön federn!", sagte er, als sie gerade ein inständiges Stoßgebet zum Himmel sandte, es möchten der Luft doch Balken wachsen!

„Donnerwetter! Wird hier für den Zirkus trainiert?", kam eine Stimme aus dem Hintergrund.

Herr Lohmeier war unbemerkt herangetreten und sah sich amüsiert Billes Kämpfe mit dem Gleichgewicht an. Petersen hielt Zottel an und Bille rutschte aufatmend auf den Pferderücken hinunter.

„Ich habe was mit dir zu besprechen, Bille, hast du einen Augenblick Zeit?"

Bille nickte. Ihre Kehle fühlte sich trocken und rau an wie ein Reibeisen, dafür war sie am ganzen Körper klitschnass.

„Machen wir Schluss für heute", sagte Petersen, „zieh dir was über, sonst erkältest du dich. Bis später dann."

Er hängte ihr fürsorglich ihre Jacke über die Schultern und ging mit Zottel zum Stall hinüber. Bille hockte sich oben auf das Gatter und sah erwartungsvoll auf Herrn Lohmeier hinunter.

„Es geht um unser Erntefest." Herr Lohmeier blinzelte zu ihr hinauf. „Du weißt schon, es soll nächsten Samstag stattfinden. Ich wollte dich fragen, ob du uns bei den Vorbereitungen helfen willst. Meine Frau und die beiden Mädchen vom benachbarten Hof schaffen es nicht allein. Hast du Lust? Karlchen hat seine Hilfe schon angeboten."

„Na klar, gern, was soll ich tun?"

„Weißt du, es kommen diesmal auch Gäste von den benachbarten Höfen. Vor allem die aus Peershof mit ihren

Jungs. Deshalb wollen wir uns was Besonderes ausdenken, ein paar Wettspiele, vielleicht auch Ringstechen, was meinst du? Hinten im Park auf der großen Wiese. Die Tanzdiele und die Tische bauen wir in der Scheune auf wie immer. Und bei gutem Wetter machen wir im Hof ein Feuer und grillen Hähnchen und Würste."

„Toll, ich freu mich schon! Wird Herr Tiedjen auch hier sein?"

„Eigentlich hat er es ja versprochen, aber – ich fürchte, er wird es nicht schaffen. Es ist schon ein Jammer, dass er sich so wenig um den Hof kümmern kann. Tja – der Ruhm, da kann man nichts machen. Also – bis Samstag. Und sag deiner Mutter und dem Onkel Paul, sie wären herzlich eingeladen."

„Wird gemacht!" Bille sprang von ihrem Sitz. „Bis Samstag – gleich nach dem Stalldienst melde ich mich zur Stelle!"

Im Stall war es dunkel. Nur durch die Fenster drang ein Schimmer vom Flackern des Feuers auf dem Hof und von den bunten Laternen, die in den Parkbäumen aufgehängt waren. Die große Scheune war erfüllt von Tanzmusik und Gelächter, der Lärm rollte wie eine Brandung heran, überschlug sich in lautem „Hoch! Hurra! Prosit!!" und schwoll dann wieder ab.

Bille hockte neben Zottel im Stroh und kraulte seine Mähne. Zottel hatte es sich bequem gemacht, er schlief. Leichter Bierdunst stieg von ihm auf, er hatte der Versuchung nicht widerstehen können, aus der Tropfschale des Bierfasses zu trinken, nachdem ihn die vielen Leckereien, die man ihm zugesteckt hatte, durstig gemacht hatten. Jetzt schnarchte er selig vor sich hin.

„Dummer, dummer Kerl!", flüsterte Bille zärtlich. Sie wusste nicht, ob sie lachen oder weinen sollte. Eine merkwürdige Traurigkeit erfüllte sie – warum? Sie konnte keinen Grund finden.

„Hoch soll'n sie leben, hoch soll'n sie leben –", sangen die da drüben in der Scheune, sicher tanzten Mutsch und Onkel Paul einen Ehrenwalzer. Mutsch – alle starrten sie an, so hübsch war sie geworden, seit das Eis zwischen ihr und Onkel Paul gebrochen war …

Zottel tat einen tiefen Seufzer im Traum. Bille musste lachen.

„Schlaf nur, mein Liebling, hast es verdient. Du warst sehr tüchtig heute!"

Nein, an ihm hatte es wirklich nicht gelegen, dass Bille das Ringstechen nicht gewonnen hatte. Geritten war sie wie der Teufel, nur mit dem Zielen hatte es nicht geklappt, immer wieder war ihr der schwere Stab, der als Lanze diente, seitlich weggerutscht. Ein einziges Mal hatte sie den Ring getroffen, und vielleicht wäre sie damit sogar Sieger geworden, denn die Burschen aus dem Dorf, vom Bier schon leicht benebelt, hatten auch nicht mehr geschafft. Aber da waren diese Peershofer Jungens, drei Brüder von siebzehn, fünfzehn und dreizehn, gegen die hatte Bille keine Chance gehabt.

Na wenn schon. Reiten konnten sie alle drei super, wenn sie nur nicht so laut und selbstbewusst wären. Wenn Bille eins nicht leiden konnte, dann waren es diese „Hoppla-jetzt-komm-ich-Typen", die in ihrer Wohlerzogenheit noch arrogant wirkten. Natürlich hatten sie Bille überhaupt nicht beachtet, sie hatten sie behandelt wie ein kleines Kind.

Sollten sie doch. Was gingen Bille die Peershofer an.

Mit Herrn Tiedjen war das schon anders. Er war kurz erschienen, gerade von der Reise zurück, hatte ein paar Begrüßungsworte gesprochen, etwas zerstreut den Applaus entgegengenommen und das Bierfass angestochen. Dann hatte er einen Ehrentanz mit Frau Lohmeier getanzt und sich für den Rest des Abends entschuldigt. Er sei todmüde von der Reise und vom letzten Turnier. Bille hatte er nicht einmal angesehen.

Nun ja, er hatte eine lange und anstrengende Saison hinter sich, auf den bedeutendsten Turnieren der ganzen Welt war er gestartet, da musste man doch verstehen, dass er erschöpft war.

Warum also sollte sie traurig sein? Alles, was sie sich noch vor einem halben Jahr so sehnlich gewünscht hatte, war in Erfüllung gegangen. Sie hatte ein Pflegepferd, durfte reiten, wann immer sie wollte – und Mutsch heiratete Onkel Paul.

Was war es dann? Bille streichelte Zottel noch einmal und stand auf. Leise verließ sie die Box.

Es wird Zeit für dich, ins Bett zu gehen, Kleines, hatte Mutsch gemahnt. War es das? Dass sie sich nicht mehr wie ein Kind fühlte und doch von den Erwachsenen noch nicht für voll genommen wurde? Dass sie arbeiten konnte wie ein Erwachsener, hatte sie allen bewiesen. Aber wenn Onkel Paul ihr einen Schluck Bier anbot, hieß es gleich: „Verdirb mir das Kind nicht!"

Drei Boxen weiter stand Donau mit ihrem hübschen Stutfohlen Donata, sie verabreichte der Kleinen gerade die letzte Mahlzeit.

Bille sah undeutlich die Umrisse ihrer Körper.

„Na, mein kleiner Helfer? Was machst du denn hier noch so spät?"

Bille fuhr herum.

„Herr Tiedjen?"

„Ja –" Er saß auf der Futterkiste, mit angezogenen Beinen, genau wie sie es sonst tat.

Bille trat zu ihm.

„Ich – ach, ich finde es so schön nachts im Stall. Am liebsten würde ich bei Zottel schlafen, im Stroh …"

„Es ist der einzige Platz, wo wir uns richtig zu Hause fühlen, stimmt's?"

„Ja."

„Komm her, Reiterlein, hock dich neben mich. Warum bist du nicht bei den anderen und feierst?"

„Och – weiß nicht – ich gehör doch nicht richtig dazu" – noch nicht, hatte sie eigentlich sagen wollen.

„Traurig?"

„Ein bisschen."

„Ich habe mich auch immer in den Pferdestall geflüchtet, wenn ich mit mir nicht ins Reine kam. Schon als kleiner Junge."

„Und heute?"

„Heute ist das genauso."

Sie schwiegen. Gegenüber ließ sich Donau ächzend neben ihrer kleinen Tochter ins Stroh plumpsen. Nur Nathan stand noch aufrecht und wachte über den Schlaf der anderen. Bille sah die Silhouette seines Kopfes gegen das helle Fenster.

„Man ist ständig rund um die Welt unterwegs, man siegt oder unterliegt – man fordert das Äußerste von sich und seinen Pferden. Und dann steht man plötzlich da und fragt sich: Warum tust du das eigentlich? Du liebst dein Tier doch, warum verlangst du das von ihm? Hat das alles einen Sinn?"

Er hatte zu sich selbst gesprochen und Bille war es unheimlich, den bewunderten und verehrten Lehrer in solchen Zweifeln zu erleben.

„Sie denken an das letzte Stechen, nicht wahr?", fragte sie zögernd. „Ich habe es im Fernsehen angeschaut."

„Ja. Auch an das letzte Stechen. Kein schöner Sieg, glaub mir. Aber hingehen und sagen: Ich mute meinem Pferd diese weitere Anstrengung nicht zu! Wer tut das schon – man will es – und macht es dann doch nicht. Siehst du, Reiterlein, so feige sind die Erwachsenen."

Bille schwieg betroffen.

Von dieser Seite hatte sie das Turnierreiten noch nie betrachtet. Ein Sieg im Preis der Nationen war ihr immer als das höchste Glück erschienen.

„Und dann kommt man nach Hause", fuhr Herr Tiedjen fort, „und ist ein Fremder geworden. Die Felder sind abgeerntet und man hat sie nicht reifen sehen. Fohlen sind geboren worden und man hat sich an ihren ersten Lebenswochen gar nicht freuen können …"

„Aber nun sind Sie doch wieder hier, und …" Bille brach ab. Was konnte sie einem Mann wie Herrn Tiedjen schon sagen!

Herr Tiedjen schwieg eine Weile. Dann richtete er sich auf und legte Bille den Arm um die Schulter.

„Du hast recht, Mädchen. Jetzt bin ich wieder hier und es ist immer noch Zeit, alles besser zu machen. Weißt du, was wir jetzt tun werden? Wir gehen hinüber in die Scheune und legen eine Polka aufs Parkett, dass alle anderen von der Tanzfläche gefegt werden. Einverstanden?"

„Einverstanden!"

Zwei unzertrennliche Freunde

Bille bekommt einen Auftrag

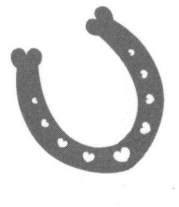

„Stopp! Stooopp! Spinnst du!?"

Bille sprang im letzten Augenblick zurück, und der Wagen raste klappernd und hüpfend an ihr vorbei. Fast hätte er sie über den Haufen gefahren. Karlchen stand breitbeinig wie ein Seemann bei Windstärke elf auf der Ladefläche des Karrens, die Zügel lässig in der einen Hand. Mit der anderen Hand schwang er die Peitsche übermütig über Zottels Rücken. Fröhlich schnaubend galoppierte Zottel den Parkweg hinunter. Bille rannte ihnen ein Stück weit nach und gab dann kopfschüttelnd auf.

Am Ende des Parks machte Karlchen eine rasante Wendung, versuchte es noch einmal mit einem Peitschenknall – eine Kunst, die er seit Kurzem mit Ausdauer und mäßigem Erfolg übte –, und Zottel kam in gestrecktem Trab auf Bille zu. Bille lehnte sich auf die Mistgabel und sah den beiden stirnrunzelnd entgegen.

„Gab's gestern Ben Hur im Fernsehen oder glaubst du, du bist hier auf dem Nürburgring?", fragte sie ärgerlich und strich sich eine ihrer widerspenstigen Locken aus der Stirn. „Wenn du noch mal so was mit Zottel machst, dann schmeiß ich dir den Stallbesen ins Kreuz!"

„Du tust gerade, als gehörte er dir. Ein ehemaliges Zirkuspferd ist doch ganz andere Sachen gewöhnt", verteidigte sich

Karlchen grinsend und schielte dabei über Billes Kopf hinweg zum Stall hinüber.

Bille strich Zottel beruhigend über das rot-weiß gefleckte Fell und folgte Karlchens Blick.

„Ach so – Helga! Das hätte ich mir gleich denken können – es muss ja einen besonderen Grund haben, wenn du hier so eine Schau abziehst!"

Karlchen hechtete ungewöhnlich dynamisch vom Wagen herunter und griff nach der Mistgabel. Mit männlich kraftvollem Schwung stach er in den Abfallhaufen und begann aufzuladen. „Willst du uns helfen?", rief Bille Helga entgegen, die zögernd näher kam.

„Was macht ihr denn da?" Helga sah naserümpfend auf die Berge von Abfall zu Billes und Karlchens Füßen.

„Trümmerbeseitigung. Die Reste vom Feste", erklärte Bille und kippte einen vollen Korb auf die Ladefläche. Hähnchen- und Kotelettknochen kollerten zwischen Girlanden aus vertrockneten Blumen, Stroh und Krepppapierbändern. „Vergangenen Samstag war in Groß-Willmsdorf Erntefest. Karlchen und ich haben uns freiwillig zum Aufräumen gemeldet, aber wir nehmen gern noch Helfer in unsere Truppe auf."

Karlchen stach wie wild auf den Abfallhaufen ein. Die Ärmel seines T-Shirts hatte er bis zu den Schultern aufgekrempelt, damit man seine Muskeln spielen sah. Er ließ Helga nicht aus den Augen. Als die Zinken der Mistgabel beim besten Willen nichts mehr aufnehmen wollten, schwang er die Last hoch über seinen Kopf zum Wagen hinauf. Eine riesige Mohnblume aus Krepppapier löste sich flatternd aus dem Haufen und legte sich ihm wie ein Babymützchen auf den brandroten Schopf.

„Steht dir gut", sagte Bille trocken. Helga kicherte.

Karlchen wurde rot und zerrte sich den ungewollten Kopfschmuck verwirrt herunter.

„Na, was ist nun? Hilfst du uns?", fragte er Helga herausfordernd, um seine Würde zurückzugewinnen. Schließlich war er fast fünfzehn, beinahe zwei Jahre älter als Helga und Bille.

Helga betrachtete unentschlossen den stinkenden Abfall. „Ich müsste erst schnell nach Hause fahren und mir meine alten Jeans anziehen. Wartet ihr so lange?"

„Das dauert ja mindestens 'ne Stunde, bis dahin sind wir längst fertig", wehrte Bille ab. „Drüben im Stall hängt eine alte Kittelschürze von mir, die kannst du überziehen." Wenn Helga bei jeder Gelegenheit hier aufkreuzte, um in Karlchens Nähe zu sein, dann sollte sie ruhig mitarbeiten – mitgefangen, mitgehangen.

Während Helga zum Stall hinüberging, um sich die Schürze zu holen, kletterte Karlchen auf den bereits wieder übervollen Wagen und fuhr zum Müllplatz hinaus. Bille setzte sich aufatmend auf den umgestülpten Korb, reckte sich in der milden Herbstsonne wie eine zufriedene Katze und begann sich die lahm gewordenen Arme zu massieren.

Welch ein Tag! Der Himmel war blitzblau, kein Lüftchen regte sich. Von fern kam ein Duft von frisch gepflügtem Acker und Kartoffelfeuern und mischte sich mit dem Geruch überreifer Äpfel und einem Hauch Stalldunst. Herrlich war das!

Aus den riesigen Kastanien im Park, die um das weiße Gutshaus standen, als müssten sie es beschützen, segelten lautlos die Blätter zu Boden. Von der Reitbahn her war leises Schnauben zu hören, denn der alte Petersen hatte den

Fuchshengst Patrick an der Longe, „das schönste Pferd, das wir auf Groß-Willmsdorf haben", wie er manchmal sagte. Hinter den Parkbäumen schimmerte es weiß. Frau Lohmeier, die Frau des Verwalters, hängte ihre frisch gewaschenen Gardinen im Garten auf.

Herr Tiedjen, der berühmte Turnierreiter und Billes Reitlehrer, dem das Gut Groß-Willmsdorf gehörte, war ausgeritten. Sinfonie hatte er heute satteln lassen, die kapriziöse Pferdedame, vor deren unberechenbarem Temperament Bille immer noch gehörigen Respekt hatte, auch wenn sie die schöne Fuchsstute genauso liebte wie all die anderen herrlichen Pferde, die im Stall von Groß-Willmsdorf standen.

So lange Bille zurückdenken konnte, hatte es sie magisch nach Groß-Willmsdorf gezogen. Zuerst war sie heimlich gekommen, hatte aus einem sicheren Versteck Herrn Tiedjen bei der Arbeit mit seinen Pferden beobachtet. Bald durfte sie im Stall helfen und es verging kein Tag, an dem sie nicht von Wedenbruck herübergeradelt kam, um in der Nähe ihrer geliebten Pferde zu sein. Und eines Tages war das Wunder geschehen: Zottel war auf den Hof gekommen, Überbleibsel aus einem verkommenen Wanderzirkus. Und Herr Tiedjen hatte sich bereit erklärt, ihr Reitunterricht zu geben. Seit diesem Tag war sie zu Hause zwischen den Scheunen und Ställen, dem geräumigen Hof mit der Reithalle und den beiden Reitbahnen.

Hubert, Karlchens älterer Bruder, der mit dem alten Petersen gemeinsam Herrn Tiedjens Pferde versorgte, rührte drüben im Fohlenstall seinen „Spezialbrei" für die jüngsten Schützlinge an, Bille hörte ihn mit den Eimern klappern. Nichts störte sonst die friedliche Stille dieses Nachmittags.

„Muss ja eine riesige Feier gewesen sein", riss Helga Bille aus ihren Träumen.

„Hm – fast achtzig Leute."

„Arbeiten die alle hier auf dem Hof?"

„Nein, natürlich nicht", erklärte Bille. „Es waren eine Menge Gäste da – von den Nachbarhöfen und aus der Stadt. Beim Erntefest kommen alle zusammen, die das Jahr über mit dem Gut etwas zu tun haben. Meine Mutter und Onkel Paul waren auch eingeladen – obwohl sie ja eigentlich nur die Lebensmittel und sonstigen Waren für den Gutsbetrieb liefern. Es war ein tolles Fest", schwärmte Bille. „Festreden, Wettspiele und Tanz, eine Kapelle hat gespielt. Und im Hof war ein großes Feuer. Mutsch und Onkel Paul hatten doch kurz vorher ihre Verlobung bekannt gegeben. Sie wurden von allen so gefeiert, dass man meinen konnte, es sei einzig und allein ihr Abend."

„Deine Mutter ist bei allen sehr beliebt, nicht wahr? Sie ist ja auch schwer in Ordnung."

„Vielleicht liegt es daran, dass Mutsch sich seit Vatis Tod so tapfer durchgeschlagen hat. Das hat allen imponiert, und jeder freut sich mit ihr, dass sie nun wieder heiratet – und dazu noch so einen netten Mann, den alle mögen."

Karlchen kam mit Gepolter und Peitschenknallen vom Müllplatz zurück.

„Was is 'n hier los? Haltet ihr Kaffeeklatsch? Wir haben noch eine Menge zu tun!" Er schaute besorgt auf Helgas zarte Hände. „Ich schlage vor, du nimmst in der Scheune die restlichen Girlanden ab und verpackst die Lampions. Wir beide machen hier weiter."

„Zu Befehl, Herr Brodersen!" Bille salutierte und griff zu Schaufel und Besen, während Karlchen mit Helga

Richtung Scheune abschob, um ihr genaue Anweisungen zu geben.

Zottel, der nichts von seiner Gefräßigkeit eingebüßt hatte, auch wenn er noch so gutes Futter bekam, reckte den Hals nach einer Brotkruste, die nach Tomatenketchup und Bratwurstfett duftete.

„Nein, nein, mein Junge, kommt nicht infrage!" Bille zog ihren Liebling von den unbekömmlichen Verlockungen weg.

„Ob wir diesmal den ganzen Rest draufkriegen?" Karlchen kam aus der Scheune zurück und versuchte von seinen roten Ohren abzulenken. Bille konnte sich das Grinsen kaum verkneifen.

„Versuchen wir's mal. Wir werden die Ladung eben ordentlich feststampfen."

Schaufel auf Schaufel voller Dreck flog auf die Ladefläche. Zwischendurch erschien Helga mit einem Arm voller Girlanden. Der Berg auf der klapprigen Karre wuchs. Karlchen sprang auf dem Wagen herum wie ein Verrückter und stampfte das Ganze fest, um Raum für mehr zu schaffen.

„Wenn das man gut geht", meinte Bille zweifelnd, als der Wagen schließlich doppelt so hoch beladen war wie vorher.

„Ach, hab dich nicht so", sagte Karlchen verächtlich. „Komm, gib das auch noch her", rief er Helga zu, die mit einem Arm voller Papierblumen aus der Scheune kam. „Auf die setz ich mich drauf."

Helga sah ihm bewundernd zu, wie er sich mit wenigen Griffen ein Sitzpolster zurechtschob. „Und los!"

Karlchen griff nach Zügeln und Peitsche.

Die ersten paar Meter fuhr er im Schritt. Dann drehte er sich zu den Mädchen um. Zu seinem Unglück fing er einen jener schmelzenden Blicke von Helga auf, die sie ihm nur dann nachsandte, wenn sie sich unbeobachtet glaubte. Karlchen erwischte den Blick und um ihn herum versank die Welt. Vergessen war die rutschige Ladung, vergessen der holprige Weg. Karlchen schwang die Peitsche und ließ sie schnalzen. Einmal – zweimal – beim dritten Mal tat ihm die Lederschnur den Gefallen, wie ein Pistolenschuss durch die Nachmittagsstille zu knallen. Zottel riss alle vier Beine zugleich in die Höhe, machte einen Satz, bei dem jeder Lipizzaner vor Neid erblasst wäre, und jagte in gestrecktem Galopp davon.

Bille erstarrte. Sie sah die Kurve, sah Frau Lohmeiers frisch gewaschene Gardinen auf der Leine und sah den rutschenden Müllberg auf dem Wagen. Dann schloss sie die Augen.

Als sie wieder hinsah – von Helgas glucksendem Kichern neugierig gemacht –, waren Karlchen und Zottel nicht mehr zu sehen, ihre Spuren dafür umso deutlicher. Die Ladung Abfall hatte sich gleichmäßig über Frau Lohmeiers Gardinen verteilt. Auf den eben noch weißen Stoffbahnen leuchtete es rot, gelb, grün und braun auf, die Girlanden flatterten mit dem Tüll um die Wette. Und irgendwo dahinter kreischte eine schrille Stimme, drohten Fäuste hinter Karlchen her.

„Na, dann viel Spaß!", murmelte Bille. „Die kleinen Vergehen straft der liebe Gott sofort. Armes Karlchen – jetzt weiß ich doch endlich, warum es Gardinenpredigt heißt!"

„Was ist denn da drüben los?"

Bille hatte Herrn Tiedjen gar nicht kommen hören.

„Oh …", sagte sie nur verwirrt und Helga bekam vor Verlegenheit einen knallroten Kopf.

„Ich habe gar nicht gemerkt, dass Sie schon zurückgekommen sind, Herr Tiedjen", stotterte Bille und ärgerte sich im gleichen Moment über den dämlichen Satz.

Herr Tiedjen versuchte immer noch zu erkennen, was sich in Frau Lohmeiers Garten abgespielt hatte.

„Ich … wir … eh, Karlchen hat in der Kurve einen Teil seiner Ladung verloren. Er hat nicht daran gedacht, dass das Zeug so rutschig ist und ist wohl ein bisschen zu schnell gefahren", versuchte Bille zu erklären.

„Ein bisschen – aha." Herr Tiedjen hatte Mühe, ernst zu bleiben. Frau Lohmeier kreischte immer noch in den höchsten Tönen.

„Ich wollte dich bitten, einen Augenblick zu mir zu kommen, Bille. Ich möchte etwas mit dir besprechen", sagte Herr Tiedjen.

„Ja, gern." Bille legte Schaufel und Besen beiseite und putzte sich die Hände am Hosenboden ab. Auf dem Weg überlegte sie fieberhaft, was sie angestellt haben könnte.

Herr Tiedjen ging ihr voraus zur Veranda und deutete auf einen der tiefen, gemütlichen Korbsessel, aus denen man nur mit Mühe und meistens sehr wenig elegant wieder hochkam. „Setz dich. Ich hole uns nur schnell was zu trinken."

Dann konnte es eigentlich nichts Schlimmes sein. Oder gerade? War das Besänftigungstaktik? Hatte er etwa einen Käufer für Zottel gefunden?

„Das überleb ich nicht!", sagte Bille leise vor sich hin.

„Was sagst du?" Herr Tiedjen kam auf die Veranda zurück, in der einen Hand ein Glas Bier, in der anderen eine Flasche Cola mit zwei bunten Strohhalmen.

„Och, nichts …" Bille schaute angestrengt zum anderen

Ende des Parks hinüber, wo sich Karlchen inzwischen mit der wütenden Frau Lohmeier auseinander setzte.

„Tja – was ich mit dir besprechen wollte …“ Herr Tiedjen machte es sich Bille gegenüber bequem. „Ich war gerade in Peershof drüben. Dort hat sich einiges verändert, vielleicht hast du schon davon gehört …“

„Keine Ahnung …“

„Die drei Peershofer Jungen haben eine Schwester bekommen – eine Adoptivschwester, genauso alt wie du, Bille.“

Jetzt erinnerte sie sich. Mutsch und Onkel Paul hatten vor ein paar Wochen davon gesprochen. Die Eltern des Mädchens waren bei einem Autounfall ums Leben gekommen, das Mädchen selbst war schwer verletzt worden. Und da es sonst keinen nahen Verwandten gab, hatten Herr und Frau Henrich, denen das Gut Peershof gehörte, sich bereit erklärt, sie bei sich aufzunehmen.

Bille hatte das bald wieder vergessen. Die Peershofer interessierten sie nicht, sie mochte die Jungen nicht besonders, wenn sie auch zugeben musste, dass sie alle drei großartige Reiter waren.

„Das Mädchen ist jetzt wieder gesund“, fuhr Herr Tiedjen fort. „Gestern Abend ist sie angekommen. Zwei, drei Wochen wollen Herr und Frau Henrich ihr noch Zeit lassen, sich einzugewöhnen, dann soll sie wieder zur Schule gehen. Vermutlich wird sie in deine Klasse kommen.“

„Sie meinen, ich soll mich in der Schule ein bisschen um sie kümmern?“

„Unter anderem, ja. Wenn ich gerade gesagt habe, das Mädchen sei wieder gesund, so stimmt das nicht ganz. Körperlich ja, aber – sie leidet offensichtlich immer noch unter dem Schock, ihre Eltern verloren zu haben. Henrichs machen sich große Sorgen darüber, dass sie keinerlei Interesse mehr am Leben hat. Die Ärzte meinen, zur endgültigen Gesundung fehle ihr nichts als viel Bewegung an frischer Luft – reiten, schwimmen. Dann würden auch Appetit und Lebensfreude wiederkommen."

Herr Tiedjen nahm einen langen Schluck aus seinem Glas, dann sah er Bille ernst an. „Ich will dir natürlich nichts aufdrängen, Bille, die Entscheidung liegt bei dir. Aber ich habe mir gedacht, wenn jemand diesem unglücklichen Mädchen helfen kann, dann bist du es. Und ich wollte dich bitten, dich ein wenig um sie zu kümmern. Du könntest sie auf Zottel reiten lassen, später vielleicht gemeinsam mit ihr ausreiten, aber ihr auch sonst Gesellschaft leisten, um sie auf andere Gedanken zu bringen. Darüber hinaus wird es für sie sicher eine Hilfe sein, wenn du ihr in den ersten Monaten in der Schule beistehst."

Bille wurde rot vor Stolz. Das traute er ihr also zu? Dass sie einem Menschen neuen Lebensmut geben konnte! Dass sie imstande war, jemandem zu helfen, der sich in der Welt nicht mehr zurechtfand.

„Das mache ich sehr gern", sagte sie fast ein bisschen feierlich. „Ich kann sehr gut verstehen, wie ihr zumute sein muss. Wissen Sie, wie sie heißt?"

„Bettina. Bettina Henrich – sie ist die Tochter des Bruders von Herrn Henrich. Wenn du Lust hast, reiten wir übermorgen Nachmittag mal nach Peershof hinüber, damit ihr euch kennenlernen könnt. Einverstanden?"

„Au ja!", sagte Bille begeistert.

Neben Herrn Tiedjen über die Felder zu galoppieren war absolut das Höchste an Glück, was es für sie gab.

Jetzt würde Mutsch keinen Grund mehr haben, sich darüber zu beklagen, dass Bille keine Zeit für eine Freundin hatte, weil ihr die Pferde wichtiger waren. Diese Bettina sollte viel reiten, und Bille zweifelte keinen Augenblick daran, dass sie es mit der gleichen Begeisterung tun würde wie sie selbst. Denn auf einem Pferderücken dahintraben und unglücklich sein – das gab's doch gar nicht!

Zu Besuch auf dem Peershof

Es war ein wunderschöner Oktobertag, als Bille neben Herrn Tiedjen – der heute den kräftigen Fuchswallach Lohengrin ritt – die von hohen alten Buchen gesäumte Allee zum Peershofer Gutshaus entlangtrabte.

Mutsch hatte sie eigens mit frisch gewaschenen weißen Jeans ausstaffiert, ein neues weißes T-Shirt dazu spendiert und einen leuchtend roten Pulli. Sie hatte den schwarzen Samt der Reitkappe bearbeitet, bis auch nicht der kleinste Fussel mehr zu sehen war, und sich überzeugt, dass die schwarzen Gummistiefel vor Sauberkeit blitzten, als wären sie aus feinstem Leder. Die Henrichs waren das, was Mutsch „bessere Leute" nannte, und Bille sollte um Himmels willen einen guten Eindruck machen! Bille konnte zwar absolut nicht einsehen, was an diesen Leuten nun besser als an anderen sein sollte, aber eines musste sie zugeben: Mutsch hatte sie super hergerichtet.

Das Peershofer Gutshaus war ein mächtiger Bau aus rotem Backstein mit weiß gestrichenen Fensterläden und zum Teil bis unters Dach dicht mit Efeu bewachsen, in dem Dutzende von Spatzenfamilien hausten. Der Rasen vor der kreisrunden Auffahrt wirkte gepflegt, und in den Blumenrabatten vor dem Haus blühten die letzten Sonnenblumen, leuchteten Rosen in allen Schattierungen mit dem Lila der

Herbstastern um die Wette. An der Haustür blitzte ein sorgfältig geputzter Messingklopfer.

Herr Tiedjen und Bille nahmen den Pferden die Zaumzeuge und Sättel ab und banden sie am Halfter an einen
Baum seitlich der Einfahrt. Dann stiegen sie die Stufen zum
Haus hinauf. Wie von Geisterhand öffnete sich die schwere Tür, noch bevor sie sich bemerkbar gemacht hatten. Dahinter erschien das freundliche runde Gesicht von Fräulein
Fuchs, der Haushälterin. Sie stand schon seit vierzig Jahren
in den Diensten der Familie Henrich und hätte es als unter
ihrer Würde empfunden, anders als im schwarzen Kleid mit
weißer Schürze Gäste zu empfangen. Bille spürte angesichts
solcher Vornehmheit ihr Herz schneller klopfen und ärgerte
sich im gleichen Augenblick über sich selbst. Sie hatte sich
doch fest vorgenommen, sich durch nichts beeindrucken zu
lassen!

Die Halle hatte die Größe eines Kleinstadtbahnhofs. Der
Boden war mit spiegelglatten Fliesen im Schachbrettmuster
ausgelegt, an den Wänden standen kostbare alte Truhen, darüber hingen Gemälde von strengen Herren und Damen aus
vergangenen Jahrhunderten, die sich vor allem durch kunst-
voll hochgetürmte Frisuren auszeichneten. Bille unterdrückte gerade noch rechtzeitig den Impuls, durch die Zähne zu
pfeifen.

Die Mitte des Raumes nahm ein riesiger runder Tisch
ein. Mindestens vier bis fünf Zentner, schätzte Bille, wenn
sie umziehen wollen, brauchen sie einen Baukran für den
Transport. Aber Leute wie die Henrichs zogen wohl nicht
um, die lebten schon seit Generationen auf dem Hof.

Auf dem Tisch lagen achtlos durcheinander geworfene
Reitgerten, Zeitschriften, ein Luftgewehr und Munition, alte

Lederhandschuhe und eine Reitkappe. Das machte die Umgebung wieder sympathisch. Auch dass hinter der Haustür eine Galerie abgenutzter Reitstiefel in allen Größen stand, söhnte Bille mit der Feierlichkeit des Hauses aus.

Von der oberen Etage her näherte sich lautes Gekläff und Füßetrappeln. Florian, der jüngste der drei Henrich-Söhne, sprang – immer drei Stufen auf einmal nehmend – die Treppe hinunter. Ihm folgten zwei Hunde undefinierbarer Rasse und Farbe. Als Florian Herrn Tiedjen sah, machte er eine Vollbremsung, bei der er drei Meter über den gefliesten Boden schlitterte, und endete in einer gekonnten Verbeugung vor dem Gast. Dann begrüßte er Bille mit männlich-hartem Handschlag und musterte sie neugierig.

Fräulein Fuchs führte die Besucher in die Bibliothek, und Florian benutzte die Gelegenheit, Bille ins Ohr zu flüstern: „Super, dass du gekommen bist. Jetzt brauchen wir uns wenigstens nicht mehr um den Trauerkloß zu kümmern!"

Bille sah sich unsicher in dem eleganten Raum um, dessen Wände bis unter die Decke mit Büchern vollgestopft waren. In einer Fensternische war der Teetisch gedeckt, auf weißem Batist schimmerte kostbares altes Porzellan, blitzten silberne Kannen und Schalen. Bille wurde augenblicklich von der Vorstellung befallen, die schwere silberne Zuckerdose würde ihr in die Teetasse fallen, die Tasse zerbrechen und der Tee auf die kostbare Tischdecke und den noch viel kostbareren Teppich fließen. Sie beschloss, ihren Tee ohne Zucker zu trinken.

Frau Henrich erwartete sie bereits. Sie war eine resolute blonde Frau mit wachen hellblauen Augen und einem etwas vorstehenden Gebiss, und sie schien gar nicht in diese vornehme Umgebung zu passen. Sie schüttelte ihnen herzlich die Hände, wobei sie Bille unauffällig musterte. Bille segnete Mutsch in Gedanken dafür, dass sie darauf bestanden hatte, ihre Jüngste so fein herauszuputzen. Wenn Bille geahnt hätte, welche Hemmungen sie bei diesen „besseren Leuten" befallen würden, hätte sie auf den Besuch ganz sicher verzichtet.

Frau Henrich bat die Gäste, Platz zu nehmen. Kaum hatte sich Bille auf dem seidenbezogenen Stühlchen niedergelassen und verzweifelt überlegt, wo sie mit ihren Händen bleiben sollte, erschien der Hausherr. Bille sprang auf, um ihn zu begrüßen, und stieß mit den Knien hart an die Tischkante. Es klirrte furchterregend.

„Das passiert mir bei dem Tisch auch immer", erklärte Florian kameradschaftlich, und Bille, die knallrot geworden war, warf ihm einen dankbaren Blick zu.

Herr Henrich gefiel ihr sofort. Mit seinen großen braunen Augen hinter den dicken Brillengläsern, dem schmalen Kopf und den schlanken Händen sah er eigentlich mehr wie ein Gelehrter oder ein Künstler aus, und nicht wie ein hart zupackender Landwirt. Dass er leise und etwas schleppend sprach, unterstrich diesen Eindruck noch.

„Florian, bitte hol Bettina herunter. Und sag deinen Brüdern Bescheid, dass wir Tee trinken wollen!" Frau Henrich hatte eine Stimme wie eine Sirene.

Herr Tiedjen und Herr Henrich unterhielten sich über die Ernte und den Verkauf eines wertvollen Hengstes, und Bille stand unschlüssig daneben, bis Frau Henrich sie aufforderte, sich wieder zu setzen. Fräulein Fuchs brachte den Tee in einer bauchigen Silberkanne und hinter ihr erschienen Daniel und Simon, die älteren Brüder von Florian. Daniel, siebzehnjährig, blond, blauäugig und sehr groß, glich der

Mutter, während der fünfzehnjährige Simon das Ebenbild des dunkelhaarigen Vaters war. Die Jungen begrüßten die Gäste mit höflichem Händedruck. Hätte nur noch gefehlt, dass sie mir die Hand küssen, dachte Bille.

Sie sah sich vorsichtig um. Wann erschien denn nun endlich diese Bettina, allmählich wurde sie neugierig. Aber Florian kehrte allein zurück.

„Bettina möchte keinen Tee", erklärte er achselzuckend. „Sie fühlt sich nicht gut, sie möchte liegen bleiben."

Frau Henrich schüttelte missbilligend den Kopf.

„So ein Unsinn", sagte sie seufzend, „vorhin fehlte ihr doch nichts. Wahrscheinlich hat sie Angst vor unseren Gästen. Sag ihr …"

„Oh, bitte, darf ich mitgehen?", warf Bille ein. „Vielleicht kann ich sie überreden, herunterzukommen – und – nun, dann lernen wir uns doch gleich kennen …"

Herr Tiedjen warf ihr einen anerkennenden Blick zu und Frau Henrich schien über diesen Vorschlag fast erleichtert zu sein.

„Das ist eine ausgezeichnete Idee", sagte sie lebhaft. „Florian wird dir ihr Zimmer zeigen."

Bille stand vorsichtig auf, um nicht noch einmal den Tisch ins Wanken zu bringen. Sie war froh, der steifen Atmosphäre für einen Augenblick entrinnen zu können.

„Ihr seid alle so schrecklich gut erzogen", flüsterte sie Florian zu, als sie draußen waren. „Eure Mutter ist sehr streng, oder?"

„Ziemlich", meinte Florian gleichmütig, „aber man kann es umgehen. Nur bei Tisch muss man sich furchtbar zusammenreißen, sonst gibt's Ärger. Aber sonst – wenn sie nicht in der Nähe ist …"

Bille seufzte. Ihre Begeisterung für den Auftrag, sich um Bettina zu kümmern, hatte bereits einen gewaltigen Knacks bekommen, noch bevor sie das Mädchen überhaupt gesehen hatte. Der Gedanke, in Zukunft einen großen Teil ihrer Zeit in diesem grässlich vornehmen Haus verbringen zu müssen, wirkte wie eine kalte Dusche.

Florian führte sie die Treppe hinauf und einen langen Gang entlang. Vor der letzten Tür machte er halt, klopfte kurz und öffnete im gleichen Moment.

„Besuch für dich!", rief er ins Zimmer und schob Bille an sich vorbei durch die Tür. „Beschnuppert euch, ich geh wieder runter, sonst ist der Kuchen alle. Und macht nicht so lange, damit ich nicht noch mal hochgeschickt werde. Mutti kann es nicht leiden, wenn man zu einer Mahlzeit zu spät kommt."

Bille trat zögernd ins Zimmer. Auf einem altmodischen Ungetüm von Bett lag ein blasses Mädchen mit großen dunklen Augen Marke „verwundetes Reh" und einem mageren Gesicht, das von einer wallenden dunklen Lockenmähne umrahmt wurde. Über die rechte Stirnseite verlief, halb von den Haaren verdeckt, eine rote Narbe, als habe jemand dem Mädchen gerade einen Peitschenhieb versetzt.

„Bettina? Ich bin Bille. Sibylle Abromeit. Ich bin eine zukünftige Mitschülerin von dir und soll dir ein bisschen helfen, dich bei uns zurechtzufinden", sagte Bille mit gekünstelter Fröhlichkeit und streckte dem Mädchen die Hand entgegen.

Bettina ließ ihre Hand kraftlos in Billes fallen, sie erwiderte den Druck nicht und ihr Blick ging gleichgültig durch Bille hindurch.

Du lieber Himmel, das kann ja heiter werden!, dachte Bille entsetzt. Jetzt hilft nur noch eine Flucht nach vorn!

„Willst du mal mein Pferd sehen? Es steht unten, genau unter deinem Fenster. Das heißt – es gehört mir natürlich nicht, es gehört Herrn Tiedjen, aber ich darf es pflegen und reiten", plapperte Bille drauflos. „Es heißt Zottel wegen seines zottigen Aussehens. Und rate mal, woher es kommt? – Direkt aus dem Zirkus. Mann, o Mann, habe ich zuerst Schwierigkeiten gehabt, ihm seine Zirkuskunststücke abzugewöhnen, das kannst du mir glauben!"

So ein Quatsch, dachte sie, was rede ich da bloß, es hört sich an, als wolle ich vor ihr angeben. Ich muss es anders anfangen, muss sie irgendwie zum Reden bringen!

Bettina hatte sich nicht gerührt, sie lag auf dem Bett, die Augen halb geschlossen, und nahm Billes Anwesenheit gar nicht zur Kenntnis.

„Bist du schon mal geritten?", fragte Bille.

Bettina antwortete nicht.

„Vielleicht reitest du viel besser als ich – so gut wie deine Vettern?"

Bettina schwieg.

„Magst du sie? Deine Vettern, meine ich. Also, um ganz ehrlich zu sein, ich mag sie nicht so besonders, sie – sie machen so einen überheblichen Eindruck. Aber vielleicht bin ich auch nur sauer, weil sie mich neulich beim Erntefest besiegt haben. Beim Ringstechen, weißt du … Schade, dass du nicht dabei warst, es hätte dir sicher gefallen. Aber nächstes Jahr! Dann können wir gemeinsam gegen die drei antreten. Wir werden vorher kräftig trainieren und sie haushoch besiegen, ja?"

„Warum lasst ihr mich nicht in Ruhe!", sagte Bettina plötzlich rau. Es kam so unvermutet, dass Bille zusammenzuckte und Bettina hilflos anstarrte, ohne ein weiteres Wort herauszubringen.

Das Schweigen war erdrückend. Bille sah sich ratlos im Zimmer um. Sicher war dies vorher ein Gästezimmer gewesen, es war vollgestellt mit schweren dunklen Möbeln und sah aus, als wäre hier seit hundert Jahren nichts mehr verändert worden. Ob Frau Henrich gar nicht aufgefallen war, wie trübsinnig so ein Zimmer einen machen konnte? Aber wahrscheinlich war das ganze Haus so eingerichtet und die Bewohner waren nichts anderes gewöhnt.

„Weißt du, was ich an deiner Stelle machen würde?", sagte Bille. „Einen großen Topf mit sonnengelber Farbe nehmen und die Möbel anstreichen!"

Bettina sah sie zum ersten Mal an.

„Zu Hause hatte ich leuchtend gelbe Möbel", sagte sie dumpf, „und die Vorhänge und Kissen waren orange und apfelgrün. Es sah aus wie ein Frühlingstag, alles hat geleuchtet …" Sie drehte sich zur Wand und begann leise zu schluchzen.

Bille versuchte ihre Bestürzung zu verbergen.

„Warum hast du deine Sachen nicht mitgebracht?", fragte sie. „Du könntest dein Zimmer hier genauso schön einrichten!"

„Weil ich es nicht wollte. Nichts soll sein wie zu Hause", sagte Bettina hart. „Damit ich mich an nichts mehr erinnere."

„Aber du erinnerst dich – pausenlos, oder? Und im Grunde willst du es auch." Bille setzte sich auf die Bettkante und legte zaghaft ihre Hand auf Bettinas Arm. „Bitte komm doch mit runter!", bat sie. „Ich mag nicht allein gehen, es ist alles so fremd hier. Ganz anders als bei mir zu Hause."

Bettina zögerte einen Moment, dann erhob sie sich wie mechanisch und ging zum Waschbecken hinüber. Sie wischte sich die Tränen aus dem Gesicht und kämmte sich die Haare. Bille trat hinter sie und zupfte ein paar Fusseln und Härchen von ihrem schwarzen Rollkragenpullover. Bettina war dünn wie ein Streichholz, und die schwarzen Sachen, die sie trug, unterstrichen ihr elendes Aussehen noch.

Sie macht eine ganz schöne Schau aus ihrem Leid, dachte Bille, bereute den hässlichen Gedanken aber sofort. Bettina gefiel ihr – auch wenn sie noch kaum etwas von ihr wusste.

Schweigend stiegen sie nebeneinander die Treppen hinunter und betraten die Bibliothek. Die um den Teetisch versammelte Gesellschaft bemühte sich angestrengt, die Situation zu überspielen, je nach Temperament mit gespieltem Gleichmut oder übertriebener Fröhlichkeit. Dabei war ihnen anzusehen, wie gierig sie darauf warteten zu erfahren, was sich zwischen den beiden Mädchen abgespielt hatte. Bille konnte sich das Grinsen kaum verkneifen.

Jetzt fand sie den Raum schon viel weniger feierlich und streng. Auf ihrem und Bettinas Teller warteten bereits große Stücke Apfeltorte mit Schlagsahne. Sicher hatte Frau Henrich den Kuchen vor dem Zugriff der Jungen in Sicherheit bringen wollen. Bille stopfte mit Heißhunger große Stücke davon in sich hinein, während Bettina den Teller stumm zurückschob. Die Jungen bekamen Stielaugen vor Verlangen nach der unverhofften Beute, aber Frau Henrich enttäuschte ihre Hoffnungen.

„Wenn du jetzt keinen Appetit hast, Liebes, stell ich dir

den Kuchen später in dein Zimmer, vielleicht magst du ihn heute Abend essen."

Ätsch!, dachte Bille. Dreimal dürft ihr raten, wer jetzt der glückliche Erbe sein wird. Denn dass Bettina den Kuchen auch in ihrem Zimmer nicht anrühren würde, war klar.

„Wie wär's mit einem kleinen Rundgang", schlug Frau Henrich vor. „Ihr könntet Bille den Hof und die Ställe zeigen. Sicher hat Bettina auch noch nicht alles gesehen …"

Darauf hatte Bille gehofft. Das Einzige, was sie an Peershof wirklich interessierte, waren die Pferde. Wenig später standen sie vor dem Haus und Bille hatte Gelegenheit, Lohengrin und Zottel vorzuführen. Sie erzählte von Zottels Streichen, machte vor, wie Zottel den Dieb überwältigt und wie er Frau Lohmeiers Kaffeekränzchen überfallen hatte, und die Jungen bogen sich vor Vergnügen. Billes Abneigung gegen die drei Brüder verschwand im gleichen Maße, wie die Jungen sich für Zottel und seine Heldentaten begeisterten.

Nun waren die Jungen an der Reihe, ihre Pferde vorzuführen. Daniel gehörte der schwere Schimmel Asterix, ein Holsteiner von enormer Größe, der Körperlänge seines Herrn angemessen. Simon ritt eine zierliche Goldfuchsstute, die bei ihrer Geburt so klein und zart gewesen war, dass man ihr den Namen Pünktchen gegeben hatte. Und Florians Pferd war ein kräftiger kleiner Rappe, kaum größer als Zottel, namens Bongo. Bald waren die vier Pferdenarren so ins Fachsimpeln geraten, dass sie Bettina vollkommen vergessen hatten. Erst als sie versuchen wollte, sich davonzuschleichen, fiel Bille wieder ein, warum sie eigentlich hier war.

„Entschuldige, wir quatschen und quatschen, und das alles interessiert dich nicht, stimmt's?"

„Oh, lasst euch nicht stören", sagte Bettina kühl, „ich gehe schon mal hinein, ich friere."

„Dann komme ich mit", erklärte Bille schweren Herzens. Es schien ihr unbegreiflich, wie man in einem Pferdestall frieren konnte.

„Nicht nötig", wehrte Bettina ab. „Ich werde mich hinlegen und ein bisschen schlafen. Ich fühle mich schrecklich erschöpft."

Bille zuckte hilflos die Achseln. „Soll ich ein andermal wiederkommen?", fragte sie unsicher.

„Mach das, was du möchtest", sagte Bettina undurchdringlich und wandte sich zum Gehen. Bille sah ihr wie ein begossener Pudel nach.

„Lass sie, es hat keinen Zweck. Sie will nun mal mit niemandem was zu tun haben", sagte Simon lakonisch.

Da drehte sich Bettina noch einmal um.

„Komm doch morgen wieder, wenn du Lust hast", rief sie Bille zu.

Was soll ich mit Bettina machen?

„Na, wie war's?", fragte Mutsch, als Bille sich aufseufzend an den Küchentisch fallen ließ, um sich die Reitstiefel von den Füßen zu zerren.

„Schwierig."

„Was meinst du mit ‚schwierig'?"

Bille stemmte den linken Fuß mit aller Kraft gegen den rechten Stiefel. Endlich gab er nach, sauste quer durch die Küche und landete mit einem Knall an der Tür.

„Es gab Apfeltorte mit Schlagsahne", sagte Bille ausweichend.

„Was ist daran so schwierig?", bohrte Mutsch weiter.

„Ich wünschte, Herr Tiedjen hätte mich nicht gebeten, dass ich mich um diese Bettina kümmere", platzte Bille heraus. „Sie ist vollkommen gleichgültig gegen alles. Sie kommt mir vor wie eine wandelnde Mumie, ganz erstarrt! Und dann dieses Haus ..." Sie benehmen sich alle so gut, hatte sie eigentlich sagen wollen, hielt es aber für klüger, das Gespräch nicht auf ein so heikles Thema zu lenken.

„Na, was ist mit dem Haus? Nun erzähl doch schon!"

„Ach, was soll ich da groß erzählen ..."

„Alles", sagte Mutsch trocken.

Also erzählte Bille. Den Verlauf des ganzen Nachmittags, mit allen Einzelheiten. Und zum Schluss sagte sie noch einmal seufzend: „Ich wünschte, ich müsste nicht wieder hin."

„Aber du hast es versprochen. Und was man versprochen hat ..."

„Ja doch!", unterbrach Bille ungeduldig. „Tu ich ja auch! Ich weiß nur nicht, was ich mit dieser Bettina machen soll! Frau Henrich möchte, dass wir möglichst sofort mit dem Reiten anfangen – damit Bettina sich bewegt und endlich Appetit bekommt. Ich bezweifle nur, dass ich sie überhaupt auf Zottels Rücken kriege, schließlich kann ich sie nicht zwingen. Pferde scheinen sie überhaupt nicht zu interessieren ..."

Auf dem Flur näherten sich schwere Schritte, dann wurde die Tür aufgestoßen. Onkel Paul kam herein, zu sehen war nur die untere Hälfte, der Rest verschwand hinter einem riesigen Stapel Musterbücher für Tapeten und Stoffe. Er tastete sich vorsichtig mit den Füßen vorwärts und ließ seine Last klatschend auf den Küchentisch fallen.

„'n Abend, ihr beiden!", dröhnte er. „Heute gibt's Arbeit. Wir müssen uns jetzt entscheiden, was für Tapeten und Gardinenstoffe wir nehmen ..."

„Nein, nicht schon wieder", stöhnte Bille. „Sucht was für mich aus, ich geh rauf in mein Zimmer und pauk noch ein paar Vokabeln."

Seit Wochen taten Mutsch und Onkel Paul nichts anderes, als sich mit der Einrichtung des neuen Hauses zu beschäftigen. Man konnte meinen, es ginge um die Ausstattung eines Sechshundert-Betten-Luxushotels, und nicht um Onkel Pauls umgebautes Junggesellenheim, in das sie nach der Hochzeit umziehen wollten.

Mutsch vertiefte sich sofort in die Berge von Stoffmustern.

Onkel Paul hatte seinen Arm um ihre Schultern gelegt und drückte sie an sich, als hätte er Angst, sie könne ihm davonfliegen. Genau der richtige Augenblick, um sich zu verdrücken.

Als Bille bereits auf dem Flur war, rief Onkel Paul ihr nach: „Wie möchtest du denn dein Zimmer haben, meine Lütte?"

Bille überlegte einen Augenblick. Eigentlich hatte sie ihr neues Zimmer wie einen Pferdestall einrichten wollen, dunkle Bastbespannung an den Wänden und alles voller Pferdebilder und Reiterzubehör …

„Sonnengelb mit Orange und Apfelgrün! Alles muss leuchten!", rief sie durch den Türspalt.

Der nächste Tag war ein schulfreier Samstag. Während Bille mit Striegel und Kardätsche Zottels struppiges Fell bearbeitete, wanderten ihre Gedanken immer wieder zu Bettina.

Ob sie auch so reagiert hätte, wenn damals nicht nur Vati, sondern zugleich auch Mutsch gestorben wäre? Aber da gab es immer noch Inge, ihre große Schwester. Sie beide hätten zusammengehalten und sich bei allem, was sie taten, vorgestellt, was wohl die Eltern dazu sagen würden. Ob Bettina sich jemals gefragt hatte, wie ihre Eltern ihre Haltung beurteilen würden?

„Wie lange willst du denn noch an dem Dicken rumpolieren?", fragte Hubert ungeduldig. „Hast du mir nicht versprochen, Lohengrin zu übernehmen, heute, wo Karlchen nicht da ist?"

Bille erschrak. Sie hatte seit mindestens zehn Minuten an Zottels linker Hinterbacke herumgebürstet, ohne es zu merken. Hubert schaute durch das Gitter der Trennwand auf

Zottel, der glücklich mampfend an seinem Futtertrog stand, und grinste.

„Landleberwurst, hä, Freundchen?", rief er dem Pony augenzwinkernd zu.

„Wovon redest du eigentlich?", fragte Bille.

„Von deinem Frühstücksbrot. Es schmeckt ihm."

„Waaas?"

Tatsächlich, Zottel hatte das in Pergamentpapier eingewickelte Brot aus ihrer Jacke gezogen, die sie leichtsinnigerweise an die Tür der Box gehängt hatte. Dann hatte er es mit der ihm eigenen Geschicklichkeit ausgewickelt und verzehrt.

„Du bist einfach unverbesserlich!", schimpfte Bille. Aber schließlich war sie selber schuld. Zottel schaffte es immer, an Essbares heranzukommen, wenn es in seiner Reichweite war, ganz gleich, wie gut man es versteckte oder verpackte. Das war eine Fertigkeit, der er in seiner traurigen Wanderzirkus-Vergangenheit das Überleben verdankt hatte.

Bille entfernte die Reste des Butterbrotpapiers aus dem Futtertrog und ging zu Lohengrin hinüber. Der Fuchswallach war ein Herr und machte sich nie schmutzig, es war ein Vergnügen, ihn zu putzen. Nach zwanzig Minuten glänzte er wie auf einem Werbefoto für Pferdepflegeprodukte.

„Wen jetzt noch?", fragte Bille, als sie aus der Box trat.

„Hab schon alle durch, du hast ja heute so gebummelt mit deinem Schätzchen", maulte Hubert.

„Entschuldige", antwortete Bille schuldbewusst, „ich bin heute nicht ganz da. Hab Probleme, verstehst du? Es soll nicht wieder vorkommen."

Der alte Petersen trat aus der Box von Feodora und schlug Bille tröstend auf die Schulter. „Lass dich doch von dem nicht verrückt machen, Deern! Ist doch deine Sache, wie lange und wie viel du arbeitest. Gewisse Leute scheinen hier zu vergessen, dass du nur ein freiwilliger Helfer bist und ein sehr junger dazu! Für meinen Geschmack tust du viel zu viel …"

„Ach Quatsch, Herr Petersen, es macht mir doch Spaß."

„Ja, und versprochen ist versprochen", meinte Hubert.

„Das habe ich doch gestern schon mal gehört?", seufzte Bille und ging mit dem Sattelzeug zurück in Zottels Box. „Na komm, mein Dicker, dann wollen wir uns mal auf den Weg machen und sehen, ob die Dame Bettina uns heute zu empfangen geruht."

Frau Henrich hatte vorgesorgt. Als Bille vor dem Peershofer Gutshaus aus dem Sattel sprang, stand sie bereits vor dem Eingang, die widerstrebende Bettina im Reitdress neben sich. „Hallo!", sagte Bille gewollt fröhlich und versuchte vergeblich, von Bettina einen Blick zu erhaschen. „Na, dann woll'n wir mal."

Bille nahm Bettina am Arm und führte sie an Zottel heran. „Bist du wirklich noch nie geritten?"

Bettina schüttelte fast unmerklich den Kopf.

„Mit der linken Hand nimmst du die beiden Zügel. Jetzt dreh den Steigbügel zu dir herum und steig mit dem linken Fuß hinein. Halte dich mit der linken Hand vorn am Sattel fest, mit der rechten hier hinten. Jetzt stoß dich mit dem rechten Fuß kräftig ab und zieh dich hoch."

Bettina wirkte wie eine leblose Puppe. Mechanisch führte sie aus, was Bille ihr sagte, und ließ sich von ihr in den Sattel helfen.

„Sehr schön!", lobte Frau Henrich mit aufreizender Munterkeit. Bille wünschte sie in Gedanken zum Teufel.

„Jetzt zeige ich dir die Zügelhaltung."

Bille musste Bettina die Zügel in die Hand legen wie einem schwachsinnigen Kind, Bettina zeigte keine Regung, sprach kein Wort.

„Nun die Beine. Achte immer darauf, dass dir die Fußspitzen nicht nach außen rutschen." Bille erklärte Bettina die Fußhaltung und alle weiteren Einzelheiten des richtigen Sitzes. Bettina ließ die Prozedur völlig teilnahmslos über sich ergehen.

Wie kann man nur so stur sein!, dachte Bille verzweifelt, ich bin mir noch nie in meinem Leben so bescheuert vorgekommen!

Frau Henrich hörte nicht auf, Bettinas vorbildliche Haltung in den höchsten Tönen zu loben.

„Ich wusste es, Liebes, du bist die geborene Reiterin, bald wirst du besser reiten als Bille, du wirst sehen!"

Blöde Kuh, dachte Bille, merkst du nicht, dass du ihren inneren Widerstand nur vergrößerst?

Sie nahm Zottel am Zaum und führte ihn von Frau Henrich weg um das weite Rondell. Zottel schnaubte fröhlich und schlug mit dem Schweif. Er hatte sich von Herzen gelangweilt und sehnte sich nach einem Galopp.

„Ruhig, mein Junge, du kannst dich später austoben. Jetzt wird erst mal im Schritt geritten. Und wenn du denkst, du brauchst Bettina nicht ernst zu nehmen: Täusch dich nicht – sie hat einen eisernen Willen."

Bettina warf ihr einen überraschten Blick zu, verkroch sich aber sofort wieder hinter ihrer unsichtbaren Mauer.

Ein paar Runden gingen sie im Schritt, dann ließ Bille Zottel antraben. Bettina saß wie eine festgeschraubte Statue im Sattel.

„Bravo! Ausgezeichnet!", trompetete Frau Henrich über den Platz.

„Ach, halt doch die Klappe!", murmelte Bille und erntete dafür einen zweiten Blick von Bettina.

Wieder ließ Bille sie im Schritt reiten, dann noch einmal traben. Zwischendurch erklärte sie Fachausdrücke, ließ Zottel eine Volte und einen Zirkel gehen und überschüttete Bettina mit allem, was ihr von Herrn Tiedjens guten Ratschlägen einfiel.

„Ich bin müde, ich möchte aufhören", sagte Bettina plötzlich. Sie war blass und auf ihrer Stirn standen kleine Schweißtropfen.

„Du hast recht, fürs erste Mal haben wir wirklich genug getan."

Bille half ihr aus dem Sattel, und Frau Henrich stürzte wie ein gackerndes Huhn herbei und hörte nicht auf, Bettinas Leistung in den höchsten Tönen zu preisen.

„Dürfen wir ein bisschen in den Park gehen?", unterbrach Bille ihren Redeschwall.

„Oh, natürlich, tut das, ich muss mich ohnehin um meine Arbeit kümmern." Endlich verschwand sie im Haus, Bille atmete auf.

„Weißt du was?", schlug Bille vor. „Jetzt machst du's dir richtig gemütlich. Du legst dich auf einen Liegestuhl in die Sonne und ich reite dir was vor, einverstanden?"

Sie wartete gar nicht darauf, eine Antwort zu bekommen, sondern zog Bettina einfach mit sich fort.

Der Park hinter dem Gutshaus von Peershof war kleiner als der Groß-Willmsdorfer und er diente offensichtlich nur den Reitkünsten der drei Brüder. Die Wege waren von den Pferdehufen aufgerissen, und auf dem Rasen standen eine

Reihe selbst gebauter Hindernisse, bunt bemalte Tonnen und Stangen und eine künstliche Pfütze, die als Wassergraben diente.

„Da, halt mal!" Bille drückte Bettina Zottels Zügel in die Hand und holte von der Veranda einen Liegestuhl. „So, da kannst du dich einigeln."

Bettina gehorchte wortlos und Bille stieg in den Sattel. Ein Gefühl der Vorfreude befiel sie, als hätte sie seit Wochen nicht reiten dürfen. Sie trabte an, fiel bald in einen weichen, verkürzten Galopp, ritt Volten und Schlangenlinien und zeigte alles, was sie bei Herrn Tiedjen gelernt hatte.

Ob ich es mal mit Springen versuche?, dachte sie. Zottel hatte im Zirkus eine Menge Dinge gelernt, aber ein Hindernis zu überspringen hatte vermutlich noch niemand von ihm verlangt.

Bille betrachtete prüfend die aufgestellten Hürden. Der Scherensprung dort war für den Anfang das Richtige, er war nicht hoch. Sie ließ Zottel bis zum Ende der Wiese traben, wendete und galoppierte auf das Hindernis zu. Zottel schoss auf die gekreuzten Balken zu, stutzte und schlug so schnell einen Haken außen herum, dass Bille für einen Augenblick waagerecht im Sattel hing und sich nur mit Mühe wieder aufrichten konnte.

„Hast du das gesehen? So ein Schlitzohr! Er ist nämlich noch nie gesprungen", rief sie lachend zu Bettina hinüber.

Aber Bettina war nicht mehr da. Sie hatte sich davongeschlichen, sobald Bille nicht mehr auf sie achtete.

„Das war ja mal wieder ein voller Erfolg", seufzte Bille. „Na komm, alter Junge! Nehmen wir unseren Höflichkeitsabschied, und dann ab nach Hause, ich sterbe vor Hunger!"

Ein jämmerlicher Reinfall

Natürlich hatte Bille Herrn Tiedjen noch am Nachmittag von ihrem missglückten Springversuch mit Zottel erzählt. Er hatte verständnisvoll gelacht, hatte sie bei den Schultern genommen und ihr prüfend in die Augen geschaut.

„Du bist unzufrieden mit mir, nicht wahr? Weil ich dich noch nicht springen lasse. Nun ja, ich habe meine eigenen Methoden, einen guten Reiter auszubilden. Wann haben wir mit dem Unterricht angefangen?"

„Im Mai. Und in den letzten drei Monaten bin ich jeden Tag geritten, oft drei, vier Stunden und mehr, wenn Petersen mich an die Longe genommen hat."

„Ich hab davon gehört. Also gut. Ab jetzt wirst du Troja reiten. Morgen Vormittag habe ich Zeit, dann beginnen wir mit dem Springen. Bevor du es deinem Zottel beibringen kannst, musst du es schließlich selbst beherrschen."

Bille war wie auf Flügeln nach Hause geschwebt und hatte vor Aufregung kaum geschlafen.

Am nächsten Morgen schlüpfte sie als Erstes in die Box der schönen Fuchsstute Troja, streichelte ihre helle Mähne, fuhr zärtlich mit dem Zeigefinger die Konturen ihrer hübschen Blesse nach, klopfte ihr den Hals und sprach leise mit ihr über eine gemeinsame goldene Zukunft, bis sie Petersen und Hubert draußen kichern hörte. Lästert ruhig, dachte sie, euch werde ich's schon zeigen. Dann holte sie ihr Putzzeug aus dem Schrank und brachte erst Zottel, dann Troja auf Hochglanz.

Nachdem sie beim Füttern geholfen und sämtliche Boxen mit frischer Streu versorgt hatte, sattelte sie die Fuchsstute und ritt mit klopfendem Herzen zur Bahn hinüber. Wie erwartet, schlich Karlchen in einigem Abstand hinterher, um nur ja nicht den Augenblick zu verpassen, wenn sie ohne Pferd über das Hindernis flog.

Da Herr Tiedjen noch nicht in der Bahn war, begann Bille damit, Troja warm zu reiten. Die Stute lief ruhig, mit wunderbar harmonischen Bewegungen, sie schien immer gut gelaunt und aufmerksam zu sein, und Bille war glücklich, wie schnell sie sich auf ihr neues Pferd eingestellt hatte.

„Na, wie fühlst du dich?", fragte Herr Tiedjen, als er die Bahn betrat.

„Wie im Himmel!", sagte Bille überschwänglich. „Troja ist ein Schatz."

Herr Tiedjen ließ sie noch ein wenig mit der Stute arbeiten und baute inzwischen in der Mitte der Bahn ein niedriges Hindernis auf. Es war ein Hochweitsprung aus bunten Stangen. Bille fand, dass er sehr einladend aussah. Bevor sie das Hindernis anreiten durfte, musste sie noch eine längere theoretische Abhandlung über sich ergehen lassen und das Gehörte wiederholen, um es sich besser einzuprägen.

Dann war es endlich so weit. Troja flog über das Hindernis, als sei Bille überhaupt nicht vorhanden, auch wenn sie recht unsanft in den Sattel zurückplumpste. Bille war fast ein bisschen beleidigt, dass die Stute ihre Hilfe offensichtlich gar nicht benötigte und kaum Notiz von ihr nahm. Gerade hatte sie sich doch noch eingebildet, so guten Kontakt mit ihrem Pferd zu haben! Aber als Herr Tiedjen jetzt begann, ihre

Fehler zu korrigieren, begriff sie, warum er gerade Troja für sie ausgesucht hatte – ein Pferd, das sich durch nichts irritieren ließ.

Hin und her flog Bille über das Hindernis, und allmählich begann sie, ein Gefühl für die Bewegungen ihres Pferdes beim Springen zu bekommen. Zweimal erhöhte Herr Tiedjen die Balken und zwischendurch musste sie immer wieder endlose Theorievorträge über sich ergehen lassen. Herr Tiedjen spürte ihren Unmut bei diesen Unterbrechungen.

„Ich habe dir schon gesagt, dass ich meine eigene Methode des Unterrichtens habe. Ich will aus dir schließlich keine Sonntagsreiterin machen, sondern eine wirklich erstklassige, das ist dir hoffentlich klar."

Bille wurde rot und von nun an bemühte sie sich, auch nicht den kleinsten Fehler mehr zu machen.

„Genug für heute. Ich bin zufrieden mit dir, man sieht, dass du in den vergangenen Monaten nicht gefaulenzt hast. Hast du morgen Nachmittag Zeit? Dann sei um vier Uhr wieder hier."

Schon morgen! Bille jubelte innerlich. Dann hatte er also endlich wieder Zeit für sie. Er nahm ihre Ausbildung ernst, er wollte stolz sein auf seine Schülerin!

Bille war von Anfang an stolz darauf gewesen, dass Herr Tiedjen ihren Reitunterricht übernommen hatte. Aber dass es viele gab, die sich sehnsüchtig wünschten, von dem großen Turnierreiter unterrichtet zu werden, ohne jemals die geringste Chance zu haben, das sollte ihr heute zum ersten Mal bewusst werden.

Als sie nachmittags nach Peershof hinüberfuhr – sie hatte Zottel vor die kleine Kutsche gespannt, um Bettina zu einer

Ausfahrt einzuladen –, hörte sie plötzlich den vertrauten Dreitakt galoppierender Hufe hinter sich. Daniel und Simon ritten heran und flankierten sie.

„Nanu – heute nicht hoch zu Ross?", rief Simon schon von Weitem.

„Was das betrifft, hab ich schon genug getan, mir tun alle Knochen weh", antwortete Bille lachend. „Hab meine erste Springstunde bei Herrn Tiedjen gehabt."

„Bei wem, bitte?", fragte Daniel.

„Bei Herrn Tiedjen."

„Hat er dir im Vorübergehen ein paar Tricks verraten, wie?"

„Was heißt im Vorübergehen?"

„Na, du willst doch nicht behaupten, dass er dich unterrichtet. Herr Tiedjen nimmt keine Schüler an, das weiß doch jeder!", belehrte Simon sie.

„Ist das wahr? Na, vielleicht nimmt er sonst keine an, aber mich unterrichtet er seit fünf Monaten. Morgen um vier habe ich meine nächste Springstunde."

Daniel pfiff durch die Zähne. Der Blick, den er Bille zuwarf, sprach Bände. Plötzlich wurde sie in seinen Augen zu einem höheren Wesen. Bille notierte es mit Genugtuung.

Bettina allerdings war es herzlich gleichgültig, ob und bei wem Bille ihren ersten Springunterricht gehabt hatte, und Billes Einladung zu einer Spazierfahrt nahm sie entgegen, ohne eine Spur von Interesse oder Freude zu verraten. Immerhin glaubte Bille so etwas wie Erleichterung in Bettinas Gesicht zu entdecken, als sie die Einfahrt verließen und durch die Buchenallee hinaus in die Felder fuhren.

Bille erklärte Bettina geduldig alles, was sie am Weg sahen, wem die Felder und Weiden gehörten, wann und wo geerntet worden war, die Namen der Pferde, die auf den Koppeln waren, und die umliegenden Orte.

„Dort drüben wohnen wir – in Wedenbruck. Siehst du das Strohdach, das hinter der großen Scheune hervorschaut? Das ist unser Haus. Meine Mutter hatte dort ein kleines Lebensmittelgeschäft. Es ist jetzt geschlossen, denn meine Mutter ist Leiterin des großen Spar-Marktes in Leesten geworden. Das ist der Ort fünf Kilometer hinter Wedenbruck, du kannst ihn von hier aus nicht sehen. Der kleine Laden lohnt sich nicht mehr – zu viel Arbeit und zu wenig Verdienst."

Bettina schaute gehorsam in die angegebene Richtung. Bille hätte viel darum gegeben, ihre Gedanken lesen zu können.

„Leider werden wir nicht mehr lange dort wohnen. Schade, es war so gemütlich in der alten Kate, auch wenn sie ein bisschen windschief und brüchig war. In die Bibliothek von Henrichs ginge fast unsere ganze Wohnung hinein."

„Warum müsst ihr dort ausziehen?"

Nicht möglich, Bettina hatte den Mund aufgemacht!

„Ja, weißt du – meine Mutter wird wieder heiraten, sie ist seit ein paar Jahren verwitwet. Und Onkel Paul, ihr zukünftiger Mann, lässt sein Haus ausbauen, damit wir alle darin Platz haben. Dann bekomme ich ein neues, größeres Zimmer, darauf freue ich mich natürlich, auch wenn's mir um meine alte Bude leidtut."

„Aber du bleibst in Wedenbruck?"

Hatte in Bettinas Stimme wirklich eine Spur von Sorge mitgeklungen?

„Na klar! Mich kriegt hier niemand weg!"

„Das habe ich auch mal gesagt", Bettinas Gesicht verhärtete sich, „als ob jemand danach fragt …"

Bille schluckte. Bei dieser Bettina konnte man machen, was man wollte, immer trat man ins Fettnäpfchen.

„Da hast du recht", sagte sie beschämt. „Ich habe unverschämtes Glück gehabt. Um ein Haar wären wir nämlich diesen Herbst in der Großstadt gelandet, dann wäre mir heute genauso zumute wie dir. Komm, nimm mal die Zügel!"

Bettina übernahm widerspruchslos Zügel und Peitsche und Bille zeigte ihr, wie sie sie halten musste. Sie durchfuhren ein Waldstück, dann gabelte sich der Weg.

„Jetzt kannst du's dir aussuchen: Möchtest du nach Groß-Willmsdorf hinüber oder wollen wir an die Ostsee fahren? An die See ist es fast doppelt so weit …" Und ich möchte dir so gern meine Lieblinge in Groß-Willmsdorf zeigen, wollte Bille sagen, aber Bettina interessierte sich ja doch nicht dafür.

„Ist die Ostsee so nah?", fragte Bettina überrascht. „Oh, bitte – wenn's dir nichts ausmacht, möchte ich gern an die See."

„Warst du denn noch nie dort? Hast du deine Verwandten nicht schon früher besucht?"

„Nur einmal, als ich sehr klein war. Ich kann mich nicht daran erinnern. Meine Mutter mochte Tante Charlotte nicht, ich glaube, sie hatte Angst vor ihr."

Nicht zu fassen, sie redet mit mir!, dachte Bille. Und lachend sagte sie: „Das kann ich verstehen. Ich hab auch Angst vor ihr, sie ist so schrecklich laut. Dabei ist sie in Wirklichkeit wahrscheinlich ein ganz netter Kerl."

Bille begann von der Schule zu erzählen, von den

Mitschülerinnen und den Lehrern. Sie hatte die Zügel wieder genommen, als sie die Fernstraße überqueren mussten, jetzt fuhren sie zwischen Koppeln und abgeernteten Kartoffelfeldern auf das Meer zu.

„Merkst du was? Die Luft schmeckt nach Salz, wir haben Seewind. Sicher gibt's tolle Wellen heute. Hoffentlich frierst du nicht, aber ich habe noch eine Decke im Wagen."

Bille hatte recht, die Wellen rollten schwer und graugrün heran und ergossen sich schäumend bis weit hinauf in die Dünen. Bettina sprang vom Wagen und lief der Brandung entgegen, während Bille Zottel an einem Pfosten des Weidezauns hinter den Dünen festmachte und die Decke unter dem Sitz hervorholte.

Sie wird sich nasse Füße holen, dachte Bille. Na egal, Hauptsache, sie ist glücklich, und wenn's nur für ein paar Minuten ist.

Eine Weile tobten sie am Strand herum, suchten Muscheln und hielten nach Bernstein Ausschau. Der Wind pfiff ihnen um die Köpfe und nahm ihnen den Atem. Dann zogen sie sich in eine windgeschützte Mulde zurück und blinzelten verträumt aufs Meer. Über ihnen kreischten Möwen, die Sonne wanderte durch weiße Wolkenberge, verschwand, tauchte wieder auf und malte geheimnisvolle Landschaften auf das Wasser. Bettina kuschelte sich in die Decke und schloss die Augen.

„Können wir nicht immer hierbleiben?", fragte sie.

„Leider nicht, im Gegenteil", seufzte Bille. „Wir müssen uns sogar beeilen, wenn wir nicht zu spät nach Hause kommen wollen. Aber wir können wieder herfahren, sooft du willst."

„Nur noch zehn Minuten", bat Bettina.

„Okay, aber dann müssen wir den kürzeren Weg über die Landstraße zurückfahren."

Die Landstraße war voller Ausflügler auf dem Heimweg. Autos jeder Größe und Farbe, vollgestopft mit kinderreichen Familien oder Gruppen von jungen Leuten, die zum Kaffeetrinken aufs Land gefahren waren, kamen ihnen entgegen oder überholten sie, und sie hupten ungeduldig, wenn sie wegen des Pferdewagens bremsen mussten und nicht schnell genug vorwärtskamen. Bille bemühte sich, so weit wie möglich am Straßenrand zu bleiben. Aus den Augenwinkeln sah sie, wie sich Bettina immer mehr verkrampfte.

„Mach dir keine Sorgen, in der Beziehung ist auf Zottel hundertprozentig Verlass. Er ist den Betrieb gewöhnt – aus der Zeit, als er noch mit dem Zirkuswagen durch Stadt und Land ziehen musste", versuchte Bille sie zu beruhigen. „Blöder Heini, du kommst noch früh genug nach Hause!", schimpfte sie über einen ungeduldigen Autofahrer. „Diese Sofas sind die schlimmsten!"

„Was sind Sofas?", fragte Bettina mit vor Angst klappernden Zähnen.

„Das weißt du nicht? Sonntagsfahrer, die nur feiertags das Auto aus der Garage holen. Onkel Paul sagt immer … verdammt …"

Vor ihnen tauchte aus der Kurve ein dicker Mercedes auf. Er raste mit Höchstgeschwindigkeit auf sie zu, ohne in der Autoschlange zu seiner Rechten eine Lücke zu finden, in die er hätte ausweichen können.

Bettina schrie wie ein Tier. Bille wurde eiskalt, sie riss Zottel nach rechts hinüber und die Kutsche polterte über den Grasstreifen in einen frisch gepflügten Acker hinein. Zottel stand schnaubend und zitternd in dem weichen Boden.

Bettina hatte sich von Schreien und Schluchzen geschüttelt auf Billes Schoß geworfen. Bille saß wie erstarrt da, unfähig, einen klaren Gedanken zu fassen. Schließlich stand sie auf, schob die schluchzende Bettina vorsichtig zur Seite, stieg mit steifen Beinen vom Wagen und ging zu Zottel.

„Gut hast du das gemacht, mein Junge, brav, ganz brav, komm, nur ruhig", redete sie auf ihn ein, klopfte und streichelte ihn, bis er sich beruhigt hatte.

Bille atmete ein paarmal tief durch und schaute sich um. Der Mercedes war längst am Horizont verschwunden, auch von den anderen Autofahrern war niemand stehen geblieben. Bettina lag immer noch auf dem Wagen und weinte vor sich hin.

„Komm, jetzt hör auf, es ist ja nichts passiert", redete Bille auf sie ein und strich ihr über die Haare. „Es war alles meine Schuld, ich hätte niemals mit dir über die Landstraße fahren dürfen. Ich könnte mich ohrfeigen!"

Bille führte Zottel auf die Straße zurück und den Rest der Strecke schafften sie ohne weitere Zwischenfälle. Bettinas Schluchzen ließ allmählich nach, sie fiel in ihre frühere Erstarrung zurück und sprach kein Wort mehr.

„Was is 'n mit dir los, du siehst ja aus wie Weißbier mit Spucke?", fragte Karlchen, als Bille mit Zottel in den Stall geschlichen kam.

„Ich hab einen Riesenreinfall erlebt."

Bille ließ sich stöhnend auf einen umgestülpten Tränkeimer fallen und stützte den Kopf in die Hände.

„Was für 'n Reinfall?"

„Mit Bettina. Endlich hatte ich sie mal so weit, dass sie ein bisschen auftaute, wir waren am Strand und es war alles so richtig toll, und dann …

Bille erzählte von der unglückseligen Rückfahrt.

„Na, eines ist damit doch wenigstens bewiesen", meinte Karlchen nachdenklich.

„Was denn?"

„Hast du mir nicht gesagt, sie hätte keinen Lebensmut?"

„Ja – das stimmt."

„Na siehste. Jetzt wissen wir doch wenigstens, dass sie um ihr Leben geschrien hat."

Bille sah den Freund überrascht an.

„Kluges Karlchen!", sagte sie anerkennend. „Darauf wäre ich gar nicht gekommen!"

Zottel soll springen lernen

„Also, tschüss denn, ich muss ins Geschäft."

Mutsch ergriff ihre Handtasche und vergewisserte sich, dass Papiere, Portemonnaie, Schlüsselbund, Puderdose, Kamm und Lippenstift darin waren – ein täglich sich wiederholendes Ritual, immer in der gleichen Reihenfolge, nur manchmal unterbrochen von dem Aufschrei: „Verdammt noch mal, wo sind die Schlüssel denn wieder!" Worauf eine wilde Suchaktion im ganzen Haus stattfand, nur um am Schluss festzustellen, dass sie sich doch in der Handtasche befanden und sich in irgendeiner Falte versteckt hatten.

Mutsch gab Bille einen Kuss auf die Stirn und strich ihr über die Haare. „Pass auf dich auf und hab einen schönen Tag. Bohnensuppe zum Warmmachen steht auf dem Herd. Und im Kühlschrank ist Pudding. Es wird später heute Abend, wir fahren noch nach Neukirchen rüber – wegen der Kücheneinrichtung."

„Ist gut." Bille zog Mutsch noch einmal an sich. „Mach dir keine Sorgen, ich komm schon klar. Und sag Onkel Paul, wenn er uns einen Geschirrspüler kauft, dann verzichte ich für ein Jahr auf die Hälfte meines Taschengeldes. Das ist mir der tägliche Abwasch wert."

Sie lachten sich in stillem Einverständnis an, dann ging Mutsch hinaus, winkte noch einmal durchs Fenster und warf Bille einen Kuss zu.

Das hätte sie früher nicht gemacht, dachte Bille. Wie jung sie geworden ist durch Onkel Paul – und viel zärtlicher.

Bille räumte das Frühstücksgeschirr ins Abwaschbecken und verstaute Butter, Milch und Aufschnitt im Kühlschrank. Wo blieb nur Karlchen? Es war doch längst Zeit, zur Schule zu fahren!

Bille schlüpfte in ihre Schuhe und stopfte ihre Schulbrote in die Tasche. Dann schloss sie die Hintertür ab. Auf der Straße näherte sich mit dem wütenden Gebrumm eines Bienenschwarms ein Moped. Der Bienenschwarm ließ sich vor der Abromeitschen Haustür nieder und surrte in den höchsten Tönen. Bille stutzte.

Döt-döööööt, plärrte eine Hupe.

Bille riss die Tür auf. Draußen hockte Karlchen auf einem nagelneuen Moped und grinste bis über beide Ohren.

„Das ist ja der Hammer! Karlchen Brodersen motorisiert! Ist das etwa deines?"

„Klar!" Karlchen strahlte. „Zusammengespart – und den Rest habe ich mir von meinem Vater gepumpt. War eine besonders günstige Gelegenheit, weißt du. Los, steig auf, heute wirst du kutschiert. Ich hab sogar einen Helm für dich dabei!"

„Fährst du mich nach der Schule auch wieder nach Hause?"

„Logisch."

„Dann ist's gut. Ich wollte bloß sichergehen, dass du nicht nach der Schule Helga kutschierst und ich die fünf Kilometer zu Fuß gehen muss."

„Die darf morgen mitfahren", entschied Karlchen. „Dich kenne ich schließlich schon viel länger – also steht dir auch die Einweihung zu."

„Hat es schon einen Namen?"

„Wer?"

„Das Moped!"

„Ist doch kein Pferd!", schnaubte Karlchen verächtlich.

„Schade – sonst hätte ich ein hübsches Taufgeschenk gewusst."

„Na, mal sehn, vielleicht taufe ich es doch noch. Schiffe haben schließlich auch Namen."

Bille bewunderte gebührend Farbe, Zubehör und Aussehen des neuen Mopeds, dann setzte sie den Helm auf und stieg andächtig auf.

„Sehr bequem", lobte sie. „Ich habe auf einem Moped noch nie besser gesessen."

Karlchen fuhr wie ein junger Gott. Oder jedenfalls bildete er sich ein, wie ein junger Gott zu fahren. Als sie vor der Schule ankamen, war Bille ganz zufrieden damit, dass Helga in Zukunft die Auserwählte sein würde, die auf Karlchens Soziussitz Platz nehmen durfte.

Während des Unterrichts wanderten Billes Gedanken immer wieder zu Karlchens selbst verdientem Moped. Noch vor wenigen Monaten hatte sie Mutsch erklärt, wie verachtenswert sie es fände, dass Karlchen im Stall half, weil er Geld verdienen wollte, und nicht, weil er die Pferde liebte. Die interessierten ihn gar nicht. Ich würde noch all mein Taschengeld dazugeben, wenn ich Herrn Tiedjens Pferde pflegen dürfte!, hatte sie erklärt. Daran hatte sich natürlich nichts geändert, umso mehr, als sie ja die Reitstunden bei Herrn Tiedjen hatte und Zottel ihr jederzeit zur Verfügung stand.

Und trotzdem …

„Was, glaubst du, kostet ein Pferd?", flüsterte Bille Helga zu, die Nase tief im Geschichtsbuch.

„Lieber Himmel, woher soll ich das wissen?"

„Tausend Mark – oder weniger? Oder viel mehr?"

„Keine Ahnung. Das kommt wohl drauf an, was es für ein Pferd ist."

Wenn sie nun Geld verdienen würde? Zum Beispiel im Spar-Markt – Lieferfahrten machen oder im Lager helfen? Sie konnte auch Nachhilfestunden geben oder Babysitter spielen. Am schönsten wäre natürlich eine Arbeit im Pferdestall. Frau Henrich hatte ihr ja angeboten, die Reitstunden von Bettina zu bezahlen – aber ihre Hilfe für Bettina wollte sie sich nicht bezahlen lassen, das wäre unfair. Andererseits, Frau Henrich hatte es ihr fast aufgedrängt …

„Was habe ich eben gesagt, Sibylle?"

Bille schoss hoch.

„Ich – Sie – ich glaube, ich habe Ihre Frage nicht richtig verstanden, Herr Möller!"

„Das habe ich gemerkt. Pass jetzt bitte auf, du gehörst doch sonst nicht zu den Unaufmerksamen."

Bille versuchte sich auf das zu konzentrieren, was Herr Möller über die Schwedenkönige zu sagen hatte. Aber bald glitten ihre Gedanken wieder ab.

Es wird schwer sein, dachte sie. Neben der Schule, dem Reiten und der Arbeit im Stall – ich muss es geschickt anfangen. Hausaufgaben nur noch bei Bettina machen. Und die Zeit sehr gut einteilen.

Man müsste auf Turnieren antreten, bei denen es Geldpreise zu gewinnen gab, Wettspiele bei dörflichen Festen, Landwirtschaftsausstellungen und Viehmärkten. Aber dazu müsste Zottel erst einmal springen lernen.

Warum eigentlich nicht? Er war doch intelligent und hatte

im Zirkus viel schwierigere Aufgaben bewältigt. Sie musste es nur ernsthaft versuchen, gleich heute wollte sie damit beginnen.

Lieber Gott!, dachte Bille. Zu Herrn Tiedjen gehen zu können und zu sagen: Ich habe mir das Geld für ein eigenes Pferd zusammengespart. Ich möchte Zottel kaufen!

Zottel musste ahnen, dass ein ungewöhnlich arbeitsamer Nachmittag auf ihn wartete. Mit aller Kraft strebte er der Auffahrtsallee zu, um sich seinen Nachmittagsspaziergang zu erzwingen. Aber Bille trieb ihn erbarmungslos in die Reitbahn, wo sie vorsorglich ein passendes Hindernis aufgebaut hatte – die gleichen bunten Stangen, die sie mit Troja übersprungen hatte, nur ein wenig niedriger.

„So, mein Lieber, sieh dir die Geschichte erst mal von Nahem an. Da wirst du jetzt gleich drüberspringen. Es ist ganz leicht und macht riesigen Spaß!"

Sie ritt nah an die bunten Stangen heran und ließ Zottel das Hindernis beschnuppern. Dann umkreiste sie es, damit er es sich von allen Seiten betrachten konnte.

Nachdem er sich ein wenig warm gelaufen hatte und Bille sich in schönster Übereinstimmung mit ihrem Pony glaubte, galoppierte sie auf das Hindernis zu.

„Los, mein Junge, zeig, was du kannst!", feuerte sie ihn an und trieb ihn kräftig vorwärts.

Zottel galoppierte mit der größten Selbstverständlichkeit auf die bunten Stangen zu, bis er fast mit der Nase daran stieß, dann schlug er einen blitzschnellen Haken und preschte daran vorbei. Bille hing wie ein verrutschter Futtersack an seiner linken Seite und schaffte es nur mit äußerster Mühe, wieder in den Sattel zu kommen.

„Idiot, wer hat dir gesagt, dass du außen rumrennen sollst!", schimpfte sie atemlos. „Also, noch mal das Ganze."
Diesmal versuchte sie es von der anderen Seite. Sie konzentrierte sich ganz darauf, Zottel kein Ausweichen zu erlauben. Er versuchte es auch gar nicht, er spielte das Spiel mit, raste auf die Stangen zu, schnaufte das verhasste Hindernis einmal wütend an, drehte sich blitzschnell um die eigene Achse und keilte so kräftig aus, dass die Stangen nach allen Richtungen auseinanderflogen. Dann drehte er sich gemächlich wieder um und schritt langsam über die besiegten Stangen hinweg, während Bille von seinem Hals zurück in den Sattel rutschte.

Hinter den Büschen, die die Bahn zum Hof hin begrenzten, hörte sie Kichern.

„Hau ab, Karlchen, ich kann keine Zuschauer brauchen!", rief Bille erbost.

„Ich weiß gar nicht, was du willst!" Karlchens Kopf tauchte hinter den Büschen auf. „Blöd ist er nicht, er weiß sich wenigstens zu helfen."

„Na los, dann komm schon her und leg die Stangen wieder drauf. Wenn du unbedingt zugucken musst, kannst du mir ja auch helfen."

Karlchen legte die Stangen wieder in die Halterungen, Bille ließ Zottel ein paarmal um die Bahn traben. Dann riskierte sie einen neuen Versuch. Zottel galoppierte willig auf die Hürde zu, da seine Freundin offensichtlich großes Interesse an diesem merkwürdigen Gebilde zeigte. Kurz vor den Stangen lud er sie gehorsam dort ab. Das heißt, er stoppte scharf und ließ sie hinübersausen.

„Na so was – du kommst allein?", fragte Karlchen mit Unschuldsmiene.

Zottel war um die Hürde herumstolziert, um Bille auf der anderen Seite in Empfang zu nehmen. Die hockte sprachlos im Sand, rieb sich abwechselnd Schulter und Po und rappelte sich nur langsam wieder auf. Karlchen klopfte ihr freundschaftlich den Sand von der Hose.

Schließlich nahm Bille Zottel verbissen am Zügel und führte ihn dicht an das Hindernis heran. „Was hast du gegen das Springen, kannst du mir das verraten?"

„Versuchen wir's doch mal aus dem Stand", schlug Karlchen vor. „Ich stelle mich auf die andere Seite der Stangen und halte ihm ein Stück Zucker hin. Und du treibst ihn an."

„Okay, versuchen wir's", seufzte Bille.

Sie stellte sich mit Zottel knapp vor das Hindernis und Karlchen lockte ihn mit Tönen, die an eine schmachtende Operettendiva erinnerten.

„Komm, mein Süßer, feines leckeres Zuckerchen, nun komm schon, Schätzchen, nur ein kleiner Sprung zum lieben Karlchen, dann gibt's was Feines …"

Bille konnte sich vor Lachen kaum auf den Sprung konzentrieren. Das war auch nicht nötig, denn Zottel hatte keineswegs die Absicht zu springen. Er streckte seinen Hals immer länger aus, und als das nicht reichte, stieg er mit Storchenbeinen über die hinderlichen Stangen hinweg.

„Na bitte, er ist drüben!", sagte Karlchen stolz.

„Ja, aber nicht gesprungen."

„Na, wenn schon – das Wichtigste ist doch, dass er psychö. pfysö."

„Psychologisch …"

„Ja, genau das, also, dass er gemerkt hat, dass es gar nicht schlimm ist."

„Na schön, versuchen wir's noch mal. Ich reite im Trab ran und treibe ihn erst ganz zum Schluss an."

Diesmal schlug Zottel wieder ungeachtet der Zurufe und des heftigen Schenkeldrucks von Bille einen Haken um das Hindernis herum und nahm dem verblüfften Karlchen den Zucker im Vorübertraben aus der Hand.

„Ich glaub, ich spinne! Hast du so was schon gesehen?"

„Du bist stur wie ein Esel!", schimpfte Bille auf ihren Liebling ein. „Ist das denn wirklich so schwer?"

„Vielleicht musst du's ihm einfach mal vormachen?", schlug Karlchen vor. „Ich halte ihn so, dass er genau sehen kann, was du machst, du markierst einen Galopp und springst dann über das Hindernis!"

„Und sonst fällt dir nichts ein? Mach's doch selber!"

Bille stieg seufzend ab und führte Zottel noch einmal an die bunten Stangen heran. Sie fasste die Zügel am äußersten Ende und stellte sich an der anderen Seite der Hürde auf.

„Er wird dir auf die Zehen treten!", mahnte Karlchen.

„Ach was, ich spring dann schon zur Seite. Nun komm, Junge, stell dich nicht so an. Hopp! Nun spring schon."

Zottel schüttelte doch tatsächlich den Kopf!

„Sei nicht albern! Du kannst es, ich weiß es bestimmt! Nur einmal – na komm!", bettelte Bille.

Zottel sah seine Herrin mitleidig an. Er streckte das rechte Vorderbein aus, bog es ein wenig und hob damit die Stangen aus ihrer Verankerung, eine nach der anderen. Nachdem sie in Reih und Glied vor ihm lagen, kam er fröhlich schnaubend auf Bille zu und verlangte seine Belohnung.

„Denkst du auch, was ich denke?", fragte Karlchen. „Das muss mal seine große Nummer gewesen sein."

Bettinas erster Schultag

Jeden zweiten Tag ritt Bille zu Bettina hinüber. Sie brachte ihr die Hausaufgaben mit und besprach mit ihr, was sie in der Schule durchgenommen hatten. Anschließend ließ sie Bettina unter den prüfenden Blicken der redseligen Tante Charlotte auf Zottel reiten. Sie war dazu übergegangen, sie an die Longe zu nehmen, denn Bettina fürchtete sich davor, allein zu reiten. Ein Spaziergang oder ein Tischtennisspiel beendete den Nachmittag, der Bille meistens quälend lang erschien.

Bettina hatte sich nach dem Erlebnis auf der Landstraße wieder ganz in ihr Schneckenhaus zurückgezogen. Sie verhielt sich völlig passiv und es war nicht festzustellen, wie viel sie von dem, was man ihr sagte, in sich aufnahm. Sie war und blieb eine blasse, leblose Puppe, die kaum „Ja" und „Nein" sagte.

Trotzdem wollte Bille nicht aufgeben. Sie tat, als bemerke sie Bettinas Teilnahmslosigkeit überhaupt nicht. Was immer ihr Lustiges begegnete, erzählte sie ihr, und wenn es ihr nicht unterhaltsam genug schien, dann erfand sie noch etwas dazu. Bis in alle Einzelheiten beschrieb sie, was in Groß-Willmsdorf geschah, erzählte von ihrer Arbeit im Pferdestall, von den Stuten mit ihren Fohlen, die nun schon so groß geworden waren, von Herrn Tiedjens Turnierpferden und von Troja, die ihr mit jedem Tag mehr ans Herz wuchs.

Und schließlich verriet sie ihr sogar ihren Plan, Geld zu verdienen, um eines Tages Zottel kaufen zu können.

Mit den drei Brüdern freundete sich Bille immer mehr an. Überhaupt schien ihr das Peershofer Haus nicht mehr halb so vornehm und erdrückend wie zu Anfang. Längst konnte sie ohne Herzklopfen durch die steifen, feierlichen Räume gehen und mit der Familie Henrich am Tisch sitzen. Nur wohnen wollte sie niemals in solch einem Prachtbau!

Einmal war sie auf der Suche nach Bettina Herrn Henrich in der Bibliothek begegnet. Sie hatte sich für die Störung entschuldigen und gleich wieder gehen wollen, aber Herr Henrich hatte sie zurückgehalten.

„Wie kommst du mit Bettina zurecht?", hatte er sie gefragt. „Hast du das Gefühl, dass sie sich allmählich ein wenig einlebt?"

„Wenn ich ehrlich sein soll – nein", hatte sie geantwortet. „Ich glaube, es gibt nichts, was sie wirklich freut. Und dabei gebe ich mir so große Mühe mit ihr …"

„Das weiß ich. Das wissen wir alle hier", hatte Herr Henrich herzlich gesagt. „Wenn ich bloß wüsste, wie ich ihr helfen kann!"

„Vielleicht müsste sie etwas haben, das sie wirklich lieb hat, etwas, das ihr ganz allein gehört", hatte Bille zaghaft vorgeschlagen.

„Was könnte das sein? Ein Tier? Oder irgendein Gegenstand? Vielleicht ein Instrument? Wenn dir etwas einfällt, sag es mir bitte, ich werde es sofort besorgen."

„Ich weiß nicht", hatte Bille mutlos gesagt, „es war nur so eine Idee. Außerdem …"

„… außerdem was?"

„Ich glaube, es hätte keinen Sinn, wenn Sie es ihr kaufen

würden. Sie wäre sofort dagegen – sie ist gegen alle, die ihr helfen wollen. Ich weiß nicht, ob ich das richtig erklären kann – ich glaube, es müsste etwas sein, das sie ganz allein findet."

„Ich verstehe, was du meinst. Ich werde darüber nachdenken."

Als Bille heute die Stufen zum Eingang hinaufsprang, prallte sie in der Tür mit Florian zusammen.

„Komm schnell! Wir haben einen Gast!"

Er hakte sich bei Bille ein und rannte mit ihr zum Pferdestall hinüber.

„Quartiert ihr eure Gäste immer im Stall ein?", fragte Bille.

Florian legte geheimnisvoll den Finger an den Mund und öffnete die Tür einer Box, die sonst leer gestanden hatte.

„Ist die nicht süß?", fragte er mit leuchtenden Augen.

„Süß ist gar kein Ausdruck. Man möchte sie knuddeln wie ein Plüschtier! Ist es eine Haflingerstute?"

„Ja."

„Aber wieso sagst du Gast?"

„Sie ist nur vorübergehend hier – keine Ahnung, warum."

Bille war an die kräftige kleine Stute herangetreten und streichelte ihre lange hellblonde Mähne.

„Ihr Fell leuchtet wie Kupfer! Und was für einen hübschen Stern sie hat!"

„Hm. Daher auch ihr Name – sie heißt Sternchen."

„Das passt zu ihr. Sie hat die hübschesten Augen, die ich je bei einem Pferd gesehen habe", sagte Bille begeistert.

„Na, habt ihr euch miteinander bekannt gemacht?" Herr Henrich war unbemerkt in den Stall gekommen und zu ihnen getreten. „Nach dem Tee darfst du sie satteln und reiten, Bille."

„Und ich?", fragte Florian enttäuscht.

„Du musst, wenn ich mich nicht irre, noch dein eigenes Pferd bewegen, mein Lieber. Dein Bongo setzt Fett an, du kümmerst dich viel zu wenig um ihn. Aber nun kommt erst mal zum Tee."

Als sie am Tisch saßen, konnte Bille ihre Neugier nicht länger bezähmen. „Herr Henrich, Florian hat mir gesagt, dass die Haflingerstute nur zu Gast hier wäre, stimmt das?"

„Das ist richtig. Sie gehört einem Bekannten, der nach Kanada ausgewandert ist. Ich habe ihm angeboten, sie in Pension zu nehmen, bis der neue Besitzer sie abholen kann. Sie wird wohl für ein paar Wochen bei uns bleiben."

„Dürfen Bettina und ich schon mal aufstehen und in den Stall gehen? Ich möchte Sternchen satteln", bat Bille, als sie den letzten Schluck Tee hinuntergestürzt hatte, ohne Frau Henrichs tadelnde Blicke zu beachten.

„Ja, geht nur. Das Pferd scheint dich ja mächtig aufzuregen."

Bille zog Bettina hinter sich her. Sternchen schaute ihnen mit ihren großen dunklen Augen entgegen und wieherte leise zur Begrüßung. Während Bille einen passenden Sattel suchte, trat Bettina an die Stute heran und streichelte ihr zart den Kopf.

„Armes Sternchen", flüsterte sie, „bist genauso ein Überbleibsel wie ich."

„Tu mir einen Gefallen, brich nicht gleich wieder in Tränen aus", sagte Bille. „Sternchen ist viel zu schön zum Traurigsein, die muss man doch einfach lieb haben! Komm, hilf mir mal!"

Bettina löste ihre Arme vom Hals der Stute und nahm Bille das Zaumzeug ab. Als hätte sie nie etwas anderes getan, legte sie es Sternchen an.

Sieh mal einer an, dachte Bille, sie hat also doch aufgepasst, wenn ich ihr das Satteln erklärt habe. Wie geschickt sie das macht! Hätte ich gar nicht gedacht!

„Du kannst Sternchen schon mal rausführen, ich hole inzwischen Zottel. Dann können wir nebeneinander herreiten."

„Nein, nein, lass nur", wehrte Bettina ab. „Du weißt doch, dass ich Angst habe, wenn du mich nicht an der Longe hast. Ich schaue dir lieber zu."

„Bettina, sei doch nicht albern! Du bist jetzt schon so oft auf Zottel geritten, wovor solltest du Angst haben?"

„Lass mich, ich will nicht. Ich mag nun mal nicht reiten. Du weißt genau, dass ich es nur tue, weil Tante Charlotte mich zwingt", sagte Bettina bockig.

Bille schaute sie nachdenklich an.

„Also nimm's mir nicht übel, aber das kann ich einfach nicht glauben."

Bettina gab keine Antwort. Sie drehte sich abrupt um und ging zum Park hinüber. Bille führte Sternchen aus dem Stall, zog den Sattelgurt fest und saß auf. Inzwischen war auch Florian in den Stall gekommen und hatte Bongo gesattelt.

„Warte auf mich!", rief er hinter Bille her und führte den kräftigen kleinen Rappen auf den Hof hinaus.

Nebeneinander ritten sie zum Park hinüber. Bettina hockte mit angezogenen Knien auf den Treppenstufen der Veranda und starrte vor sich hin. Bille seufzte.

„Reg dich bloß nicht über den Trauerkloß auf", sagte Florian leise. „Irgendwann wird's ihr schon langweilig werden."

„Du bist gemein!", zischte Bille. „Was würdest du sagen, wenn du plötzlich beide Eltern verloren hättest!"

„Na ja, ich hab's ja nicht so gemeint. Sie tut mir ehrlich leid, aber irgendwie fällt einem so 'ne Tränentüte eben doch auf den Wecker. Du wärst sicher nicht so!"

Florian trieb Bongo in einen scharfen Galopp und sauste den Parkweg hinunter. Bille folgte ihm. Ihr Herz machte einen kleinen Freudenhüpfer, so herrlich war es, zwischen den bunt belaubten Bäumen dahinzufliegen. Sternchen ging wundervoll, die kleine Stute war aufmerksam und leicht zu lenken.

„Na, wie gefällt dir unser Gast?", rief Herr Henrich vom Hause her, er hatte Billes Ritt genau verfolgt.

„Sie geht wie ein Lämmchen!", antwortete Bille. „Sie ist ein richtiger Schatz! Hoffentlich bekommt sie einen Reiter, der sie verdient!"

Überglücklich sprang Bille nach einer Stunde aus dem Sattel.

„Wo ist Bettina?", fragte sie Fräulein Fuchs, die gerade in den Gemüsegarten hinüberging.

„Auf ihr Zimmer gegangen. Will mal wieder allein sein, die Dame", sagte die Haushälterin verächtlich. „Höchste Zeit, dass sie wieder zur Schule geht. Dann werden ihr die Flausen schon vergehen."

Anscheinend gibt es hier niemanden, der Bettina wirklich mag, dachte Bille, als sie mit Sternchen zum Stall zurückging. Kein Wunder, dass sie sich fremd und verlassen fühlt. Aber warum spürt sie nicht, dass ich sie mag – und dass ich ihr helfen möchte? Vielleicht wird doch alles besser, wenn sie wieder zur Schule geht."

Zunächst einmal wurde nichts besser.

Am Anfang der folgenden Woche fuhr Bettina zum ersten Mal mit den drei Brüdern gemeinsam zur Schule. Bille und Helga erwarteten sie schon vor dem Tor. Helga hatte Bettina zuliebe auf den Platz neben Bille verzichtet und auch sonst hatte Bille in der Klasse für Bettinas Ankunft vorgesorgt. Alle wussten über Bettinas Schicksal Bescheid und hatten versprochen, keine neugierigen Fragen zu stellen.

Trotzdem schossen alle Köpfe herum, als Bille und Helga mit Bettina die Klasse betraten. Bettina in einem grauen Rock und dem schwarzen Rollkragenpulli, den sie immer trug, weil es Frau Henrich nicht gelang durchzusetzen, dass sie etwas anderes anzog. Ihre dunklen Locken umrahmten das blasse Gesicht wie ein Trauerrand. Die Mädchen starrten verblüfft auf die ungewöhnliche Erscheinung.

Bettina grüßte mit einem kurzen Nicken und ließ sich auf ihren Platz führen. In der Klasse herrschte Friedhofsstille, nur ab und zu wagte jemand zu flüstern. Bille atmete auf, als endlich Frau Tauber, die Klassenlehrerin, erschien. Aber sie hatte nicht mit der plötzlich ausbrechenden Mütterlichkeit Frau Taubers gerechnet.

„Ah, da ist ja unser Schützling", flötete Frau Tauber und eilte mit wogendem Busen auf Bettina zu. „Hast du dich schon vorgestellt, mein Kind?"

Bettina schüttelte stumm und abweisend den Kopf.

„Nun, dann wollen wir das doch schnell nachholen. Steh einmal auf, damit dich alle sehen können. Dies, meine Lieben, ist eure neue Mitschülerin Bettina Henrich. Ich bitte euch, ihr besonders viel Verständnis und Hilfsbereitschaft entgegenzubringen, denn", Frau Taubers Stimme begann leicht zu zittern, „sie hat ein schweres Schicksal erlitten. Ihre lieben Eltern sind bei einem Autounfall beide ums Leben gekommen, Bettina selbst ist schwer verletzt worden und gerade erst genesen."

Muss denn das sein!, dachte Bille wütend. Blöde Ziege.

„Trag es mit Humor", flüsterte sie Bettina zu.

Bettinas Gesicht war hart geworden, ihre Augen waren dunkel vor Zorn und Verzweiflung. Und plötzlich begriff Bille, dass es nicht die Trauer um ihre Eltern war, die Bettina in die Flucht vor ihrer Umwelt trieb. Es war ohnmächtiger Zorn darüber, dass andere nach etwas griffen, das ihr ganz allein gehörte: die Erinnerung an ihre Eltern, an früher und auch an diesen schrecklichen Tag, als es passierte. Bettina wollte es für sich allein haben, kein anderer sollte es ans Licht zerren und darauf herumtrampeln. Sie wollte es einschließen in sich wie ein ganz privates kleines Heiligtum, vor dem ein großes Schild „Zutritt verboten" hing.

Frau Tauber hatte ihre Rede beendet, nicht ohne das „arme Kind" einmal fest an ihren Mutterbusen gedrückt zu haben. Bettina setzte sich mit einem kaum verhohlenen Ausdruck des Ekels. Sie fühlte die neugierigen Blicke der anderen Mädchen und hätte am liebsten um sich geschlagen.

„Komm, lass uns gleich abhauen!", sagte Bille, als es zur Pause läutete. Sie zog Bettina auf den Flur hinaus und lief mit ihr auf den Schulhof.

Aber das nützte nicht viel. Die anderen Mädchen hatten sie bald entdeckt und umringten sie wie Zoobesucher den Käfig eines seltenen Tieres. Da Frau Tauber so offen über Bettinas Vergangenheit gesprochen hatte, fühlten sie sich an Billes Bitte nicht mehr gebunden.

„Gefällt es dir in Peershof?", fragte die blonde Heike.

„Du hast Butter an der rechten Backe", versuchte Bille abzulenken und warf Heike einen mahnenden Blick zu.

Heike wischte sich die Backe ab und biss dann kräftig in ihr Butterbrot. Bille atmete auf, aber noch kauend fragte Heike weiter: „Wo hast du denn früher gewohnt? Hat's dir da besser gefallen?"

Bettina antwortete nicht.

„Sie hat in Heidelberg gewohnt. Ist das so wichtig?" Bille sah Heike fast flehend an.

Jetzt schob sich die pummelige Elli vor. „Warst du ohnmächtig, als es passierte? Oder hast du alles mitgekriegt?" Sie liebte medizinische Einzelheiten.

Bille trat ihr kräftig auf den Fuß und schüttelte verzweifelt den Kopf.

„Wie ist das denn überhaupt passiert? Ist dein Vater zu schnell gefahren oder war er gar nicht schuld an dem Unfall?", ließ sich jetzt Martina vernehmen.

„Was für 'n Auto war das denn?"

„Wie lange hast du im Krankenhaus gelegen?"

„Hast du gleich gewusst, dass deine Eltern tot sind?"

Von allen Seiten waren die Mädchen herangetreten und fanden absolut nichts dabei, diese Neue nach ihrer Vergangenheit auszufragen. Eine hatte angefangen – warum sollte man da nicht selbst eine Frage stellen.

Bettina sagte kein Wort. Sie lehnte blass am Zaun und starrte auf ihre Fußspitzen.

„Kann die eigentlich gar nicht reden?", fragte schließlich eines der Mädchen aus dem Hintergrund.

Bille kochte vor Wut. „Herrgott, seid ihr alle bescheuert!", fauchte sie. „Jetzt haut schon endlich ab!"

„Geduldet euch bis morgen", sagte Bettina plötzlich kühl.

„Ich werde einen Unfallbericht tippen und ihn vervielfältigen lassen. Ihr könnt ihn dann unter euch verteilen. Damit wird eure Neugier hoffentlich befriedigt sein."

Die Mädchen schauten sich betroffen an.

„Mann, ist die hochnäsig", sagte eine von ihnen. „Man wird doch mal fragen dürfen."

„War schließlich nur gut gemeint."

Muffelnd verzog sich die Schar. Nur Heike blieb zurück, sie hatte das unbestimmte Gefühl, etwas gutmachen zu müssen.

„Du, ich wollte wirklich nicht aufdringlich sein", sagte sie verlegen. „Ich … wollte eigentlich nur wissen, ob es dir hier gefällt und ob du dich schon eingelebt hast. Na, sei nicht böse, es tut mir leid."

„Ich bin nicht böse", sagte Bettina. „Ich mag nur nicht über das alles reden. Man kann nicht darüber reden …" Ihre Stimme kippte. Wie hilflos sie aussah! Bille fühlte einen dicken Kloß im Hals.

„Okay." Heike nahm Helga am Arm und wandte sich zum Gehen. „Sollen wir euch was zu trinken holen?"

„Das ist das erste vernünftige Wort, das ich heute höre", sagte Bille erleichtert.

Helga und Heike schlenderten davon.

„Mensch, halt bloß durch!", sagte Bille, ohne Bettina anzusehen.

„Komisch, genau das habe ich eben auch zu mir gesagt."

Auf Bettinas Gesicht erschien zum ersten Mal der Hauch eines Lächelns.

Bettina bewährt sich

Wenn Bille Unterricht bei Herrn Tiedjen hatte, blieb sie den ganzen Nachmittag in Groß-Willmsdorf. Sie half im Stall, arbeitete mit Zottel, putzte Sättel und Zaumzeuge oder hockte sich auch mal auf die Futterkiste und machte dort ihre Hausaufgaben.

An den anderen Tagen ritt sie nach Peershof hinüber. Sie machte gemeinsam mit Bettina die Hausaufgaben und ließ sie anschließend reiten. Höhepunkt dieser Nachmittage war, wenn sie auf Sternchen mit den drei Jungen gemeinsam durch den Park ritt.

Kam Bille nicht, machte Bettina allein weite Spaziergänge. Sie streifte durch den Wald und über die Felder, kletterte auf Bäume oder auf die Hochsitze, die überall am Waldrand und an Lichtungen zu finden waren, schaute stundenlang in die Ferne und sprach in Gedanken mit ihren Eltern.

Frau Henrich mochte es nicht, wenn Bettina sich so lang allein draußen herumtrieb, und versuchte, sie von diesen Ausflügen abzubringen. Es ihr zu verbieten, traute sie sich nicht. Sie musste wohl spüren, dass Bettina sich nur umso stärker von ihr zurückgezogen hätte.

Das spätsommerliche Wetter war umgeschlagen, der Herbst zog mit Stürmen und Regenschauern herauf, es wurde kalt.

Bille bekam von Onkel Paul eine mollige Lammfelljacke für ihre nachmittäglichen Ritte nach Peershof und Zottel wuchs ein Winterfell, das seinem Namen alle Ehre machte. Ihm machten Kälte und Regen nichts aus, genauso wenig wie es seine Herrin störte, wenn ihr die Regenböen ins Gesicht klatschten.

„Willst du heute wirklich nach Peershof reiten?", fragte der alte Petersen besorgt, als Bille Zottel sattelte. „Im Radio haben sie eben gesagt, der Sturm soll noch stärker werden. Wer weiß, ob du überhaupt bis dorthin kommst."

„Ach, so schlimm wird es schon nicht werden. Ich habe Bettina versprochen, dass ich komme. Und mit dem Fahrrad schaffe ich es gegen den Wind erst recht nicht. Zottel und ich passen schon auf."

Als Bille aus dem geschützten Park aufs freie Feld hinauskam, musste sie Petersen recht geben. Es wäre vielleicht wirklich besser gewesen, heute zu Hause zu bleiben. Bille duckte sich auf Zottels Hals hinunter und sprach beruhigend auf ihn ein. „Das schaffen wir schon, mein Junge. Wir werden drüben den Weg hinter dem Wall nehmen, da ist es geschützter. Wär doch gelacht, wenn wir vor dem bisschen Sturm aufgeben."

Und wirklich ging es besser, als sie gedacht hatte. Zottel trabte unermüdlich auf das bekannte Ziel zu und wieherte freudig, als sie in die Buchenallee einbogen und der Pferdestall in Sicht kam.

Im Stall war es warm und dunkel. Bille entdeckte Bettina nicht gleich, die aus einer der Boxen trat.

„Oh, hallo! Hast du auf mich gewartet?"

„Ich … ich habe Sternchen einen Besuch abgestattet. Ich

dachte, sie fühlt sich vielleicht einsam bei dem schrecklichen Sturm. Ehrlich gesagt, habe ich nicht geglaubt, dass du heute kommst. Bei dem Wetter."

Bille lachte. „Zottel und mir macht das doch nichts aus. Im Gegenteil! Ich finde es toll, wenn einem der Sturm so um die Ohren pfeift."

„Ich auch. Ich war eben im Wald. Sag's bloß nicht Tante Charlotte, sie hat mir nämlich verboten, bei diesem Wetter rauszugehen. Sie meint, es sei zu gefährlich. Dabei ist es gerade jetzt wunderschön draußen."

Bille hatte Zottel in eine leer stehende Box gebracht und ihm das Zaumzeug und den Sattel abgenommen. „So, mein Dicker, jetzt kannst du dich ein bisschen ausruhen."

Sie hakte sich bei Bettina ein und ging mit ihr zum Gutshaus hinüber.

„Wenn der Sturm nicht nachlässt, wird unsere Reitstunde heute wohl ausfallen. Sag mal – besuchst du Sternchen oft in ihrer Box?"

„Sooft ich kann. Sie tut mir leid."

„Du meinst, weil sie niemanden hat, zu dem sie gehört?"

„Ja, weil sie von einem Stall in den nächsten verschoben wird wie ein Möbelstück. Bald kommt ihr neuer Besitzer und dann ..."

Bettina schwieg. Bille drückte die schwere Haustür auf und sie traten in die Halle. Aus dem Esszimmer kam ein Duft von frischen Brötchen.

„Du lieber Himmel, wir kommen mal wieder zu spät zum Tee. Tante Charlotte wird ihr ungebügeltes Gesicht machen."

„He – so kenne ich dich ja gar nicht!" Bille lächelte. „Ich glaube, in Wirklichkeit hast du sehr viel Humor, nicht wahr?"

„In Wirklichkeit?" Bettina runzelte die Stirn. „Bin ich denn nicht ‚wirklich'?"

„Ich weiß nicht. Vorläufig bist du für mich ein dicker, sehr hoher Turm ohne Fenster und Türen. Man geht drum rum und findet keinen Eingang."

„Ich werde dir bei Gelegenheit eine Strickleiter herunterlassen."

Sie betraten das Esszimmer und Frau Henrich sah erstaunt auf Bille.

„Um Himmels willen, Kind, du bist doch bei diesem Wetter nicht etwa geritten?"

„O doch. Entschuldigen Sie bitte, es ist deshalb auch ein bisschen später geworden bei uns beiden. Bettina hat an der Allee auf mich gewartet, sie wusste, dass ich mit Zottel kommen wollte, und hat sich Sorgen gemacht", flunkerte Bille, ohne rot zu werden. Schließlich geschah es zu einem guten Zweck.

„Das kann ich verstehen", sagte Frau Henrich denn auch mit einem schön „glatten" Gesicht, wie Bille mit Befriedigung feststellte. „Jetzt setzt euch und trinkt erst mal einen heißen Tee, das wird euch guttun. Wenn der Sturm nicht nachlässt, erlaube ich auf keinen Fall, dass du zurückreitest. Dann wird Zottel bei uns übernachten, und ich werde in Groß-Willmsdorf anrufen und Bescheid sagen, dass ich dich mit dem Auto nach Hause fahre."

Bille wollte widersprechen, ließ es aber. Sicher würde der Sturm bald nachlassen. Sonst würde sie schon eine Ausrede finden, um doch zurückzureiten. Sie ließ sich die frischen Brötchen mit Pflaumenmus schmecken, dachte, dass doch die Kochkünste von Fräulein Fuchs das Beste seien, was Peershof zu bieten habe, und steckte mit ihrem Appetit schließlich auch Bettina an. Was wiederum Frau Henrich dazu veranlasste, den für ein junges Mädchen so unpassenden Heißhunger Billes, der ihr sonst ein Dorn im Auge war, mit einem gewissen Vergnügen zu beobachten.

Nach dem Tee gingen sie hinauf in Bettinas Zimmer, um ihre Hausaufgaben zu machen.

„Mann, o Mann, was für ein Wetter!"

Bille war ans Fenster getreten und schaute auf die Parkbäume, in deren Kronen der Sturm heulte. Sie wurden geschüttelt und gebogen, dass man Angst bekommen konnte. Hin und wieder stürzte ein schwerer Ast zu Boden. Eine Dachpfanne löste sich und zerbarst krachend auf den Fliesen der Veranda. Über den Himmel jagten blauschwarze Wolken und hüllten das Land in nächtliches Dunkel.

Aus dem Hintergrund kam ein leiser Entsetzenslaut. Bille fuhr herum.

„Was ist passiert?"

Bettina stand bleich an der Tür und starrte auf ihren Arm. „Ich muss noch mal fort", sagte sie tonlos. „Ich habe etwas verloren."

„Raus? Unmöglich. Wo willst du denn hin?"

„Zum Hochsitz hinter der alten Scheune. Ich war vorhin dort und habe oben gesessen. Zu blöd – ich habe es klirren gehört, aber mir weiter keine Gedanken darüber gemacht. Und jetzt merke ich, dass das Armband weg ist. Der Verschluss muss sich beim Klettern geöffnet haben."

„Das Armband deiner Mutter? Das du immer als Talisman trägst?"

Bettina nickte. „Hilf mir bitte! Lenke Tante Charlotte ab, wenn sie nach mir fragt. Ich muss sofort hin, ich habe keine ruhige Minute, ehe ich es nicht wiederhabe!"

„Du spinnst, du kannst jetzt nicht raus! Der Sturm ist doppelt so stark wie vorhin! Dir kann wer weiß was zustoßen!"

„Ich muss. Ganz egal, ob du mir hilfst oder nicht, ich gehe auf jeden Fall."

„Kommt nicht infrage!" Bille drückte Bettina energisch auf den Stuhl zurück. „Ich werde gehen!", sagte sie bestimmt. „Ich habe schon mehr solche Stürme hier erlebt und weiß, wie man sich verhalten muss. Mir passiert so leicht nichts. Bist du ganz sicher, dass du das Armband auf dem Hochsitz verloren hast?"

„Ja", sagte Bettina kläglich.

„Wenn deine Tante kommt, sag, ich wäre auf dem Klo – oder hätte mal nach Zottel sehen wollen, denk dir irgendwas aus. Und drück die Daumen, dass ich ihr nicht in die Arme laufe!"

Bille schlüpfte in ihre Jacke und zog sich die Mütze über die Ohren.

„Ich schleich mich über die Hintertreppe runter. Und du mach schon mal die Mathe-Aufgaben, dann brauche ich sie nachher nur abzuschreiben."

So schlimm hatte es sich Bille nicht vorgestellt. Der Sturm riss ihr die Tür aus der Hand und sie brauchte alle Kraft, um sie wieder zu schließen. Zum Glück merkte niemand ihr Fortgehen. Frau Henrich war mit Fräulein Fuchs im Wäschekeller, wo das Summen der Maschinen sogar den Sturm übertönte. Daniel, Simon und Florian saßen über ihren Hausaufgaben in ihren Zimmern und Herr Henrich arbeitete im Büro auf der anderen Seite des Hauses.

Bille rannte geduckt zu den schützenden Bäumen hinüber und bemühte sich, allem auszuweichen, was der Sturm vor sich hertrieb. Unwillkürlich erinnerte sie sich an

Fernsehaufnahmen eines Tornados in Amerika, der Autos und ganze Häuser durch die Luft gewirbelt hatte. Ruhig, Bille, dreh jetzt bloß nicht durch, sagte sie sich. Schließlich hatte sie sich ja freiwillig dazu entschlossen.

Auf dem freien Feld war sie außer Gefahr, von herabstürzenden Ästen getroffen zu werden. Dafür tobte der Sturm hier so stark, dass sie nur auf allen vieren vorwärts kam. Ein Stück weit konnte sie in einem trockenen Graben entlanglaufen, dann musste sie wieder über den Acker kriechen. Setzte der Sturm für Sekunden aus, dann hetzte sie wie ein Hase auf der Treibjagd voran.

Eine Ewigkeit schien vergangen zu sein, bis sie sich zum Waldrand vorgearbeitet hatte. Da – endlich – sah sie die Umrisse der alten Scheune. Nicht weit davon befand sich der Hochsitz. Im Schutz der Bäume kam sie schneller voran. Mit zusammengebissenen Zähnen brachte sie das letzte Stück Weg hinter sich.

Der Hochsitz schwankte wie der Mast eines Segelschiffs. Der obere Teil war in einer großen Buche fest verankert, und die Leiter, die hinaufführte, wurde von den Bewegungen des sturmgeschüttelten Baumriesen hin- und hergezerrt.

„Ich habe Schiss! Verdammt noch mal – ich habe richtig Schiss!", sagte Bille laut, um sich Mut zu machen.

Sie wartete darauf, dass der Sturm für einen Augenblick nachließ, dann kletterte sie wie eine Katze zu dem Hochsitz hinauf. Die Abstände zwischen den Sprossen waren groß, und die runden Hölzer, die man verwendet hatte, glitschig vom Regen. Bille krallte sich mit klammen Fingern an den Seiten fest, um nicht abzurutschen.

Geschafft! Bille suchte Halt an den Ästen der Buche, die waren vertrauenerweckender als das schwankende Gestell.

„Du lieber Himmel, höher ging's wohl nicht", knurrte sie, als sie in die Tiefe sah. Dann begann sie den Boden des Hochstands nach dem verlorenen Armband abzusuchen. Wenn Bettina es nun doch nicht hier verloren hatte? Oder wenn es hinuntergeweht worden war? Bille tastete systematisch ein Brett nach dem anderen ab.

Plötzlich blieb sie mit dem Ärmel an etwas hängen. Ein Nagel stand seitlich aus einem der Bretter heraus. Bille versuchte ihren Ärmel von dem Nagel zu lösen, ohne ein Loch in die Jacke zu reißen. Unter dem Nagelkopf fühlte sie eine Verdickung – ein Kettenglied.

„Mensch, hast du Schwein, Bettina!", sagte Bille laut und zog das Armband aus dem Spalt zwischen zwei Brettern heraus, in den es gerutscht war. Wäre der Nagel nicht gewesen, wäre es unten im dichten Gehölz verschwunden und wahrscheinlich nie wiederzufinden gewesen. „Ich sag's ja, den Seinen gibt's der Herr im Schlaf!"

Befriedigt ließ Bille das Armband in ihre Jackentasche fallen und stopfte ein Taschentuch darüber, um das kostbare Stück nicht noch auf dem Rückweg zu verlieren. Sie rutschte auf die schmale Bank zurück, um sich vor dem Heimweg noch ein wenig auszuruhen. Die Arme schlang sie rückwärts um die Äste, so konnte sie sich einigermaßen sicher fühlen. Bille schloss die Augen und horchte auf das Getöse um sich herum. Wie auf der Schiffschaukel, nur Fliegen ist schöner, dachte sie. So müssen sich Matrosen im Mastkorb fühlen.

Ein ohrenbetäubendes Krachen riss sie aus ihren Träumen. Wo eben noch die Stangen des Geländers vor ihr aufgeragt waren, war jetzt nichts mehr – gähnende Leere! Der Sturm hatte die Leiter weggerissen. Zwischen sich und der

Erde hatte sie noch zwei oder drei Äste und etwa vier Meter glatten Stamm. Der Hochsitz hing wie ein Nest in den Zweigen.

Passieren konnte ihr hier oben nicht viel, wenn der Sturm nicht noch stärker wurde und den ganzen Baum entwurzelte. Aber wie sollte sie je hinunterkommen? Eine schöne Bescherung! Bille sah wütend auf die Leiter am Boden.

„Scheiße! Konntest du mit dem Umfallen nicht noch zehn Minuten warten? Glaubst du, ich bin Tarzan?" Nur gut, dass sie nicht gerade auf der Leiter gestanden hatte, als die sich entschloss, den Widerstand gegen den Sturm aufzugeben. Jetzt blieb nur noch die Hoffnung, dass Bettina möglichst bald merkte, dass etwas nicht stimmte.

Bettina war bereits seit längerer Zeit von einer bohrenden Unruhe erfüllt gewesen, es war ihr unmöglich, sich auf die Mathe-Aufgaben zu konzentrieren. Immer wieder wanderten ihre Gedanken zu Bille hinaus. Nie hätte ich sie gehen lassen dürfen!, dachte sie verzweifelt. Wie konnte ich mich bloß darauf einlassen! Warum habe ich sie nicht abgehalten – hätte ich doch bloß nichts von dem Armband gesagt.

Bei jedem Krachen und Scheppern draußen zuckte sie wie unter einem Peitschenhieb zusammen, im Geiste sah sie Bille unter einem umgestürzten Baum liegen – und schließlich hielt sie es nicht mehr aus. Sie konnte die Freundin dort draußen nicht im Stich lassen!

Blitzschnell war sie in ihre Stiefel und ihren Anorak geschlüpft und schlich sich aus dem Haus und über den Hof. Zum Glück war niemand im Stall. Bettina streifte Zottel in Windeseile das Zaumzeug über, sattelte ihn und führte ihn hinaus.

„Leise, mein Dicker, damit uns niemand bemerkt. Wir müssen Bille holen, schnell!"

Bettina sprang in den Sattel, trieb Zottel zum Hof hinaus und zum Wald hinüber. Das Pony stampfte schwer gegen die Sturmböen an, und Bettina legte sich flach auf seinen Hals, um ihm die Arbeit zu erleichtern. Vergessen war alle Angst, aller Trotz, mit dem sie sich einzureden versucht hatte, Pferde seien ihr ein Gräuel.

Zottel schien zu wissen, worum es ging. Immer wieder flüsterte Bettina ihm zu: „Brav, mein Dicker, Zottelchen, alter Junge, komm, wir müssen Bille suchen, gleich haben wir's geschafft!" Sie presste ihr glühendes Gesicht auf sein nasses Fell und redete ihm und sich selbst Mut zu. Und Zottel stapfte unverdrossen vorwärts.

Bille sah die beiden als schwachen Umriss in der Dunkelheit auftauchen. Zuerst dachte sie, es sei Florian, den Bettina um Hilfe gebeten hätte. Als sie erkannte, dass Bettina selbst angeritten kam, machte ihr Herz einen doppelten Salto vor Freude.

„Mädchen, jetzt sind wir über den Berg!", seufzte sie und meinte nicht nur sich damit, sondern auch die Freundin.

„Hierher! Bettina, hier bin ich! Hier oben! Hilf mir runter!"

Bettina sah die umgestürzte Leiter und erstarrte. Sie wagte kaum hinzusehen in der Erwartung, Bille darunter zerschmettert zu finden.

„He, hier oben bin ich! Hier oben im Baum!" Der Sturm trug ihre Worte weg, aber endlich hörte Bettina sie doch.

Vergeblich versuchte sie die Leiter wieder aufzurichten. Sie war so schwer, dass sie es nicht einmal zu zweit geschafft hätten!

„Wir müssen es anders versuchen!" Bille machte Bettina ein Zeichen, dass sie den Abstieg bis zum untersten Ast versuchen würde.

Bettina führte Zottel dicht an den Baum heran.

„Bleib ganz ruhig stehen, Junge, rühr dich nicht vom Fleck, sonst bricht sich Bille alle Knochen, hörst du?", mahnte sie ihn. Zottel schien zu begreifen.

Bille sah hinunter und wusste, was Bettina vorhatte. Sie setzte sich auf den untersten Ast und streifte die Stiefel ab.

„Achtung!", schrie sie und warf die Stiefel dicht neben Bettina zu Boden. Bettina stieg vorsichtig auf Zottels Rücken und stellte sich aufrecht hin. Mit den Händen hielt sie sich am Stamm der Buche fest.

„Ruhig, Zottel, ganz ruhig!" Der Mahnung hätte es gar nicht bedurft. Zottel stand wie ein Pferdedenkmal.

„Alles klar?", rief Bille.

„Okay, komm!"

Bille packte den Ast, auf dem sie saß, mit der linken Hand, umklammerte mit den Beinen den Baumstamm und ließ sich hinunter. Blitzschnell fasste sie mit der rechten Hand nach, löste die Beine und ließ sich hängen. Bettina stellte sich auf die Zehenspitzen und angelte nach Billes Beinen. Bille streckte die Zehen aus – nur wenige Zentimeter trennten sie von Bettinas Schultern. Zottel rührte sich nicht.

„Halt dich fest, ich lass mich fallen. Achtung!"

Ihre Füße landeten auf Bettinas Schultern, mit den Händen suchte sie am Baumstamm Halt.

„Super! Wir sollten zum Zirkus gehen", ächzte Bille erleichtert. Erst mit dem rechten, dann mit dem linken Bein rutschte sie hinunter auf Bettinas Schultern. „Was du Fliegengewicht alles aushältst! Hätte ich doch wenigstens nicht so viel gegessen! Aber ein Glück, dass der Wind etwas nachgelassen hat."

Bettina lachte. Seit vielen Monaten fühlte sie sich zum ersten Mal innerlich frei und fast übermütig.

Der Rest war ein Kinderspiel. Bettina ließ sich in den Sattel hinunter und Bille sprang auf die Erde. Dann fiel sie abwechselnd Zottel und Bettina um den Hals.

„Vergiss deine Stiefel nicht!", mahnte Bettina und stieg ab. „Vor lauter Freude merkst du überhaupt nicht, dass du hier auf Strümpfen herumhüpfst. Glaubst du, dass Zottel uns beide tragen kann?"

„Kein Problem. Außerdem haben wir jetzt Rückenwind, da geht's leichter. Komm."

Bille setzte sich in den Sattel und Bettina saß hinter ihr auf. Nach einer Weile sah Bille zurück.

„Wolltest du mich nicht was fragen?"

„Nö – was denn?"

„Na, zum Beispiel, ob ich dein Armband gefunden habe?"

„Nicht zu fassen, daran habe ich überhaupt nicht mehr gedacht!"

Spukt es in der Kirche?

Kein Mensch hatte ihren Ausflug bemerkt. Sie schlichen wie die Einbrecher in Bettinas Zimmer hinauf. Dort hängten sie die durchnässten Jacken und Strümpfe auf die Heizung und Bettina holte trockenes Zeug aus dem Schrank.

„Hier, zieh dir das schon mal an. Und dann prüf mal die Mathe-Aufgaben nach. Ich komme gleich wieder."

Bille schlüpfte in Bettinas warme Wollsocken und massierte sich die steif gefrorenen Zehen. Dann beugte sie sich über die Hausaufgaben.

„Tante Charlotte erlaubt es! Du darfst heute Nacht hier schlafen – natürlich nur, wenn du magst", verkündete Bettina strahlend, als sie wieder ins Zimmer kam.

Bille schaute überrascht auf. „Ob ich mag? Na, das ist vielleicht eine Frage! Klar! Ich ruf sofort Mutsch an."

„In Groß-Willmsdorf hat Tante Charlotte schon Bescheid gesagt." Bettina kicherte. „Sie ist nur nicht heraufgekommen, weil sie uns nicht beim Arbeiten stören wollte."

„Sehr vernünftig von ihr", meinte Bille grinsend. „Wo wir die ganze Zeit so gepaukt haben!"

Es wurde eine lange Nacht. Bille lag auf einer Matratze vor Bettinas Bett, und während der Sturm um das Dach heulte und an den Fensterläden rüttelte, wurden die Mädchen nicht müde, einander aus ihrem Leben zu erzählen und ihre geheimsten Gedanken und Wünsche auszutauschen. Es war weit nach Mitternacht, als ihnen endlich die Augen zufielen.

„Reiten wir morgen zusammen aus, wenn der Sturm nachgelassen hat? Du auf Zottel, ich auf Sternchen?", fragte Bille gähnend.

„Klare Sache", murmelte Bettina.

Am nächsten Morgen hatte sich der Sturm gelegt. Einzelne weiße Wolken trieben über einen frisch gewaschenen Himmel und die Sonne verschickte auf ihren Strahlen ein paar Erinnerungen an den Sommer.

Beim Frühstück drehte sich das Gespräch um den Orkan und die Schäden, die er angerichtet hatte. Herr Henrich war bereits draußen gewesen und berichtete von umgestürzten Bäumen, abgedeckten Häusern und Scheunen und blockierten Straßen.

„Sogar den Hochsitz hinter der alten Scheune hat es erwischt", erzählte er. „Übrigens merkwürdig: Die Erde war aufgewühlt von Hufen und Stiefelspuren. War einer von euch gestern dort?" Er sah seine Söhne an.

„Ich war vor ein paar Tagen mit Bettina und Zottel dort", sagte Bille schnell, „bei einem Spaziergang." Bille sah, dass Herr Henrich etwas einwenden wollte, und versuchte schnell vom Thema abzulenken. „Sicher werden doch jetzt Helfer für die Aufräumungsarbeiten gesucht – das viele heruntergeschlagene Holz einsammeln, Dachziegel wegräumen und so –, sollten wir uns da nicht als Freiwillige melden?"

„Tolle Idee!", pflichtete Bettina ihr bei. Frau Henrich schaute überrascht auf diese ungewohnte Temperamentsäußerung.

„Wie ist es mit euch – kommt ihr mit? Karlchen und Helga

machen sicher auch mit, dann wären wir eine ganze Truppe." Bille schaute die Brüder an.

„Klar mach ich mit!", nickte Florian.

„Ich auch. Wenn sogar Bettina hilft", sagte Simon.

„Na, wenn ihr alle geht – meinetwegen. Okay", brummte Daniel.

Zu viert ritten die Peershofer in den Hof von Groß-Willmsdorf ein. Bettina – auf Zottel – hatten sie in die Mitte genommen. Bille war von der Schule aus gleich mit dem Bus nach Hause gefahren und war gerade dabei, die versäumte Stallarbeit nachzuholen.

„Nicht schlecht, euer Auftritt! Ich komme mir vor wie im Wilden Westen", rief Bille den Freunden entgegen.

„Haben wir auch lang geübt", sagte Daniel lässig. „Was sagst du zu unserer kleinen Schwester? Sieht sie nicht süß aus?"

„Ich staune! Winnetous Tochter persönlich!" Bille half der Freundin aus dem Sattel. Bettina trug einen bunten Norwegerpulli, der Florian zu klein geworden war, und hatte ihre dunkle Mähne zu zwei Zöpfen geflochten. Sie war kaum wiederzuerkennen.

„Bist du fertig? Wo sollen wir anfangen?", drängte Daniel.

„Moment. Ich muss nur noch mein Putzzeug wegräumen. Schaut euch inzwischen die Pferde an."

„Ist der große Meister nicht da?", fragte Simon.

„Der große Meister ist verreist, er will ein neues Pferd kaufen. Aber selbst wenn er da wäre, dürftet ihr euch die Pferde ansehen."

„Klar doch." Simon ärgerte sich, dass Bille ihm seinen Respekt vor Herrn Tiedjen angemerkt hatte.

„Da im linken Flügel sind unsere Mütter mit ihren Fohlen. Donau mit ihrem Stutfohlen Donata. Iris, die Rappstute daneben, mit ihrem Sohn Irrlicht. Santa Monica mit San Franzisko, sie ist die Älteste. Und Jacaranda mit Jasmin – bei der musst du aufpassen, sie ist ein kleines Luder und schnappt nach allem, was sie erreichen kann. Dies hier ist übrigens mein Liebling, Troja, ich reite sie im Unterricht. Daneben steht Lohengrin und auf der anderen Seite Feodora, zur Zeit Herrn Tiedjens bestes Springpferd, ihr kennt sie sicher aus dem Fernsehen, genauso wie Nathan und Sinfonie."

„Die immer so Zicken macht?"

„Ja. Sie ist sehr schnell, aber auch schwer zu halten."

Die Jungen schritten, begleitet von Bettina, andächtig von einem Pferd zum anderen, studierten die Ahnentafeln und die Preise, die sie gewonnen hatten, und unterhielten sich fachmännisch über ihren Körperbau. Bille fegte inzwischen schnell noch die Stallgasse aus.

„Fertig! Kommt, wir müssen zum Verwalter Herrn Lohmeier rüber, er wird uns sagen, was wir tun sollen."

Nach mehrmaligem Klingeln erschien Herr Lohmeier mit hochrotem Gesicht in der Tür.

„Ja, was ist denn?", fragte er gequält. Er trug ein schneeweißes Hemd, eine schwarze Krawatte baumelte ihm wie ein Strick um den Hals. Zwischen spitzen Fingern hielt er einen abgerissenen Kragenknopf, den er wie ein giftiges Insekt angeekelt betrachtete.

„Oh, wir wollten Sie nicht stören, Herr Lohmeier", sagte Bille entschuldigend. „Aber Sie haben mir doch gesagt, Sie hätten Arbeit für uns. Ich sollte in einer Stunde wiederkommen."

„Wie? Ja – ach so, ja, zu dumm! Ich bin nämlich furchtbar

in Eile, meine Frau ist nicht da und ich muss auf diese Beerdigung.“

„Beerdigung?“

„Nun ja, von Opa Brodersen, sie ist um drei Uhr. Ich komme zu spät“, jammerte er.

„Ach, darum war Karlchen heute nicht da. Natürlich, das hatte ich ganz vergessen“, sagte Bille kopfschüttelnd.

Bettina schob die Freundin zur Seite und trat vor. „Kann ich Ihnen helfen, Herr Lohmeier?“, fragte sie mit engelhaftem Augenaufschlag. Herr Lohmeier starrte sie unsicher an. „Kommen Sie, in einer Minute ist der Knopf wieder dran, zeigen Sie mir, wo ich Nähzeug finde.“

Bettina ging an ihm vorbei ins Haus und Herr Lohmeier folgte ihr wie ein Hündchen. Die Jungen lachten glucksend in sich hinein. Fünf Minuten später stand Herr Lohmeier im schwarzen Rock mit Sonntagshut wieder vor der Tür. Sogar die Krawatte hatte Bettina ihm gebunden.

„Und was ist nun mit unserem Auftrag?“, fragte Bille mahnend.

„Ach so, natürlich, das hätte ich beinah vergessen!“ Herrn Lohmeiers Blick ruhte immer noch voller Wohlwollen auf Bettina. „Ich hatte heute Morgen einen Anruf vom Holzhändler aus Wedenbruck. Der Sturm hat sein ganzes Lager durcheinander geworfen, und er hat keine Leute, um wieder Ordnung zu schaffen. Aber das wird wohl nichts für euch sein.“

„Warum nicht? Wir sind schon unterwegs! Danke, Herr Lohmeier!“

Als sie zu den Pferden zurückliefen, bog Helga auf ihrem Fahrrad um die Ecke, um sich der Hilfstruppe anzuschließen. Und da Bettina weiter auf Zottel reiten wollte, entschloss sich Bille, ebenfalls ihr Fahrrad zu nehmen und vor der Reitergruppe herzufahren.

Der Holzhändler war höchst überrascht, als die eigenartige Karawane in seinen Hof einbog. Bille erklärte den Grund ihres Kommens.

„Was wollt ihr denn verdienen?" Der Holzhändler schaute zweifelnd von einem zum anderen.

„Ich mache Ihnen einen Vorschlag: Sie sehen sich nachher an, was wir geschafft und wie wir gearbeitet haben, und setzen den Preis danach selber fest. Einverstanden?"

„Na schön. Dann kommt mal mit."

Auf dem Lagerhof sah es wirklich böse aus. Bretter und Latten aller Größen waren von ihren Stapeln gerissen und durcheinander gewirbelt worden, viele waren dabei zersplittert.

„Also – die Bretter wieder nach Sorten ordnen und auf ihre Stapel schichten. Und das kaputte Holz auf einen Extrahaufen, richtig?"

„Richtig. Habt ihr Arbeitshandschuhe? Drinnen im Schuppen liegen noch zwei Paar. Die Pferde könnt ihr auf die Koppel hinter dem Hof bringen."

Der Holzhändler ging und die freiwillige Hilfstruppe machte sich an die Arbeit. Bald hallte der Hof von ihrem Geschrei und Gelächter wider. Die Mädchen sortierten Bretter, Latten und Stangen, die Jungen schichteten sie auf. Es machte Spaß, sich in der klaren Herbstluft so richtig auszutoben, den frischen Holzgeruch in der Nase.

„Ich wusste gar nicht, dass Karlchen noch einen Opa hatte", sagte Helga in einer Verschnaufpause.

„Den haben sie auch meistens verschwiegen", erklärte

Bille lachend. „Das war ein ganz schönes Schlitzohr. Zehn bis zwanzig Flaschen Bier am Tag und ein Lügenmaul, dass sich die Balken bogen. Er hat die verrücktesten Sachen gemacht. Wenn du hier in Wedenbruck wohntest, hättest du sicher schon von seinen Geschichten gehört. Er galt als Dickschädel und Geizkragen und hatte sich zuletzt mit allen in der Wolle. Trotzdem mochte ich ihn gern – er war so lustig."

Florian hatte einen verhängnisvollen Fehler gemacht. Er hatte nicht bemerkt, dass die Koppel, auf die er die Pferde brachte, einen zweiten Eingang hatte. Die Peershofer Pferde nahmen das nicht weiter zur Kenntnis, sie wandten sich ohne Umstände dem Gras zu und genossen die letzten Sonnenstrahlen.

Zottels Neugier hingegen war der Fluchtweg nicht entgangen. Wenn er eines liebte, dann waren es ungestörte Spaziergänge, und so hielt er sich auf der Koppel nicht länger als nötig auf. Er trabte ein wenig durch die Felder, näherte sich den Obstgärten und reckte den Hals nach vergessenen Äpfeln in den Bäumen, schnupperte, ob es nicht sonst noch etwas Essbares gab, und genoss den Nachmittag auf seine Weise. Straßen und Wege waren leer, das Dorf schien wie ausgestorben.

Plötzlich spitzte Zottel die Ohren. Musik! Magisch angezogen trabte er näher. Die Musik kam hinter einer Mauer hervor. Die Pforte stand weit offen. Zottel erwartete, ein Zirkuszelt dahinter zu finden. Statt dessen landete er vor einem hohen, steinernen Gebäude. Eine kleine Tür führte in einen engen Raum. Zottel trat neugierig näher und schnupperte. In dem Raum hingen schwarze Gewänder. Kerzen, Kelche und Bücher lagen auf dem Tisch – und weit und breit nichts Nahrhaftes.

Wieder setzte die Musik ein, sie klang anders als im Zirkus, aber immerhin. Menschen sangen dazu, das interessierte Zottel, er drängte sich an dem Kleiderständer vorbei zur nächsten Tür. Eines der schwarzen Gewänder fiel herunter, blieb in seiner Mähne hängen und legte sich wie eine Decke über ihn.

Die Tür, die in den Raum führte, aus dem die Musik kam, war noch kleiner. Zottel schritt vorsichtig über die Schwelle. Die Musik brauste auf. Zu seiner Überraschung stand er vor einer hohen Stallwand. Oder war es die Rückseite eines Schranks? In den Fenstern über ihm war buntes Glas, es war dunkel hier drinnen, Zottel konnte nichts sehen und blieb unschlüssig stehen.

Jetzt hörte die Musik auf. Eine fremde Stimme sprach.

„Meine lieben Brüder und Schwestern im Herrn, wir sind zusammengekommen, um unserem verehrten Mitbruder August Brodersen das letzte Geleit zu geben und um den Hinterbliebenen unser Mitgefühl in dieser Stunde tiefer Trauer zu erweisen."

Höhöhö, machte Zottel, die Stimme gefiel ihm nicht.

Der Pastor glaubte seinen Ohren nicht zu trauen.

„Welch ein Mensch ist da von uns gegangen", fuhr er leicht beunruhigt fort. „Wie viel Güte und Liebe haben die von ihm erfahren, die ihm nahestanden. Welch ein aufrechter Mitbürger ..."

Höhöhöhö, machte Zottel ärgerlich.

Der Pastor lief rot an. Auf seinem kahlen Schädel bildeten sich kleine Schweißtropfen. Auch die Trauergemeinde hatte es gehört und schaute sich unruhig um. Niemand konnte etwas entdecken. Woher kam die eigenartige Stimme?

„Ja ... äh ...", der Pastor hatte den Faden verloren. „Welch ein Verlust für die Gemeinde, die ihn als frommen und allzeit fröhlichen Menschen kannte und zu ihren eifrigsten Mitgliedern zählen durfte …"

Höhöhöhöhö, machte Zottel ein paar Töne tiefer.

„Es kommt aus dem Sarg", wisperte eine alte Frau ihrer Nachbarin zu. „Sein Geist spricht!"

Dem Pastor war es, als zögen Nebelschwaden durch sein Gehirn. „Und so … und so … und so rufe ich dir zu, August Brodersen – sieh unsere Trauer! Sieh unsere Tränen! Du wirst uns unvergessen sein!"

Höhöhöhöhmmm, machte der Geist.

„Mkrrrchiihi", prustete Karlchen los. Er saß am weitesten außen und hatte hinter dem Altar ein Stück schwarzes Tuch wanken sehen. Und unter dem Tuch schaute ein Zipfel von einem rot-weißen Schweif hervor. Frau Brodersen sah ihren Jüngsten strafend an. Die Gemeinde wurde unruhig.

Der Pastor warf einen flehenden Blick zum Himmel und sagte: „Lasset uns beten!"

Der Organist legte sich mit seinem ganzen Gewicht in die Tasten der Orgel, als könne er damit den Geist von sich fernhalten. Karlchen tat, als sei ihm schlecht, und stürzte hinaus. Er raste außen um die Kirche herum zur Sakristei. Und während die Gemeinde inbrünstig sang, holte Karlchen Zottel aus seinem Versteck und befreite ihn von seinem schwarzen Gewand, ohne dass es jemand bemerkte.

Die Zeit drängte, gleich würde der Trauerzug aus der Kirche kommen. Karlchen führte Zottel zum Hinterausgang des Friedhofs und gab ihm einen kräftigen Klaps.

„Hau ab, du alter Chaot, und lass dich ja nicht wieder hier blicken!"

Dann rannte er zur Kirche zurück.

Zottel sah ihm erstaunt nach. Warum behandelte Karlchen ihn heute so schlecht? Hatte er ihn nicht erkannt? Zottel trottete hinter Karlchen her. In der Kirche hoben sie bereits den Sarg mit Opa Brodersen hoch, um ihn zu Grabe zu tragen. Karlchen schwitzte vor Angst und war verzweifelt. Er sah sich um, entdeckte einen vom Sturm heruntergerissenen Ast, ergriff ihn und brannte Zottel mit aller Kraft eins über das dicke Hinterteil. Zottel keilte entsetzt aus und galoppierte in wilder Panik davon.

Wo war der Ausgang? Zottel jagte kreuz und quer über die Gräber, immer wieder stand er vor neuen Hindernissen, immer größer wurde seine Angst.

Hinter einem kleinen Wall entdeckte er ein dichtes Gebüsch, das würde ihm Schutz bieten. Zottel galoppierte auf den Erdwall zu, sah nicht die Öffnung, die dahinter gähnte, die Erde war nass und glitschig, Zottel rutschte ab. Pflop!, saß er zwei Meter tiefer fest.

Und während gemessenen Schrittes die Trauergemeinde nahte, kämpfte Zottel um sein Leben. In wilder Panik schlug er um sich und versuchte verzweifelt, seinem Gefängnis zu entkommen. Der Gemeinde gefror das Blut in den Adern. Aus der Tiefe des Grabes drangen grauenvoll unirdische Geräusche, die Erde bebte und der Friedhof bot ein Bild der Verwüstung. Entsetzt ließ man den Sarg stehen und wich zur Kirche zurück.

Karlchen flüsterte Hubert etwas ins Ohr. Hubert riss Mund und Augen auf und schaute so dumm aus der Wäsche wie selten zuvor. Dann war er in wenigen Sätzen am Grab. Die Gemeinde hatte in der Kirche Schutz gesucht, der Pastor war in der Sakristei verschwunden. Vater Brodersen hielt seine schluchzende Frau umschlungen und verstand überhaupt nichts mehr. Hubert winkte den Sargträgern, die unschlüssig vor der Kirchentür standen und beratschlagten, was zu tun sei.

„Bringt die Tragegurte her!", befahl Hubert.

Zu sechst schafften sie es, den eingeklemmten Zottel aus seiner Bedrängnis zu befreien.

„Alter Spinner", sagte Karlchen und klopfte dem verängstigten Pony zärtlich den Hals. „Siehste, hättste beizeiten springen gelernt, dann wär dir das nicht passiert."

Hubert betrachtete kopfschüttelnd das mit Erde beschmierte Pony.

„Also, weißt du", brummte er, „wenn ich die Geschichte nicht mit eigenen Augen mit angesehen hätte, hätte ich gesagt, Opa hat sie erfunden."

Der schöne Wallach
hat einen Tick

Die freiwillige Hilfstruppe auf dem Hof des Holzhändlers hatte von Zottels Verschwinden nichts bemerkt. Sie arbeitete wie die Feuerwehr, und nach drei Stunden war der Hof aufgeräumt und so sauber, dass der Holzhändler ihn kaum wiedererkannte.

„Das nenne ich eine Leistung! Sieht ja aus wie bei Muttern in der guten Stube! Na – denn kommt man zur Kasse."

Er ging ihnen voraus in das kleine Büro am Ende des Lagerschuppens. Die sechs Helfer standen im Halbkreis um ihn herum, als er aus seiner Schreibtischschublade umständlich eine Kasse herausholte und aufschloss.

„Dreißig Mark pro Nase – zehn Mark Stundenlohn –, einverstanden?"

„Einverstanden", sagte Daniel.

Als sie wieder auf der Straße standen, betrachtete Bille andächtig das Geld in ihrer Hand.

„Das ist der linke Vorderhuf", sagte sie verträumt.

„Das ist was, bitte?", fragte Bettina.

„Der linke Vorderhuf von Zottel. Ich habe dir doch erzählt, dass ich mir das Geld für ihn zusammensparen will."

„Für Zottel?" Daniel schaute sie zweifelnd an. „Solltest du nicht besser gleich für ein Pferd sparen, das du auch auf Turnieren reiten kannst?"

„Vielleicht. Aber mit Zottel und mir – das ist eben was ganz Besonderes. Er ist mein Freund, ich möchte, dass er immer in meiner Nähe ist."

„Apropos – wir sollten uns mal um unsere Pferde kümmern. Es ist fast dunkel", mahnte Simon.

Asterix, Pünktchen und Bongo warteten schon sehnsüchtig am Gatter. Nur von Zottel war keine Spur zu entdecken. Bille schaute sich um.

„War das Gatter dort hinten vorhin auch schon auf?", fragte sie Florian streng.

„Welches Gatter? Ach, das – keine Ahnung, ich hab's gar nicht gesehen."

„Also war es offen. Dann brauchen wir Zottel nicht lange zu suchen, er ist entweder bei mir zu Hause oder schon im Stall. Das hoffe ich wenigstens."

Bille hoffte nicht vergebens. Zottel war tatsächlich im Stall, allerdings war er nicht allein dorthin zurückgekehrt, und sein Zustand entsprach auch nicht dem, in dem Bille ihn zurückgelassen hatte. Sie musste zweimal hinschauen, ehe sie ihn erkannte.

„Ja, um Himmels willen, mein Liebling, was haben sie mit dir gemacht? Du bist ja schwarz wie ein Schornsteinfeger!"

„Na und?", brummte Hubert. „Er trägt Trauer – wie sich das gehört, wenn man auf 'ne Beerdigung geht."

„Er ist was?" Bille schaute fragend von einem zum anderen.

Karlchen, Hubert und Petersen hatten Tränen in den Augen, sie wurden scheinbar von Schluchzen geschüttelt. Karlchen und Hubert schlugen sich gegenseitig auf die Schultern, umarmten sich immer wieder heftig und brachten nur noch gepresste Laute hervor. Ging ihnen Opa Brodersens Tod so nahe?

Bille suchte gerade nach ein paar passenden Beileidsworten, da hatte der alte Petersen seine Fassung so weit zurückgewonnen, dass er sagen konnte: „Er hi… er hi… er hat Maß genommen! Dein Zottel hat für Opa Brodersens Grab Maß genommen!" Ein Schwall von Gelächter folgte.

Nach und nach brachte Bille die ganze Geschichte aus ihnen heraus. Und für den Rest des Abends war sie damit beschäftigt, ihren Liebling wieder auf Hochglanz zu bringen. Während Hubert und Karlchen zu den übrigen Trauergästen in den *Krug* gingen, die wieder und wieder auf Opa Brodersens letzten Streich tranken.

Der November kam und mit ihm das Frostwetter und eine erste dünne Schneeschicht. In der fahlen Herbstsonne tummelten sich die Pferde auf den Koppeln, wälzten sich im Schnee und kratzten nach den letzten Gräsern.

Ein Neuer hatte in Groß-Willmsdorf Einzug gehalten. Für Bille war es ein Pferd aus dem Märchen: ein blauschwarzer Wallach mit dichter, langer Mähne und einem bauschigen Schweif. Er kam aus Amerika und erinnerte an Prärie und Wildpferde. Herr Tiedjen machte keinen Hehl daraus, dass er sich in das schöne Tier Hals über Kopf verliebt hatte. Black Arrow hieß der Rappe, Schwarzer Pfeil, und das schien auch der einzige Name zu sein, der zu ihm passte.

Black Arrow wurde ausgeladen, kassierte mit Wohlwollen die Huldigungen der Umstehenden, die seine Schönheit mit reichlichen „Ahs" und „Ohs" bedachten, und ließ sich von Petersen in den Stall führen. Seine künftigen Kollegen schienen ihn nicht besonders zu interessieren, er gönnte ihnen keinen Blick.

Aber dann sah er Zottel. Black Arrow spitzte die Ohren, befreite sich mit einem heftigen Kopfschütteln aus Petersens Griff und lief zu dem Pony hinüber. Zottel streckte ihm neugierig die Nase entgegen und die beiden beschnupperten sich ausgiebig.

Hümhümhümhümhüm, machte Black Arrow, es hörte sich an, als habe er gelacht.

Hmhmhmhmhm, antwortete Zottel und begrüßte den Neuling mit fröhlichem Kopfnicken.

Petersen brachte Black Arrow in seine Box und nahm ihm das Halfter ab. Black Arrow trat sofort an das Gitter heran und blickte zu Zottel hinüber. Auch Zottel reckte den Hals und ließ den Rappen nicht aus den Augen. Bille und die übrige Stallmannschaft betrachteten die beiden amüsiert.

Hümhümhümhümhüm.

Hmhmhmhmhmm.

„Könnt ihr das verstehen?", fragte Bille kopfschüttelnd.

„Nö", sagte Karlchen, „ist ja auch Amerikanisch."

„Vielleicht stammt Zottel aus Amerika? Weiß man's", meinte Petersen lachend.

Es stellte sich bald heraus, dass Black Arrow ein Einzelgänger war. Mit den anderen Pferden im Stall hatte er nichts im Sinn. Er konnte sogar sehr unhöflich werden, wenn zufällig eine der Stuten seinen Weg kreuzte. Nur eine Ausnahme gab es: Zottel. Wo immer es möglich war, suchte Black Arrow seine Nähe.

Wenn morgens beim Putzen die Türen der Boxen offen standen, brauchte sich Petersen nur einmal umzudrehen, schon war Black Arrow verschwunden und stand Sekunden später neben Zottel und der erstaunten Bille.

Arbeitete Herr Tiedjen mit Black Arrow in der Bahn, konnte es geschehen, dass er wie angewurzelt stehen blieb, nur weil Bille mit Zottel vorbeikam. War Zottel dagegen auch in der Bahn, dann zeigte Black Arrow Hochform. Hatte er Zottel den ganzen Tag nicht zu sehen bekommen, dann sprang er lustlos und unkonzentriert, es war nichts mit ihm anzufangen.

„Eine schöne Bescherung!", stöhnte Herr Tiedjen. „Wie sollen wir ihm den Tick bloß wieder abgewöhnen!"

Wenn Black Arrow mit Zottel auf der Koppel war, dann befand er sich im Zustand höchster Glückseligkeit, er tobte mit dem Pony herum, als seien sie zwei junge Hunde. War er allein draußen, dann rührte er sich nicht vom Gatter weg, bis man ihn holte.

Es war an einem Sonntagnachmittag, als graue Wolken den Himmel überzogen und Hubert und Petersen beschlossen, die Pferde früher als sonst von der Koppel zu holen. Hubert holte erst die Stuten herein, dann ging er zur anderen Seite des Hofs, um Black Arrow von der hinteren Koppel abzuholen.

„Ich glaub, ich spinne, der Amerikaner ist weg!", rief Hubert erschrocken aus.

Das Gatter der Koppel war geschlossen, aber von dem schönen Rappen war weit und breit nichts zu sehen. Hubert raste zum Stall zurück.

„Der Amerikaner ist verschwunden!", keuchte er. „Abgehauen kann er nicht sein, das Gatter ist zu. Ob ihn jemand geklaut hat? Mann, o Mann, wenn das der Chef hört, macht er uns fertig!"

„Wo ist Bille?", fragte Petersen.

„Nach Peershof geritten, schon heute Morgen."

Petersen und Hubert sahen sich an.

„Nö", sagte der eine.

„Nö. Kann nicht sein", sagte der andere.

„Oder vielleicht doch?"

„Vielleicht hat sie ihn mitgenommen?"

„Würde sie nie tun, ohne vorher den Chef zu fragen. Und der ist weg. Außerdem würde der das gar nicht erlauben – das teuerste Pferd auf dem Hof!"

„Also suchen wir."

Bettina war heute stark erkältet, deshalb hatten sie auf einen Ausritt verzichtet. Bille hatte Zottel und Sternchen auf die kleine Koppel hinter dem Pferdestall gebracht, da konnten sie sich austoben.

Die beiden Mädchen verbrachten den Vormittag in Bettinas Zimmer, anschließend wurde zu Mittag gegessen. Nach dem Essen spielten sie mit Florian und Simon Tischtennis und später gab es dann einen spannenden Film im Fernsehen.

Einmal sah Bille auf und bemerkte die dicken Wolken am Himmel. „Schau mal, soll ich die Pferde nicht lieber reinbringen?"

„Noch regnet es ja nicht", hatte Bettina sie beruhigt. „Lass uns den Film zu Ende ansehen."

Inzwischen hatte Fräulein Fuchs bereits den Tee auf den Tisch gestellt und sie vergaßen die Pferde wieder.

„Du musst bei Herrn Tiedjen ja wirklich einen Riesenstein im Brett haben", sagte Simon plötzlich.

„Wieso – wie kommst du darauf?"

„Na hör mal! Dass er dich mit seinem kostbarsten Pferd ausreiten lässt."

„Ich fürchte, ich versteh immer Bahnhof – seit wann ist Zottel sein kostbarstes Pferd?"

„Na, bist du heute nicht mit dem Rappen gekommen? Dem aus Amerika?"

„Ich glaub, du hast 'nen Knick in der Optik. Ich bin mit Zottel gekommen, wie immer."

„Komisch. Ich habe von meinem Fenster aus doch den Rappen auf der Koppel gesehen."

Diesmal war es nicht nur Bille, die mit ihren Knien den Tisch ins Wanken brachte. Bettina und Florian halfen von ihrer Seite aus kräftig nach. Frau Henrich griff schützend nach der Teekanne.

„Aber Kinder! Was ist denn in euch gefahren!"

Die drei waren bereits in der Halle.

„Komm mit!", rief Daniel Simon zu und stürzte hinterher.

Zu fünft rasten sie zur Koppel hinüber, die Hunde sprangen kläffend um sie herum.

Da stand er, Black Arrow der Schöne, den Hals zärtlich über Zottels Hals gelegt, und benagte den Freund zärtlich.

Ein Telefongespräch mit Groß-Willmsdorf befreite Hubert und Petersen von ihren Ängsten. Bille lieh sich für Black Arrow ein Halfter aus und kehrte mit den beiden Unzertrennlichen nach Hause zurück. Das Halfter hätte sie gar nicht benötigt, denn Black Arrow wich nicht von Zottels Seite.

Wenn ich jetzt eine Geschichte für die Zeitung schreiben würde, überlegte sie sich, eine Geschichte mit dem Titel: Erlebnisse mit meinen Pferden? Damit müsste man doch auch Geld verdienen können. Nein, es hat keinen Sinn. Was die beiden anstellen, glaubt mir sowieso kein Mensch.

Eine schöne Bescherung

Als Bille am nächsten Vormittag mit den Freundinnen auf dem Schulhof stand, näherten sich ihnen ein paar Jungen aus der dritten Klasse der Grundschule. Sie waren alle aus Wedenbruck, aber Bille kannte nur einen von ihnen: Jens, Ellis kleinen Bruder. Jens war es denn auch, der die Rolle des Wortführers übernahm.

„Du hast doch ’n Pony", kam er ohne Umschweife zur Sache.

„So könnte man es nennen, ja. Allerdings gehört es mir nicht, ich darf es nur pflegen."

„Und du kannst auch drüber bestimmen?"

„Das kommt darauf an. Worum geht's denn?"

„Wir wollen uns dein Pony ausleihen."

„Ausleihen? Wofür denn das?"

„Na ja – für den Sankt-Martins-Zug."

„Aha. Und wie habt ihr euch das vorgestellt?"

„Also, ich bin der heilige Martin, klar?"

„Klar, Martin, eh, Jens. Und weiter?"

„Ich reite auf dem Pony, und Kuddel", er zeigte auf einen blassen, aschblonden Jungen neben sich, „geht als Bettler neben mir her. Die anderen", er machte eine weit ausholende Geste, „sind meine Diener und Soldaten. Wir ziehen zusammen durchs Dorf und singen Lieder und sagen ein Gedicht auf. Dafür kriegen wir was, Süßigkeiten und so."

„Oh, wenn es Süßigkeiten gibt, macht Zottel bestimmt gern mit. Was mich interessieren würde: Kannst du überhaupt reiten?"

„Nö. Aber die anderen können doch das Pony führen, oder?"

„Hm. Und wann soll das Ganze stattfinden?"

„Morgen Abend, sobald es dunkel ist. Wir haben Laternen gebastelt und tolle Kostüme!" Die anderen bestätigten es durch eifriges Nicken.

„Und was kriegen wir dafür – Zottel und ich?"

„Kriegen – wie meinst du das?" Jens legte den Kopf schief.

„Ach, ihr wolltet Zottel umsonst haben?"

„Ich dachte … na ja, also wenn du willst … wir teilen nachher, was wir bekommen haben. Dann kriegst du eben auch einen Anteil."

„Zwei. Einen für Zottel, einen für mich."

„Na schön, wenn's sein muss."

„Okay, ich bin um sechs Uhr mit Zottel bei euch am Krug. Alles klar? Und ich werde Zottel führen."

„Muss das sein?"

„Ja."

„Okay. Bis morgen dann."

Die Jungen zogen zufrieden ab.

„Schade, dass ich keine Zeit habe, mir das anzusehen!", sagte Bettina lachend. „Bille als Knecht des heiligen Martin. Teilst du deine Einnahmen mit uns?"

„Wenn's welche gibt."

Als Bille am nächsten Abend mit Zottel vor dem *Krug* erschien, wurde sie von den Jungen schon sehnsüchtig erwartet.

„Du musst dich noch verkleiden", sagte Jens. „Zottel können wir so lange hinten im Hof anbinden." Er gab seinen Kumpels ein Zeichen, sich um das Pony zu kümmern.

Bille band Zottel am Schuppen fest und sah die Jungen durchdringend an. „Wehe, ihr macht Blödsinn mit ihm! Wer getreten oder gebissen wird, ist selber schuld, kapiert?"

„Nun komm schon!" Jens und Kuddel schoben Bille die Treppe hinauf und schubsten sie in ein Zimmer, dessen Boden mit alten Kleidungsstücken und Kopfbedeckungen übersät war. „Los, such dir was aus! Und dann muss ich dich auch noch anmalen", drängte Jens.

„Anmalen?"

„Klar, das gehört doch dazu."

„Na schön." Bille wühlte unentschlossen in den alten Sachen herum. „Wo habt ihr denn das ganze Zeug her?"

„Auf dem Boden gefunden. In einer Mottenkiste."

Bille griff sich aus dem Haufen eine alte Uniformjacke und einen Gegenstand undefinierbarer Farbe, der einstmals wohl eine Baskenmütze gewesen war. Jens kam mit einem Stück ausgebrannter Holzkohle und malte ihr einen gewaltigen Schnurrbart, während Kuddel ihr einen roten Schal umlegte, der ihr das Aussehen eines verwegenen Rebellen verleihen sollte.

„Hier, diesen alten Schirm kannst du als Säbel nehmen. Damit treibst du die gaffende Menge auseinander", sagte er wichtig.

„Sag mal, liest du eigentlich viel?"

„Klar."

„Drum."

„Drum was?"

„Du hast so eine blühende Fantasie. Gaffende Menge – ich

denke, der heilige Martin war mit dem Bettler mutterseelen-allein in kalter Winternacht."

„So, und wer hat dann die ganze Geschichte beobachtet und weitererzählt?", fragte Kuddel beleidigt.

„Na schön. Dann haue ich also mit dem Säbel in die gaffende Menge."

Jens hatte sich inzwischen in einen zerschlissenen roten Samtvorhang gehüllt und ein Sofakissen auf den Kopf drapiert, das er mit einem bunten Tuch befestigte. Er sah aus wie eine schwindsüchtige Ente.

„Und was soll Kuddel anziehen?", fragte Bille.

„Gar nichts, er geht nackend." Die Jungen kicherten.

„Er geht was, bitte? Ich höre wohl nicht richtig! Bei dem Wetter – nein, da mache ich nicht mit! Nachher werde ich noch dafür verantwortlich gemacht, dass er 'ne Lungenentzündung kriegt!"

„Nun warte doch mal ab!"

Kuddel war im Nebenzimmer verschwunden und kam nach einer Weile im Kostüm wieder heraus. Von den Hüften herunter baumelten ihm verschiedene Lumpen, dass es aussah, als trüge er ein Hula-Röckchen. Der Oberkörper steckte in einem fleischfarbenen Trikot, das einmal zu einem Dornröschenkostüm von Elli gehört hatte. Darauf hatten die Jungen mit Kohlestift die Rippen des ausgemergelten Bettlers gezeichnet und das Ganze mit einer Reihe grausiger Wunden verziert.

„Schaurig schön", sagte Bille beeindruckt. „Aber nun lasst uns endlich losziehen, ich möchte nicht erst um Mitternacht wieder nach Hause kommen."

Jens ergriff einen zweiten roten Vorhang, den er dem Bettler als Teil seines Mantels reichen würde. Sein Holzschwert hatte er sich in den Gürtel gesteckt. Mit gerafften Röcken stolperten die Jungen vor Bille her die Treppen hinunter auf den Hof.

„Wahnsinn, das habt ihr super hingekriegt!", platzte Jens heraus.

Sein Sofakissen als Turban verdeckte Bille die Sicht, deshalb konnte sie nicht sehen, was seine Begeisterung erregt hatte. Als sie es schließlich sah, verschlug es ihr für einen Augenblick die Sprache. Vor ihr stand ein schneeweißer Zottel in einer großen Lache aus verschüttetem Mehl, das auf dem feuchten Boden schnell zu einer schmierigen Pampe geworden war.

„Seid ihr denn total bescheuert?", keuchte Bille, als sie sich von ihrem ersten Schrecken erholt hatte.

„Wieso? Wir haben ihn doch bloß 'n bisschen für seinen Auftritt geschminkt. Der heilige Martin ist schließlich auf einem Schimmel geritten!", verteidigte sich der Haupturheber.

„Na, dann kann ich mir ja noch gratulieren, dass er nicht auf einem Rappen geritten ist. Ihr hättet es fertiggebracht, Zottel von oben bis unten mit schwarzer Schuhcreme anzumalen! Kannst du mir mal verraten, wie ich das Zeug wieder wegkriegen soll?"

„Och, beim nächsten Regen geht's sowieso runter", sagte Kuddel tröstend.

„Du hast vielleicht eine Ahnung. Na kommt, jetzt ist sowieso nichts mehr zu ändern. Steig auf, du komischer Heiliger."

Bille half Jens in den Sattel. Ein kleiner Rotschopf mit Backen wie ein Posaunenengel schulterte den Sack für die Geschenke, Kuddel setzte eine erbarmungswürdige

Bettlermiene auf und begann schon mal zur Probe zu stöhnen und zu jammern, und der Rest der Mannschaft formierte sich als Gefolge. Mit wankenden Laternen machten sie sich auf den Weg.

Jens schien für gute Mundpropaganda gesorgt zu haben. Kaum stimmten sie ihre Gesänge an, öffneten sich die Türen und Fenster und das Publikum strömte zusammen. Gleich beim ersten Haus wurden sie mit einem Korb voller Rosinenbrötchen und Äpfel beschenkt. Die Jungen reichten ihn andächtig weiter und jeder schaute gierig hinein.

„Nun lasst mich doch auch mal sehen", mahnte Bille, und Jens reichte ihr den Korb herüber.

Schnapp! Zottel fischte sich blitzschnell einen Apfel, während der Korb an seiner Nase vorüberwanderte.

„He! Der braucht ja 'nen Maulkorb!" Jens hob wütend die Hand.

„Wag es ja nicht, Zottel zu schlagen! Du bist selber schuld, wenn du ihm die Sachen so dicht vor die Nase hältst."

Zottel kaute zufrieden an seinem Apfel. Die Rolle schien sich zu lohnen! Interessiert verfolgte er, wie der Inhalt des Korbes in den Sack umgeladen wurde.

Es ging weiter. Sie sangen mit viel Begeisterung, und überall, wo sie hielten, kullerten Äpfel, Kekse oder Schokolade in den Sack. Manchmal waren auch ein paar Markstücke darunter – für das Ponyfutter, wie die Leute sagten.

Ein paar Kinder folgten ihnen in respektvollem Abstand. Sie hofften wohl, auch etwas von den guten Gaben zu erben, die da so reichlich verteilt wurden. Aber da kamen sie bei den Jungen schlecht an. Wir sind schon so viele, hieß es, und: Geht doch selbst singen!

Bille, die sich zuerst bemüht hatte, den Eindruck zu

erwecken, sie habe mit der Sache nichts zu tun und gehe nur als Aufpasser für die Kleinen mit, bekam allmählich Spaß an dem Auftritt. Sie sang und spielte kräftig mit. Nur Zottel war die Lust vergangen. Die entwürdigende Schminkprozedur hatte er noch geduldig über sich ergehen lassen. Aber dass nun ständig die köstlichsten Leckerbissen an seiner Nase vorbeigereicht wurden, ohne dass er die kleinste Kostprobe bekam, ärgerte ihn mehr und mehr. Zudem bearbeitete Jens ihn unbarmherzig mit den Absätzen seiner Stiefel und spielte sich als großartiger Reiter auf. Wäre Bille nicht gewesen, Zottel hätte diesen kleinen Angeber auf seinem Rücken mit einem kurzen Bocksprung in den Dreck befördert.

„Sankt Maaar-tin, Sahankt Maaar-tin,
Sahankt Martin ritt bei Schnee uhund Wind,
sein Ross, das trug ihn fort geheschwind,
Sankt Martin ritt mihit frohem Mut,
Sahein Mantel deckt ihn waharm und gut",

tönte es die Dorfstraße hinauf und hinunter. Jetzt waren sie beim letzten Hof an der Hauptstraße angelangt. Frau Klepka, die alte Bäuerin, hatte ihnen mit Tränen der Rührung in den Augen zugehört.

„Och, war das schön, Kinnings", sagte sie bewegt. „Genau wie früher, als ich noch so 'n lüttes Ding war! Aber nu kommt man alle rein, ich hab 'nen schönen heißen Kakao für euch. Müsst ja ganz durchgefroren sein!"

Das waren sie wirklich, die Einladung kam ihnen gerade recht. Sie banden Zottel an die Stalltür. Da Bille nicht vorhatte, lange zu bleiben, nahm sie den Sattel nicht ab. Den Sack ließen sie auf dem Sattel zurück.

In Frau Klepkas Küche war es warm und gemütlich. Es gab frische Krapfen zum Kakao, und nachdem sie gegessen und getrunken hatten, ließ sich Frau Klepka noch einmal die Lieder und Sprüche vortragen, die sie selbst schon als Kind gesungen hatte. Dann erzählte sie aus ihrer eigenen Kinderzeit.

Als sie nach über einer Stunde aus dem Haus traten, war Zottel verschwunden.

„Der Sack ist weg!", schrie Jens entsetzt.

„Idiot! Zottel ist weg! Das ist viel schlimmer!", schimpfte Bille. „Na los, alle Mann auf die Suche, aber ein bisschen dalli, wenn ich bitten darf. Ich bin schließlich für das Pony verantwortlich! Wahrscheinlich haben sich die anderen Kinder an euch rächen wollen, weil ihr ihnen nichts abgeben wolltet, und haben ihn losgebunden."

„Und uns den Sack geklaut!", sagte Kuddel erbost. „Na, die können was erleben!"

„Also, erst mal müssen wir Zottel finden, alles andere ist nebensächlich", erklärte Bille. „Wir schwärmen nach allen Seiten aus und treffen uns in einer halben Stunde am Krug. Nehmt ihr die Höfe und Dorfstraßen unter die Lupe, ich gehe den Weg nach Groß-Willmsdorf hinunter. Vielleicht ist er zum Stall gelaufen."

Eine schöne Bescherung! Wenn der Sack verschwunden blieb, war die ganze Mühe umsonst gewesen. Die Jungen machten sich knurrend auf die Suche, wobei ihnen weit mehr daran lag, den Sack mit den Süßigkeiten zurückzubekommen und sich an den Dieben handgreiflich rächen zu können, als Billes Pony wiederzufinden.

Von den vermeintlichen Dieben war weit und breit nichts zu sehen. Und auch der Sack war nicht aufzufinden, weder mit noch ohne Pony. Einer nach dem anderen gab die Suche enttäuscht auf und lief zum *Krug* hinüber, in der Hoffnung, die anderen hätten vielleicht mehr Glück gehabt. Sankt Martin hockte brütend auf einer Kiste mit leeren Flaschen und konnte die Tränen der Wut kaum zurückhalten, als schließlich Kuddel als Letzter auf den Hof geschlichen kam und auch er seinen Misserfolg bei der Suche nach dem verlorenen Schatz eingestehen musste.

Entferntes Hufetrappeln weckte neue Hoffnung in ihnen. Bille kam in den Hof getrabt und klopfte ihrem Pony glücklich den Hals.

„Gott sei Dank!", rief sie schon von Weitem. „Es ist noch mal gut gegangen. Zottel kam mir auf der Groß-Willmsdorfer Allee entgegen. Er muss auf halbem Weg umgekehrt sein – vielleicht hatte er ein schlechtes Gewissen, dass er mich im Stich gelassen hat, und wollte mich abholen."

„Und der Sack?", riefen die Jungen wie aus einem Munde.

„Welcher Sack? Ach so, daran habe ich gar nicht mehr gedacht. Keine Ahnung, er war nicht mehr auf seinem Sattel."

„Verdammt!" Jens haute wütend auf das leere Blechfass, das neben ihm stand. „Also war es doch diese blöde Bande. Sie haben das Pony losgebunden und den Sack geklaut. Das bedeutet Krieg, Männer!"

„Sei nicht albern", sagte Bille verächtlich. „Wegen der paar Süßigkeiten. Stell dir vor, Zottel wäre auf die Hauptstraße gerannt und von einem Auto angefahren worden."

„Egal", knurrte Jens, „das lassen wir uns nicht gefallen."

„Unsere Rache wird fürchterlich sein!", bestätigte Kuddel düster.

„Na, das ist euer Problem. Zottel und ich müssen jetzt nach Hause. Mal sehen, wie ich den armen Kerl wieder sauber kriege."

„Sieh mal an, da isser ja wieder!", rief Hubert überrascht, als Bille mit Zottel in den Stall kam. „War vor 'ner halben Stunde schon mal da. Als ich kam und seine Box zumachen wollte, hat er wieder kehrtgemacht! Wie sieht der überhaupt aus?"

„Er ist noch in Kostüm und Maske", erklärte Bille.

Zottel hatte es ungewöhnlich eilig, in seine Box zu kommen. Dort fing er eifrig an, im Stroh zu scharren. Unter dem Stroh wölbte sich etwas, das Zottel energisch mit Zähnen und Vorderbeinen bearbeitete. Unter seinen Hufen kamen Äpfel und Kekse zum Vorschein. Bille rettete schnell eine Schachtel Pralinen vor seinem Zugriff.

„Du alter Gauner, das darf doch nicht wahr sein! Hast erst die Beute in Sicherheit gebracht und mich dann seelenruhig abgeholt!" Bille steckte sich eine Praline in den Mund, während Zottel glücklich an einem Rosinenbrötchen kaute. „Na warte!", kicherte sie. „Wenn das die Jungen erfahren! Ihre Rache wird fürchterlich sein!"

Bille fasst einen Entschluss

Von den drei Brüdern ritt der sensible Simon am besten. In seinem ein wenig schmächtig wirkenden Körper steckte mehr Energie, als die beiden anderen zusammen besaßen.

„Du verstehst dich auf die Geheimsprache der Pferde wie Herr Tiedjen. Ich glaube, du verständigst dich mit deinem Pünktchen mehr durch Gedankenübertragung als durch sichtbare Hilfen. Es würde mich nicht wundern, wenn du einmal genauso ein berühmter Reiter werden würdest wie er", sagte Bille eines Tages zu ihm, als sie ihm beim Springen zugeschaut hatte.

Simon wurde rot vor Freude. „Meinst du wirklich? Aber um das zu schaffen, müsste ich …", er brach ab und seufzte.

„Was hast du?"

„Ach …" Simon hob die Schultern und starrte auf seine Stiefelspitzen. „Weißt du eigentlich, dass ich wahnsinnig eifersüchtig auf dich bin?"

„Auf mich? Wieso?"

„Weil Herr Tiedjen dich unterrichtet. Wie hast du das bloß fertiggebracht?"

„Gar nicht. Er hat es mir einfach angeboten."

„Einfach so?"

„Nein – natürlich nicht", gestand Bille. „Ich habe lange Zeit bei ihm im Stall geholfen, ohne dass ich gewagt habe, ihn anzusprechen. Aber eines Tages ergab sich die Gelegenheit.

Und da habe ich ihm von meiner Sehnsucht, reiten zu lernen, erzählt. Und auch, dass meine Mutter so dagegen sei. Na ja – er muss gewusst haben, dass ich für ihn und seine Pferde durchs Feuer gehen würde. Jedenfalls ist er zu meiner Mutter gegangen und hat ihre Erlaubnis eingeholt."

„Toll. Ich würde mich nie trauen, ihn um Reitstunden zu bitten. Dabei gibt es nichts auf der Welt, was ich mir mehr wünsche!"

„Warum traust du dich dann nicht?"

„Ich weiß nicht, ich bring es einfach nicht fertig. Er ist so ein berühmter Mann und hat so viele Verpflichtungen – ich möchte ihn nicht belästigen."

„Eines stimmt", meinte Bille nachdenklich, „in der Turniersaison habe ich oft wochenlang auf die nächste Stunde warten müssen. Bei wem habt ihr eigentlich Reitunterricht gehabt?"

„Bei einem Onkel, der früher einmal Turnierreiter war. Aber nicht sehr lange."

Bille dachte nach. Wenn sie ehrlich war, fand auch sie es ein bisschen ungerecht, dass Herr Tiedjen außer ihr niemandem Unterricht gab – so stolz sie auch darauf war. Sollte sich das nicht ändern lassen? Seit Daniel, Simon und Florian ihre Freunde waren, hatte sie schon manchmal daran gedacht, wie viel Spaß es machen würde, mit ihnen gemeinsam unterrichtet zu werden und in freundschaftlichen Wettstreit zu treten. Wie viel kostbarer wäre ein Lob, wenn es vor den Ohren der Jungen ausgesprochen würde! Und kritische Bemerkungen wären nur halb so tragisch, wenn auch die anderen Fehler machten.

Bille beschloss, bei nächster Gelegenheit mit Herrn Tiedjen zu sprechen.

Am nächsten Tag auf dem Schulhof beobachtete Bille, wie Bettina mit Karlchen tuschelte.

„Ich hab ein Geheimnis erfahren!", sang sie übermütig, als sie zu Bille und Helga herüberkam.

„Und? Verrätst du's uns?"

Bettina legte den Kopf schief und blinzelte. „Ich weiß nicht. Na, jedenfalls dreht es sich um einen gewissen, nicht mehr fern liegenden Termin."

„Um welchen Termin?", drängte Helga.

„Um den siebenundzwanzigsten November."

„Ach so", sagte Bille gelangweilt. „Na wenn schon."

„Was ist an dem Tag so besonders", bohrte Helga weiter.

„Billes Geburtstag. Karlchen hat es mir eben erzählt."

„Den kannst du getrost vergessen", sagte Bille. „Mutsch und Onkel Paul sind viel zu sehr mit dem Umzug beschäftigt. Die haben gar keine Zeit, an meinen Geburtstag zu denken."

„Aber deshalb können wir doch dran denken, oder?"

Bettina zog Helga auf die Seite und flüsterte ihr etwas ins Ohr. Helga bekam große Augen.

„Klar kannst du dich auf mich verlassen", tuschelte sie.

Was die wohl ausgeheckt haben?, dachte Bille. Ob sie mir das große Pferdelexikon schenken, das ich mir so wünsche? Vielleicht legen sie alle zusammen? Das wär super. Sie wandte sich ab und tat, als bemerke sie das Getuschel der Freundinnen nicht.

In den nächsten Tagen sahen sich Bille und Bettina selten. Bille hatte im Spar-Markt einen Aushilfsjob angenommen. Mutsch hatte zwar zunächst protestiert, aber Bille hatte nicht lockergelassen. Sie wolle und müsse sich jetzt das Geld für Zottel zusammenverdienen, hatte sie gesagt. Und wenn's nicht im Spar-Markt sein könne, dann eben anderswo. So hatte Mutsch schließlich nachgegeben.

Billes Reitstunden bei Herrn Tiedjen fanden wegen des schlechten Wetters meistens in der Halle statt, und schon Stunden vorher träumte sie von dem Augenblick, in dem sie Troja satteln würde, hörte in Gedanken die Schritte des Pferdes, wenn sie über den dunklen Hof hinüber zur Reithalle gingen, das Knarren des schweren Tors, das leise Knirschen des Sattels, wenn sie aufsaß. All die kleinen Momente großen Glücks. Manchmal glaubte sie, nur richtig zu leben, wenn sie bei den Pferden war. Was dazwischenlag, war wie ein Schlaf, in dem sie von ihren Pferden träumte.

Jedes Mal vor dem Unterricht nahm sich Bille vor, mit Herrn Tiedjen über die drei Brüder zu sprechen. Aber war die Stunde dann vorüber, fand sie nicht den richtigen Augenblick dazu. Die Atmosphäre während der Arbeit war so konzentriert, dass Bille fürchtete, etwas zu zerstören, wenn sie es durchsetzte, dass die anderen daran teilnahmen.

Hinterher, wenn sie wieder allein war, ärgerte sie sich über ihre Selbstsucht. Das nächste Mal rede ich aber ganz bestimmt mit ihm!, nahm sie sich vor.

Die Woche verging, es war bereits Freitag. Bille war früher als sonst im Stall, um Hubert zu vertreten, der sich für heute freigenommen hatte. Während sie die Fohlen versorgte, fiel ihr der Vorsatz, mit Herrn Tiedjen zu sprechen, wieder ein, und sie beschloss, es keinen Augenblick länger zu verschieben. Herr Tiedjen war im Büro, und er würde sicher ein paar Minuten Zeit für sie haben. Sie beendete ihre Arbeit gewissenhaft, fand noch dies und das zu tun, aber schließlich hatte sie keine Ausrede mehr. Sie schloss die Stalltür und ging zum Büro hinüber.

Vor dem Gutshaus parkte ein Auto, das ihr bekannt vorkam. Aber ehe sie dazu kam, sich zu überlegen, wem der Wagen gehörte, wurde die Bürotür von innen geöffnet.

„Bettina! Herr Henrich – ich wusste gar nicht, dass Sie hier sind ...", stotterte Bille.

Bettina sah verlegen an Bille vorbei.

„Wir hatten etwas miteinander zu besprechen", erklärte Herr Henrich und schüttelte Herrn Tiedjen zum Abschied die Hand.

„Ja, du – entschuldige, aber wir müssen sofort wieder nach Peershof zurück", sagte Bettina. „Bis morgen!" Damit sprang sie die Stufen hinunter und lief Herrn Henrich voraus zum Auto.

Was hatte sie nur? Komisch ...

„Du wolltest zu mir?", fragte Herr Tiedjen lächelnd. „Komm rein. Was hast du auf dem Herzen?"

Bille folgte ihm ins Büro, immer noch verwirrt von der unerwarteten Begegnung. Herr Tiedjen bemerkte es.

„Ich habe gerade sehr viel Gutes über dich gehört. Herr Henrich meint, ohne dich hätte es Bettina nie geschafft. Ich freue mich, dass du damals meiner Bitte gefolgt bist und so tapfer durchgehalten hast. Leicht scheint es nicht gewesen zu sein."

„Nein, das war es wirklich nicht", gab Bille zu. „Vielleicht hätte ich sogar aufgegeben, wenn mir Bettina nicht so gut gefallen hätte. Ich konnte sie verstehen. Wenn man mich hier wegbringen würde, dann würde ich mich vielleicht genauso benehmen."

„Ja, das traue ich dir zu. Aber du wolltest etwas mit mir besprechen – schieß los!"

Bille schluckte. „Ja, es gibt da etwas, was ich Sie schon

lange einmal fragen wollte, aber ehrlich gesagt habe ich mich einfach nicht getraut."

„Nanu, ich dachte, wir wären Freunde!"

Bille wurde rot.

„Also – es geht darum: Die Peershofer Jungen haben mir gesagt, dass Sie noch nie einen Schüler angenommen haben. Sie sind ein bisschen eifersüchtig auf mich, weil ich von Ihnen unterrichtet werde und sie nicht. Die drei reiten sehr gut, vor allem Simon, und sie lieben Pferde genauso wie ich … und …"

„Ja?"

„Übrigens, Daniel, Simon und Florian wissen nichts davon, dass ich mit Ihnen spreche, Sie können also ruhig Nein sagen."

„So, kann ich das, das tröstet mich." Um Herrn Tiedjens Mundwinkel zuckte es verräterisch, aber er ließ Bille schmoren.

„Ja, aber schließlich sind es meine Freunde – genau wie Bettina –, und fragen schadet schließlich nichts, und – wissen Sie, dass es Simons allergrößter Herzenswunsch ist, von Ihnen unterrichtet zu werden?"

„Das wusste ich nicht. Nach allem, was du mir da eben gesagt hast, nehme ich an, du wolltest mich bitten, dass ich die drei Henrich-Brüder ebenfalls unterrichte."

„Habe ich das nicht gesagt?"

„Durch die Blume", sagte Herr Tiedjen lächelnd. „Seid ihr euch eigentlich klar darüber, dass ich gar kein richtiger Reitlehrer bin?"

„Das ist nicht wahr", erwiderte Bille empört. „Sie sind der beste, den es auf der ganzen Welt gibt! Und das sage nicht nur ich."

„Tja, wenn ihr so fest davon überzeugt seid, dann – vielleicht sollte ich mir wirklich allmählich meinen Nachwuchs heranbilden, für die Zeit, wenn ich selbst nicht mehr auf Turnieren starten kann. Schließlich sollen meine Pferde die besten Reiter bekommen. Du sagst, die Jungen reiten gut?"

„Sehr gut."

„Na schön, ich werde sie mir mal ansehen. Lade sie zum Sonntagvormittag mit ihren Pferden hierher ein."

„Wirklich? Super!" Ohne Umstände fiel Bille ihm um den Hals. Herr Tiedjen drückte sie fest an sich.

„So ist's recht. Ich mag nicht immer wie ein lebendes Denkmal behandelt werden." Er nahm sie bei den Armen, schob sie ein Stück von sich weg und sah ihr in die Augen. „Und ich möchte dich wie eine große Tochter behandeln dürfen. Dazu gehört auch, dass ich dir Dinge sage, die du vielleicht nicht so gern hörst. Du hast deine Lehrlingszeit bisher mit Auszeichnung absolviert, Reiterlein, was dein reiterliches Können betrifft, deine Pferdepflege und Stallarbeit – und vor allem menschlich. Aber du arbeitest mir zu viel. Du wirst in Zukunft, bitte, im Stall nur noch die Hälfte tun und ..."

„Aber das ist doch keine Arbeit", wehrte sich Bille, „es macht mir einfach Spaß!"

„Lass mich bitte ausreden. Du wirst nur noch die Hälfte tun, und dafür wirst du angemessen bezahlt werden. Petersen wird mit dir die Stunden ausmachen und der Sekretärin mitteilen, wann du im Stall geholfen hast. Ich kann keine unausgeschlafene, überarbeitete Schülerin gebrauchen – und meinen Pferden will ich sie nicht zumuten. Für das Reiten brauchst du Kraft, gute Nerven und einen wachen Verstand. Und dass die Schule nicht leiden darf, brauche ich wohl nicht erst zu erwähnen, oder? Also: Zügle deine Begeisterung ein bisschen und teile deine Kräfte ein. Alles klar?"

Bille nickte überwältigt.

„Gut, dann sattle jetzt Iris und sei mit ihr in einer halben Stunde in der Halle."

„Iris? Nicht Troja?"

„Iris. Du wirst dich jetzt auch mit den anderen Pferden ein bisschen befassen. Ich weiß, Iris ist schreckhaft und sie muss sich erst wieder an den Sattel gewöhnen. Aber vielleicht hast gerade du die richtige Hand für sie."

Ein schlimmer Verdacht

Der erste Ritt auf Iris war das Aufregendste, was Bille in der Bahn bisher erlebt hatte. Die hübsche Rappstute tänzelte und buckelte, warf schlecht gelaunt den Kopf hin und her und schnaubte nervös. Sie war kaum zu einem normalen Schritt zu bewegen. Herr Tiedjen sprach beruhigend auf sie ein, und Bille konzentrierte sich mit aller Kraft darauf, ein Gefühl der Ruhe auf die Stute zu übertragen.

Trotzdem warf Iris sie zweimal ab. Es tat nicht weh, und Bille war fast erleichtert, mal wieder einen Abwurf erlebt zu haben. Wenn das lange nicht passiert war, staute sich eine ungute Spannung in ihr, eine Erwartungsangst vor dem nächsten – vielleicht gefährlichen – Sturz.

So kugelte sie nur wie ein junger Hund durch das Säge-mehl, saß im nächsten Moment wieder auf und war froh, bei Petersen so gut gelernt zu haben, wie man sich beim Fallen am besten verhält.

Allmählich schien Iris sie ernst zu nehmen. Ihre nervöse Spannung ließ nach, und Bille fing an, sich an den gelösten, harmonischen Bewegungen des Pferdes zu freuen.

„Jetzt wirst du gleich dein blaues Wunder erleben." Herr Tiedjen baute in der Mitte der Bahn eine Hürde auf. „Gib ihr den Hals schön frei, behindere sie nicht!"

Bille hatte erwartet, Iris würde den Sprung verweigern. Zu ihrer Überraschung nahm die Stute genau Maß und übersprang das Hindernis mit der größten Selbstverständlichkeit – gut einen halben Meter oberhalb der Stange.

„Sie scheint unsichtbare Flügel zu haben. Sie springt besser als Feodora!", rief Bille erstaunt.

„Ja – wenn sie Lust hat und ihr das Hindernis sympathisch ist. Aber sie hasst Wassergräben – und sie mag keine Zuschauer."

Bille tätschelte der Stute den glänzenden schwarzen Hals.

„Du hast eine komplizierte Seelenlandschaft, meine Liebe. Aber ich mag dich."

Am Sonntagvormittag erschienen – geschniegelt und gebügelt – Daniel, Simon und Florian auf dem Hof. Ihre Gesichtsfarbe verriet den Grad ihrer Aufregung und das Aussehen ihrer Pferde mindestens zweistündige Putzarbeit.

„Wo ist Bettina?", fragte Bille erstaunt.

„Die konnte nicht mitkommen, sie hat was vor", erklärte Florian.

„Warum hat sie mir nichts davon gesagt? Was hat sie denn vor?"

„Keine Ahnung."

Wich Bettina ihr aus? Seit ein paar Tagen war sie für Bille kaum noch zu sprechen. Was war los mit ihr?

Herr Tiedjen kam aus dem Haus und begrüßte die Jungen. Mit einem Blick erkannte er ihre Nervosität. Er ließ sich von jedem von ihnen erst einmal lang über sein Pferd erzählen und allmählich wich die übergroße Spannung. Dann führte er sie zur Bahn hinüber und ließ jeden nach Lust und Laune seine Reitkünste präsentieren. Hin und wieder machte er seinen zukünftigen Schülern einen Vorschlag, erkundigte sich nach den Springerfahrungen ihrer Pferde und ließ die Jungen wählen, welche Hindernisse sie nehmen wollten. Dann mischte er sich wieder lange Zeit überhaupt nicht ein, sodass die Jungen seine Anwesenheit ganz vergaßen.

„Du hast recht", sagte er zu Bille, „aus Simon könnte einmal ein großer Reiter werden. Er hat die richtige Antenne. Florian ist noch zu draufgängerisch, Daniel ein bisschen hart. Aber da lässt sich viel verbessern. Ich werde zwei Gruppen bilden – dich und Simon in die eine nehmen und Daniel und Florian in die andere."

Bille strahlte. Es hatte also geklappt!

Herr Tiedjen rief die Jungen zu sich und sprach mit ihnen über seine Eindrücke und seine Pläne für den Unterricht.

„Morgen früh fahre ich für eine Woche weg, aber ab Dezember könnt ihr zweimal in der Woche zu mir kommen, einverstanden?"

„Hurra!", brüllte Florian und Bongo machte einen erschreckten Satz nach vorne.

„Bedankt euch bei Bille", sagte Herr Tiedjen lächelnd.

Als Bille am Montagnachmittag in den Stall kam, wartete Karlchen schon auf sie.

„Du sollst gleich mal ins Büro zu Frau Beck kommen", rief er aufgeregt. „Ich glaube, sie hat eine gute Nachricht für dich."

„Was denn? Weißt du, was es ist?"

„Wirst ja sehn. Nun geh schon."

Bille rannte zum Büro hinüber, sie konnte sich beim besten Willen nicht vorstellen, was dort auf sie warten sollte.

„Ah, da bist du ja." Frau Beck, die freundliche alte Gutssekretärin, sah auf. „Ich habe hier etwas für dich. Im Auftrag von Herrn Tiedjen. Eine Pauschalvergütung für die viele

Arbeit im Pferdestall, die du während der Ferien geleistet hast. In Zukunft werden wir dann deine Arbeitsstunden wöchentlich abrechnen." Sie übergab Bille lächelnd einen Umschlag.

Bille öffnete ihn mit zitternden Fingern.

„Fünfzig Mark! Toll ..." In ihrem Bauch begann es zu kribbeln, als hätte sie Ameisen gefrühstückt. „Mann, o Mann, das ist echt stark. Ich freu mich so, verstehen Sie, weil – nun jetzt, wo ich hier Geld verdiene, bin ich doch ein echter Pferdepfleger! Pferdepfleger in Groß-Willmsdorf, davon habe ich immer geträumt!"

Frau Beck schien sich über ihren ersten Verdienst genauso zu freuen. Bille konnte nicht wissen, dass sie es gewesen war, die Herrn Tiedjen vorgeschlagen hatte, Bille auch für die vergangene Arbeit zu belohnen.

„Was wirst du denn mit deinem ersten Lohn machen, Bille?"

„Oh – sparen natürlich! Ich will mir so viel zusammensparen, dass ich Zottel kaufen kann."

„Zottel?" Frau Becks Gesicht wurde undurchdringlich. „Das wird nicht gehen. Zottel ist schon verkauft."

„Wie bitte?" Bille war, als hätte sie einen Faustschlag in den Magen bekommen. Sie starrte Frau Beck entsetzt an. „Das kann doch nicht wahr sein!"

„Doch, es ist wahr. Leider darf ich dir nicht sagen, an wen. Aber ich kann dir versprechen, dass er es sehr gut haben wird. Mindestens so gut wie jetzt. Du wirst dir für dein Geld ein anderes Pferd kaufen müssen – wenn du fleißig sparst, vielleicht gleich eines, mit dem du auf Turnieren starten kannst."

„Das verstehen Sie nicht." Bille konnte die Tränen kaum zurückhalten und stolperte Hals über Kopf aus dem Büro.

„Sind das Freudentränen?", fragte Karlchen beunruhigt, als Bille in den Stall kam.

Bille antwortete nicht. Sie wankte in Zottels Box, zog die Tür hinter sich zu und hing gleich darauf schluchzend am Hals ihres vierbeinigen Freundes.

Natürlich hatte sie gewusst, dass Herr Tiedjen von Anfang an die Absicht gehabt hatte, das Pony irgendwann zu verkaufen, wenn sich ein geeigneter Interessent fand. Was sollte ein Turnierreiter mit einem Pony! Wenn er eine Familie gehabt hätte, Kinder – aber so? Er hatte ihr erlaubt, Zottel zu pflegen und zu reiten, aber sie hatte kein Recht, daraus Besitzansprüche abzuleiten.

Viel zu spät war sie auf den Gedanken gekommen, für Zottels Erwerb zu sparen! Sie hätte das Herrn Tiedjen gleich am ersten Tag sagen müssen. Jetzt war es jedenfalls zu spät.

Aber warum hatte er ihr nichts davon gesagt? Warum hatte er sie nicht darauf vorbereitet? Sollten die fünfzig Mark vielleicht nur ein Trostpflaster sein? Herzlichen Dank! Dann verzichtete sie lieber. So waren die Erwachsenen – lobten einen über den grünen Klee, aber wenn's ums Geschäft ging, war man ihnen völlig egal. Ein Mädchen von dreizehn Jahren – was verstand das denn schon!

Bille musste unbedingt mit jemandem darüber reden. Bettina! Aber – Moment mal, Bettina? Vielleicht hatte gerade sie etwas damit zu tun? Was war denn das neulich für eine geschäftliche Besprechung, als sie aus Herrn Tiedjens Büro kam und Bille so verlegen auswich! Zottel war das einzige Pferd, zu dem Bettina Vertrauen hatte, auf dem sie sich sicher fühlte. Hatten Herr und Frau Henrich das zum Anlass genommen, Zottel für Bettina zu kaufen? Wie konnte Bettina darauf eingehen! Sie wusste doch, wie viel Bille an Zottel lag!

Aber vielleicht war sie gar nicht gefragt worden. Vielleicht hatte die gute Tante Charlotte über ihren Kopf hinweg gehandelt und jetzt schämte sie sich vor Bille.

Ich muss das rauskriegen, dachte Bille. Jetzt sofort.

Sie holte Zottels Sattel und zäumte ihn in fliegender Hast auf, ohne auf Karlchen zu achten, der völlig entgeistert dabeistand und auf eine Erklärung wartete.

„Was ist eigentlich los?", wagte er schließlich zu fragen.

„Was los ist?", knurrte Bille böse. „Die Hölle ist los! Sie haben Zottel verkauft!"

Karlchen sah sie entsetzt an. „Wer hat dir denn das gesagt?"

„Frau Beck – im Büro eben."

„Das alte Tratschweib …", rutschte es Karlchen heraus.

„Ach! Du hast es also gewusst! Und ich sollte es nicht erfahren, was? Wahrscheinlich sollte er irgendwann über Nacht verschwinden, um mir den Kummer eines langen Abschieds zu ersparen, wie? Super Idee! Weißt du vielleicht auch, wer ihn gekauft hat?"

„Keine Ahnung …", stotterte Karlchen.

„Ich glaub dir kein Wort. Aber das werde ich schon rauskriegen, verlass dich drauf!" Bille stieg schon in der Stallgasse auf und ritt davon.

Auf Peershof schien alles wie ausgestorben. Fräulein Fuchs öffnete Bille die Tür, ließ sie aber nicht hinein.

„Die Kinder sind mit Frau Henrich in der Stadt und Herr Henrich will nicht gestört werden", sagte sie freundlich, aber bestimmt.

„Na ja, kann man nichts machen. Schönen Gruß!", sagte Bille kurz und sprang wieder in den Sattel.

Ließ sich Bettina etwa verleugnen? Unsinn, so weit würde

sie es doch nicht treiben. Einmal musste die Wahrheit doch herauskommen! Bettina konnte sich nicht ewig vor ihr verstecken.

Im Stall herrschte bedrücktes Schweigen, als Bille erschien. Sicher hatte Karlchen den anderen lang und breit Billes Ausbruch geschildert. Auch egal. Sie war viel zu traurig, als dass sie sich noch über irgendetwas hätte aufregen können.

Übermorgen hatte sie Geburtstag. Ein schöner Geburtstag. Ach was, gar nicht daran denken. Den ganzen Tag verschlafen, sich einigeln, wie Bettina es getan hatte, das würde das Beste sein.

Billes dreizehnter Geburtstag

Mutsch und Onkel Paul waren nicht bereit, ihn zu vergessen. „Freust du dich denn schon auf deinen Geburtstag?", hatte Mutsch beim Abendbrot gefragt. „Ich habe mir freigenommen, damit wir den ganzen Nachmittag schön feiern können", hatte sie strahlend erklärt.

„Ich will aber nicht feiern! Ich habe keinen Grund zum Feiern, ich will allein sein und in Ruhe gelassen werden!", hatte Bille weinerlich erwidert.

„Ja, um Himmels willen, Kind!" Onkel Paul hatte sie an sich gezogen und die ganze Geschichte aus ihr herausgeholt. Und dann hatte er ernst auf sie eingeredet und an ihre Vernunft appelliert. Hatte sie ermahnt, nicht so egoistisch zu sein und die Menschen, die sie liebten und ihr eine Freude machen wollten, nicht vor den Kopf zu stoßen – nur weil sie gerade Kummer hatte.

Am nächsten Tag in der Schule sprach Bille kaum ein Wort. Bettina sah sie immer wieder von der Seite an, sagte aber auch nichts.

Also hast du doch ein schlechtes Gewissen!, dachte Bille. Recht geschieht's dir, ich lasse dich schmoren! Dabei wünschte sie sehnsüchtig, Bettina würde von sich aus auf das Thema zu sprechen kommen und das Ganze würde sich als ein dummer Irrtum erweisen.

Am Morgen ihres Geburtstags schien alles zu sein wie an jedem anderen Tag. Sie war vor dem Frühstück in den Pferdestall hinübergefahren, um beim Füttern und Tränken zu helfen und zu beweisen, dass sie nicht die Absicht hatte, von ihrem Geburtstag Notiz zu nehmen. Aber als dann wirklich nichts Besonderes geschah, war sie doch ein bisschen enttäuscht. Petersen, Hubert und Karlchen gratulierten ihr zwar im Vorübergehen, schienen aber ganz und gar mit ihren eigenen Problemen beschäftigt zu sein.

Zu Hause wartete Mutsch mit dem Frühstück. Auf dem Tisch stand ein Napfkuchen mit einer Kerze darin und daneben ein Blumenstrauß. Mutsch schloss sie in die Arme und drückte sie fest an sich.

„Mein großes Mädchen, ich bin sehr stolz auf dich. Und ich wünsche dir ein besonders schönes, glückliches neues Lebensjahr! Komm auch in Zukunft immer zu mir, wenn du Probleme hast, versprichst du mir das?"

Bille war jämmerlich zumute, sie zwang sich zu einem Lächeln, aber sie konnte ihren Kummer nicht vergessen.

In der Schule ließ sie die Gratulationen von Mitschülerinnen, Freundinnen und Lehrern gleichgültig über sich ergehen und schluckte das aufsteigende Gefühl des Gekränktseins hinunter, als weder Bettina noch Helga sie fragten, ob sie am Nachmittag kommen dürften.

Vor dem Schultor erwartete sie Onkel Paul. Er umarmte sie lang, wünschte ihr Glück und alles mögliche andere, sie mochte es gar nicht mehr hören. Dann sagte er: „Deine Mutter hat mich beauftragt, dich heute zum Essen auszuführen, junge Dame. Sie hat noch zu tun."

„Aber Onkel Paul, das ist doch nicht nötig", wehrte Bille lahm ab.

„Und ob das nötig ist. Mutsch kann dich nämlich zu Hause jetzt gar nicht gebrauchen."

Sie packten Billes Fahrrad in den Kofferraum und fuhren nach Neukirchen hinüber. Dort gab es ein gemütliches kleines Restaurant mit ungarischer Küche. Onkel Paul bestellte leckere kleine Fleischspieße mit scharfem würzigem Reis und hinterher Apfelstrudel. Hin und wieder schaute er auf die Uhr und plötzlich erklärte er: „So, jetzt geht's los. Punkt drei Uhr werden wir erwartet!"

„Du machst es aber spannend. Was habt ihr vor?"

„Deinen Geburtstag zu feiern. Was sonst?"

Nun wurde Bille doch neugierig. „Hat es etwas mit dem neuen Haus zu tun?"

„Hm, na – nicht direkt. Oder doch, auch ein bisschen."

„Da soll nun einer draus schlau werden."

Eine Viertelstunde später fuhren sie vor dem alten Strohdachhaus vor. Durch die geschlossenen Fensterläden des früheren Ladens drang schwaches Licht. Oben bewegte sich eine Gardine.

„Mutsch scheint uns schon zu erwarten", meinte Bille.

Sie betraten das Haus. Im gleichen Augenblick dröhnte Musik los. Mutsch kam aus dem Keller herauf mit einem Arm voller Flaschen.

„Nanu, hast du nicht eben gerade aus dem Schlafzimmerfenster geschaut? Oder ist noch jemand im Haus?"

„Noch jemand?" Mutsch und Onkel Paul schauten sich mit Unschuldsengelblick in die Augen.

„Ich weiß!" Bille sah von einem zum anderen. „Die geheimnisvolle Geburtstagsüberraschung heißt Inge. Die große Schwester ist zu Besuch gekommen! Stimmt's?"

Mutsch und Onkel Paul schüttelten die Köpfe. Bille ging

in die Küche. Alles sah aus wie immer – nur die laute Tanz-musik war ungewohnt. Wo kam sie her?

„Fertig?", fragte Onkel Paul.

Mutsch nickte.

„Also dann – Augen zu!", kommandierte Onkel Paul. „Und wage nicht, sie aufzumachen, bevor ich es dir erlaube."

Mutsch und Onkel Paul drehten Bille ein paarmal um ihre eigene Achse, dann hängten sie sich bei ihr ein.

„Ihr macht's aber spannend! Was soll denn das?"

Eine Tür wurde geöffnet und die Musik schwoll an.

„Vorsicht – Stufe!", sagte Mutsch, also führten sie sie in den früheren Ladenraum.

Es duftete nach Kerzen und Blumen. Durch die Musik hindurch hörte sie Kichern, Tuscheln und Scharren.

„Augen auf!", kommandierte Onkel Paul.

Bille war wie geblendet. Sie hatten den ganzen Laden ausgeräumt und als Festsaal dekoriert. Da standen sie alle im Halbkreis vor ihr und übertönten die Musik mit einem lauten „Happy birthday to you": Bettina und Helga, Karl-chen, Daniel, Simon und Florian. Und während sie san-gen, wichen sie langsam nach beiden Seiten zurück und gaben den Blick auf ein schrankgroßes Paket frei, das mit-ten im Zimmer stand und ihren Namen und ihre Adresse trug.

„Oh – meine neuen Möbel?", fragte Bille überrascht.

Da blinzelte das Paket. Bille musste zweimal hinschauen, aber es stimmte. Das Paket hatte geblinzelt – und jetzt wiegte es sich auch noch leise vor und zurück.

„Merkwürdiger Schrank", brummte Onkel Paul.

Da wieherte das Paket. Es war sogar durch die Musik hin-durch zu hören. Bille stürzte vor, bohrte mit dem Finger ein

Loch in das Paketpapier, das über ein dünnes Holzgestell gespannt war und riss es mit beiden Händen ab.

Da stand er, Zottel, über und über mit Blumen geschmückt wie ein Pfingstochse, und auf dem Rücken trug er ein großes Plakat.

„Na, lies schon!", drängelte Florian.

Bille begann, die Inschrift zu studieren.

„Na?", sagte Karlchen.

Aber Bille war unfähig, auch nur ein Wort herauszubringen. Sie stürzte vor und umarmte Zottel. Und dann Mutsch und Onkel Paul. Dann Bettina und die Freunde. Und schließlich wieder Zottel, aber das vor allem, damit die anderen nicht sehen konnten, dass sie heulte. Es war einfach zu viel.

Die anderen hatten begriffen. Hinter Bille erhob sich ein geschäftiges Hin und Her. Ein Tisch wurde gedeckt, Kannen mit Kakao und Tee herbeigeholt, eine riesige Geburtstagstorte und Schlagsahne aufgetragen. So hatte Bille Zeit, sich zu beruhigen.

Als sie schließlich alle um die große Tafel saßen und die Geburtstagstorte die Runde gemacht hatte, überschrien sich die Freunde fast vor Eifer, den Hergang der Geschichte zu erzählen.

„Wir haben uns alle extra Arbeit gesucht, um das Geld für Zottel mitzuverdienen", berichtete Florian stolz. „Daniel hat Nachhilfestunden gegeben, Simon und ich haben auf dem Hof und im Büro geholfen, Bettina hat Babysitter gespielt."

„Und als du dahinterkamst, dass Zottel verkauft worden war! Das war vielleicht ein Theater!", überschrie ihn Karlchen. „Kaum warst du aus dem Stall, habe ich die anderen angerufen und gewarnt. Zu doof, dass die Beck sich verplappert hat, ich dachte, mich trifft der Schlag!"

„Ich konnt's gar nicht mit ansehen, wie unglücklich du warst", sagte Bettina. „Um ein Haar hätte ich dir aus lauter Mitleid alles verraten."

„Dann wäre ja die ganze Überraschung im Eimer gewesen", rief Daniel dazwischen. „Das wär ja saublöd gewesen!"

„Jetzt freust du dich doch umso mehr, nicht wahr?", erkundigte sich Simon.

„Ich kann's noch gar nicht richtig fassen!", gestand Bille. „Weißt du, was ich geglaubt habe?", fragte sie Bettina. „Ich dachte, Henrichs hätten Zottel für dich gekauft, um dir eine Freude zu machen."

„Das hätte ich niemals zugelassen!", sagte Bettina entrüstet. „Weißt du nicht, dass ich meine eigene ‚Pferde-Liebe' habe?"

„Meinst du Sternchen?"

„Genau!" Florian ließ Bettina gar nicht zu Wort kommen. „Als Vater rausbekam, dass Tina schon zweimal die Nacht bei Sternchen verbracht hat, weil sie das Gefühl hatte, Sternchen fühle sich einsam, hat er die Stute kurzerhand gekauft."

„Ja", bestätigte Bettina glücklich, „sie gehört jetzt genauso mir, wie dir Zottel gehört."

Bille musste lächeln. Herr Henrich hatte also tatsächlich ihren Rat befolgt und Bettina ihren Freund selber finden lassen. Bille wusste jetzt, dass Sternchen aus keinem anderen Grund auf den Hof gekommen war.

„Ich freu mich für dich", sagte sie und umarmte Bettina heftig. „Ihr Armen! Ich muss mich schrecklich benommen haben in meiner Verzweiflung! Verzeiht mir, ich will es wiedergutmachen", beteuerte Bille lachend.

„Ach was", tröstete Karlchen sie, „wir wussten ja, warum du so durcheinander warst. Und wir konnten dich sehr gut verstehen."

„Außerdem waren wir alle ganz kribbelig vor Freude auf den großen Augenblick, wenn du reinkommen würdest und ..."

„Und auf dein Gesicht, und ..."

„... und was glaubst du, wie wir zu tun hatten, um alles vorzubereiten, ohne dass du was merkst!"

„Die Angst, dass Zottel nicht stillstehen würde und das schöne Paket vor der Zeit kaputt machen ..."

„... und die Musik mussten wir so laut stellen, damit er sich nicht verrät ..."

Die Wogen des Festtagstrubels schlugen hoch, es war ein ohrenbetäubender Lärm. Zottel kam heran und legte seinen Kopf zärtlich auf Billes Schulter, um sie daran zu erinnern, dass auch er ein Anrecht auf ein Stück Geburtstagskuchen hatte.

Bille verwöhnte ihn mit ein paar Zuckerstücken und lehnte sich glücklich an seinen Hals.

„Gibt es etwas Besseres auf der Welt, als solche Freunde zu haben?", flüsterte sie ihm ins Ohr.

Mit einem Pferd durch dick und dünn

Abschied und neuer Anfang

„Verdammt, jetzt habe ich ihm die Nase abgerissen!"

„Wem?"

„Deinem Schätzchen!"

Karlchen wühlte in den Taschen seiner Jeans, förderte einen Kaugummi, zwei schmutzige Taschentücher, eine alte Kinokarte und seinen Schulbus-Ausweis zu Tage und fand endlich, was er suchte: sein Taschenmesser. Er ließ es aufschnappen und schob die Klinge vorsichtig unter die widerspenstigen Reißnägel, mit denen das Bild von Zottel an der Wand befestigt war.

Bille trat hinter ihn und betrachtete den hässlichen Riss im Foto, der Zottels Nase vom übrigen Körper getrennt hatte.

„Vielleicht kann man's noch kleben", versuchte Karlchen sie zu trösten. „Ich versuch's mal mit einem Klebestreifen auf der Rückseite."

Auf der Treppe näherten sich polternde Schritte. Bettina und ihre Vettern Daniel, Simon und Florian stürmten ins Zimmer.

„Wo steht das Klavier? Ich trag die Noten!", sang Daniel in gefühlvollem Opernbass, ergriff einen mit Büchern voll gepackten Karton und stiefelte zur Treppe zurück.

Bettina hatte einen Waschkorb mitgebracht.

„Pack deine Kleider und deine Wäsche hier rein, wir

tragen inzwischen die anderen Sachen runter, okay? Komm, Flori, fass mal mit an!"

Bettina hob den leer geräumten Nachttisch an und Florian ergriff das altmodische Monstrum bei den Füßen.

„Seid vorsichtig auf der Treppe, sie ist wahnsinnig steil", mahnte Bille, übertönt von einem wilden Schmerzensschrei aus der Tiefe. „Verdammt, jetzt hat Daniel sich den Kopf gestoßen! Ich hätte ihn warnen sollen. Für seine Länge sind die niedrigen Decken in unserer alten Hütte einfach nicht geschaffen!"

Simon, der mittlere der drei Henrich-Brüder, grinste breit.

„Das Problem habe ich wenigstens nicht. Kleine Leute haben es eben doch leichter im Leben. Kann ich den schon mitnehmen?" Er zeigte auf den Schreibtischstuhl.

„Meinetwegen. Aber was deine Körperlänge betrifft, würde ich nicht zu früh jubilieren. Daniel ist schließlich fast erwachsen, während du mit deinen lächerlichen fünfzehn Jahren noch mitten in der Entwicklung bist. Du kannst deinem großen Bruder noch leicht über den Kopf wachsen."

„Das halte ich für ein Gerücht." Simon packte den Stuhl und steuerte auf die Treppe zu. „Ich werde immer zu den zarten, durchgeistigten Typen gehören."

„Das merke ich mir", brummte Karlchen, der sich heftig bemühte, Billes umfangreiche Sammlung von Fotos und Zeitungsausschnitten unbeschädigt von der Wand zu lösen.

„Könnte ja sein, dass ich mal ein bisschen Geist benötige."

„Hm – zum Beispiel bei der nächsten Mathearbeit", stichelte Bille. „He, sei vorsichtig mit Winkler auf Halla – den habe ich nur einmal. Hier hast du einen Karton. Pferde auf die eine Seite, Reiter auf die andere. Da – Feodora beim

Reitturnier in Aachen, sieht sie nicht fabelhaft aus? Aber wo ist Herr Tiedjen?"

„Wahrscheinlich hat sie ihn abgeworfen. Schau mal unter dem Bett nach."

„Ach du Scheiße, ich habe die Gardinen vergessen! Und jetzt ist Simon mit dem Stuhl weg! Dieser Umzug bringt mich völlig durcheinander."

Bille sah sich suchend in dem halb leer geräumten Zimmer um, dann zerrte sie ihr Bett aus der Ecke bis vors Fenster, streifte die Schuhe ab und stieg auf die Matratze.

„Ein Glück, dass hier alles so niedrig ist. Im neuen Haus braucht man 'ne Leiter, um die Gardinen aufzuhängen."

Wieder näherten sich schwere Schritte auf der Treppe.

„Da kommt Onkel Paul. Bei seinem Gewicht knarzen die Stufen immer drei Töne tiefer als sonst", sagte Bille kichernd und sprang vom Bett, um ihren künftigen Stiefvater zu begrüßen.

„Na, wie steht's denn hier? Alles abmarschbereit?"

Onkel Paul sah aus wie der Nikolaus, der eine Schar verängstigter Kinder nach ihren guten und bösen Taten abfragt. Er besaß eine Mischung aus imponierendem Aussehen und Güte, bei der man sich beschützt fühlen konnte wie hinter einem warmen Ofen, wenn es draußen stürmt und schneit. Genauso hatte sich Bille ihren Stiefvater gewünscht, falls Mutsch jemals wieder heiraten sollte.

„Alles klar, Onkel Paul. Ich nehm nur schnell noch die Gardinen ab und leg meine Kleider in den Wäschekorb."

„Gut. Stellt alles unten in der Küche zusammen, der Wagen muss gleich da sein. Den Kleinkram könnt ihr dann mit dem Ponywagen transportieren."

„Wo ist Mutsch?"

„Sie ist schon drüben und fängt mit dem Einräumen an. Außerdem findet sie immer noch was zu putzen, du kennst sie ja. Da kommt der Wagen. Also – bis später."

Unten fuhr der Lastwagen vor, der sonst drüben in Leesten die Waren für den Spar-Markt transportierte. Onkel Paul und der Fahrer begannen die Wohnzimmermöbel zu verladen. Das meiste davon wurde auf den Speicher des neuen Hauses gebracht, denn Mutsch und Onkel Paul wollten sich ganz neu einrichten. Nur ein paar Stücke, an denen Mutsch besonders hing, würden auch in der neuen Wohnung einen Platz bekommen.

Bille öffnete ihren Schrank und warf wahllos Kleider und Wäsche in den Wäschekorb.

„So, fertig. Den Schrank könnt ihr abbauen."

Sie schob den übervollen Wäschekorb zur Seite und nahm die Matratzenteile aus dem Bett. Nun brauchten die Jungen nur noch den Schrank und das Bett zu zerlegen und den Schreibtisch die Treppe hinunterzutragen – das war das Schwierigste.

Halt! Der Teppich war noch nicht zusammengerollt. Die Gardine stopfte sie mit hinein, die musste sowieso gewaschen werden. Drüben in ihrem neuen Reich hingen schon die leuchtend orangerot, gelb und apfelgrün gestreiften Vorhänge, deren Farben sich in den Bezügen der Möbel wiederholten.

Daniel, Simon und Florian halfen unten beim Aufladen. Bille ergriff eines der Matratzenteile und stieg die schmale Treppe hinunter. Runterschmeißen wäre einfacher, dachte sie. Aber solange Onkel Paul in der Nähe war, ließ sie das lieber bleiben.

„Ich bin oben fertig, ihr könnt meine Möbel runterholen",

sagte sie zu Daniel, der sich ächzend unter der Last einer voll gepackten Kiste an ihr vorbeischlängelte.

„Okay, wir kommen gleich rauf."

Bille stellte ihre Last im Flur ab und sah sich um. Wo eben noch das Bücherregal und das alte Sofa gestanden hatten, zeichneten sich helle Flächen an den Wänden ab. An die Existenz der Bilder und Fotografien erinnerten lediglich ein paar saubere Vierecke auf der sonst vergilbten Tapete. Dort hatte das Foto von Vati gehangen – ob es in der neuen Wohnung auch einen Ehrenplatz bekam?

Wie merkwürdig alles klang in dem leer geräumten Haus. Ganz hohl und fremd.

Oben begannen die Jungen das Bett auseinanderzunehmen, und Bille stieg wieder hinauf, um die übrigen zwei Matratzenteile nach unten zu schaffen. Karlchen und Florian hantierten schwitzend mit Schraubenziehern und überboten sich in guten Ratschlägen, wie man festgefressene Schrauben am besten losbekäme.

„Im schlimmsten Fall hilft eine gute Axt", warf Simon ein und stemmte den oberen Teil des Kleiderschranks hoch. Die Wände des Schranks kippten nach allen Seiten und fielen krachend zu Boden.

„Du schaffst es anscheinend auch ohne Axt, meine guten Stücke zu ruinieren", sagte Bille und rieb sich den Schädel. Sie hatte eines der Seitenteile unfreiwillig mit dem Kopf aufgefangen.

Simon legte seine Last auf dem Boden ab und schichtete die übrigen Teile darüber. Als er die Rückwand des Schranks aus ihrer Verankerung hob, fiel ein undefinierbarer Gegenstand zu Boden. Er war bräunlich, klebrig, ein wenig verschrumpelt und von Schimmel überzogen.

„Oh, Karlchen! Dein Weihnachtsgeschenk!", rief Bille überrascht.

Bei dem Wort Geschenk ließ Karlchen sofort alles stehen und liegen. Er kam herüber und starrte neugierig auf die unappetitliche Masse am Boden.

„Das soll ein Geschenk für mich sein?" Karlchen hatte Mühe, seinen Ekel zu verbergen.

„Es war mal ein Geschenk für dich! Weißt du nicht mehr? Vor vier Jahren, als ich so todunglücklich war, dass mein Geschenk für dich plötzlich verschwunden war! Und ich hatte mir solche Mühe damit gegeben!"

„Was war es denn?" Florian betrachtete das klebrige Häufchen wie ein seltenes Insekt.

„Ein selbst gebastelter Weihnachtsmann aus Marzipan, Schokolade und Bonbons. Innen Biskuitmasse. Ich muss ihn auf dem Schrank versteckt und aus Versehen hinten runtergestoßen haben."

Karlchen verzog das Gesicht.

„Ich liebe Weihnachtsmänner aus Biskuit. Aber ich muss ihn jetzt nicht mehr essen, oder?"

„Ich werde ihn auf dem Komposthaufen begraben."

Bille lief in die Küche hinunter, um eine Kehrschaufel zu holen. Als sie zurückkam, waren die Jungen mit ihrer Arbeit fertig und begannen die Möbelteile die Treppe hinunterzuschleppen. Eine Viertelstunde später war das Zimmer leer.

„Ist noch was runterzutragen?" Bettina sah sich um.

„Hier, der Teppich. Dann sind wir fertig."

„Kommst du nicht mit?"

„Ich will nur schnell noch ausfegen."

„Das ist doch nicht nötig. In ein paar Tagen reißen die

Handwerker die Tapeten runter, dann wird es erst recht schmutzig!"

„Ja, aber …" Bille stockte und wurde rot.

Bettina sah die Freundin prüfend an.

„Ach so. Ich verstehe schon – du willst Abschied nehmen", sagte sie lächelnd. „Ist doch klar – ich würd's genauso machen. Wir gehen schon mal rüber. Bis gleich."

Bettina nahm den Teppich und stieg vorsichtig die Stufen hinunter. Bille hörte sie unten mit den Jungen reden.

Vor dem Haus sprang der Motor des Lastwagens an. Onkel Paul klappte die Tür zum Laderaum zu, es klang wie ein Kanonenschuss. Dann rumpelte der Wagen davon.

Bille horchte auf die Stimmen der Freunde. Karlchen war ums Haus gelaufen, hatte Zottel aus dem Schuppen geholt und vor den kleinen Gummiräderkarren gespannt. Jetzt luden sie um die Wette Kartons und Körbe auf.

Bille trat ans Fenster. Da unten setzte sich Florian einen Lampenschirm mit Fransen auf den Kopf. Er vollführte einen wilden Indianertanz und die anderen bogen sich vor Lachen. Der Nieselregen hatte sich in Schnee verwandelt. Simon breitete eine Plane über die Ladung.

Zottel schüttelte seine dicke Mähne, Schneeflocken setzten sich auf sein rot-weiß geflecktes Fell. Er hatte einen Winterpelz angesetzt, als sei sibirische Kälte zu erwarten, das tägliche Putzen wurde zur Schwerarbeit. Jetzt scharrte er ungeduldig mit den Hufen, er musste sich hinten im Schuppen ziemlich gelangweilt haben.

Daniel gab das Zeichen zur Abfahrt. Bettina nahm Zottel am Zügel, die kleine Karawane setzte sich in Bewegung, bog auf die Dorfstraße ein und war bald hinter dem nächsten Gehöft verschwunden.

Bille sah sich im Zimmer um. Wie ruhig es plötzlich im Haus war! Die Stille schmeckte nach Geisterstunde an diesem düster-grauen Dezembertag. In den Ecken schienen Stimmen zu wispern.

„Ach Quatsch!", sagte Bille laut.

Aber von allen Seiten schien es zu flüstern: Weißt du noch?

In diesem Zimmer hatte sie gewohnt, solange sie denken konnte. Da drüben, die Bleistiftstriche am Türpfosten, jeder mit einem Datum versehen – da hatte Mutsch gemessen, wie sie gewachsen war. Ein dicker roter Nagellackstrich war darunter, den hatte Inge gemacht – ihre große Schwester. Das war an Billes neuntem Geburtstag gewesen. Und der oberste dort, den hatte sie selbst gezogen, vor zwei Wochen, an ihrem dreizehnten Geburtstag.

Wie klein das Zimmer war, ein winziges Dachstübchen mit schrägen Wänden und zwei kleinen Fensternischen in einer alten Strohdachkate – wie aus einem Bilderbuch. Durch das eine Fenster war sie geklettert, wenn Mutsch nicht merken sollte, dass sie frühmorgens schon im Pferdestall drüben in Groß-Willmsdorf gewesen war.

Drüben bei Brodersens klapperten Eimer. Frau Brodersen fütterte die Kälber. In Zukunft würde sich Bille nicht mehr von Fenster zu Fenster mit Karlchen in ihrer Geheimsprache unterhalten können.

Sie öffnete das Fenster und lehnte sich hinaus. In dem dichten Vorhang aus Schneeregen waren die Gebäude des Gutshofs Groß-Willmsdorf kaum zu erkennen. Auch den Pferdestall würde sie in Zukunft von ihrem Fenster aus nicht mehr sehen können. Vorbei die Abende mit Mutsch allein in der Küche oder die milden Sommerabende auf der

Bank vor dem Haus! Die Ladenklingel war schon vor Monaten verstummt, als Mutsch das kleine Lebensmittelgeschäft aufgegeben hatte und Leiterin des Spar-Markts in Leesten drüben geworden war. Wie verlassen das alte Strohdachhaus schien, so traurig, als müsse man es streicheln und trösten. Bille schluchzte auf.

„Na, na – Abschiedskummer?"

Zwei Arme legten sich um ihre Schultern.

„Inge! Thorsten! Ich habe euch gar nicht kommen gehört!" Bille wischte sich hastig mit dem Handrücken die Tränen aus dem Gesicht und schniefte, ärgerlich darüber, dass ihre große Schwester und ihr Verlobter sie bei einer solchen Gefühlsduselei erwischt hatten.

„Ach, weißt du – es ist irgendwie komisch, wenn man so lange an einem Platz gewohnt hat, man kann sich gar nicht vorstellen, dass es woanders genauso schön sein kann", versuchte sie sich zu entschuldigen. „Das Haus steckt so voller Erinnerungen – an unsere Kindheit und an Vati und …"

„Was ist daran komisch? Ich finde es ganz natürlich. Deshalb wollen Thorsten und ich ja hier einziehen. So bleibt es doch auch in Zukunft noch ‚dein Haus' – meinst du nicht? Wenn du dann eines Tages Patentante bist und dieses Zimmer wieder Kinderzimmer ist, kannst du noch einmal von vorne beginnen: mit Bauklötzen bauen und mit Puppen spielen – das Kasperl-Theater in Brand setzen, weil der Drachen echtes Feuer speien soll", sagte Inge lächelnd. „Du brauchst also gar nicht endgültig Abschied zu nehmen."

„Wir sind gekommen, um schon mal eine Liste der notwendigen Renovierungsarbeiten zu machen", sagte Thorsten und schaute angestrengt an Billes verheultem Gesicht vorbei.

„Natürlich wollen wir so viel wie möglich selber machen. Vielleicht können du und deine Freunde uns dabei helfen."

„Und jetzt komm!" Inge zog Bille mit sanfter Gewalt vom Fenster fort. „Drüben gibt's was zu essen."

Eine halbe Stunde später war aller Kummer vergessen. Sie saßen in der hellen, modernen Küche um den großen Bauerntisch, und wer am Tisch keinen Platz mehr gefunden hatte, hockte daneben auf einer Umzugskiste. Mutsch hatte einen großen Topf Erbsensuppe mit Rauchfleisch gekocht und zum Nachtisch gab es Kaffee und frischen Christstollen. Den hatte Frau Brodersen, Karlchens Mutter, spendiert. Auch Fräulein Fuchs, die Haushälterin der Henrichs auf dem Peershof, hatte Bettina und den drei Jungen einen großen Korb mit Gebäck in die Hand gedrückt – für die fleißigen Möbelpacker.

In der Diele hing bereits ein großer Adventskranz, und überall in den Zimmern standen zwischen unausgepackten Kartons Pflanzenschalen und Blumensträuße von Nachbarn, Freunden und dankbaren Kunden. Wie auf der Landwirtschaftsausstellung, dachte Bille. Das Haus duftete nach frischem Holz und war erfüllt von Rufen und Gelächter.

Das halbe Dorf erschien im Laufe des Tages, um alles Gute zum Einzug zu wünschen und einen neugierigen Blick in das neue Heim zu werfen. Denn dass Mutsch und Onkel Paul an nichts gespart hatten, das hatte sich schnell herumgesprochen.

Bille und Bettina hatten alle Hände voll damit zu tun, die Besucher zu empfangen und immer neue Kannen Kaffee aufzugießen, während die anderen Möbel und Kisten schleppten, Körbe voller Geschirr und Wäsche auspackten, Lampen montierten, hämmerten und klopften.

Irgendwann einmal ging Bille zu Zottel hinaus, der sich in seinem neuen Stall zwar einsam, aber offensichtlich wohlfühlte.

„Verzeih mir, mein Dicker, ich hab heute gar keine Zeit für dich!" Bille legte ihrem Liebling zärtlich die Arme um den Hals und kraulte sein zottiges Fell. „Morgen ist der ganze Rummel vorbei. Hier hast du was zum Trost – extra für dich stibitzt!"

Zottel hatte bereits aufgeregt an Billes Taschen geschnuppert. Sein Appetit auf alles Essbare, was der Magen eines robusten Ponys nur irgend verdauen konnte – und Zottels Magen verdaute erstaunliche Dinge –, war ungebrochen. Bille schlich sich in dem beruhigenden Gefühl hinaus, dass ihr Freund mit den mitgebrachten Äpfeln für die nächste Zeit wunschlos glücklich sein würde.

 Bongo spielt verrückt

Der Schneeregen hatte Felder, Wege und Höfe in eine Schlammlandschaft verwandelt. Als Bettina, Daniel, Simon und Florian auf den Hof von Groß-Willmsdorf einbogen, waren sie nass und von Dreckspritzern übersät, und ihre Pferde sahen aus, als hätten sie ein Moorbad genommen.

Bille erwartete die vier Freunde vor dem Stall.

„Kommt schnell rein, wir müssen eure Vierbeiner erst mal trocken legen vor dem Unterricht." Sie nahm Simons Goldfuchsstute Pünktchen am Zügel. „Bongo kann mit zu Zottel in die Box – seht zu, wie ihr die anderen auf der Stallgasse unterbringt, die Boxen sind alle besetzt bei dem Wetter."

„Wieso ist Zottel hier? Ich dachte, er hätte seinen Stall jetzt bei euch in Wedenbruck?", fragte Florian und schüttelte seine nasse Mütze aus.

„Nee, das ist doch nur seine Zweitwohnung. Auf die Dauer wäre es ihm viel zu langweilig, so allein da drüben."

Im Stall war es warm und behaglich. Sie zogen die nassen Jacken aus, sattelten die Pferde ab und begannen sie fest mit trockenem Stroh abzureiben.

„Ein gutes Mittel, um selbst wieder warm zu werden", keuchte Bettina unter dem Bauch ihrer Haflingerstute Sternchen hervor. „Vorhin war ich ganz erstarrt vor Kälte und jetzt bricht mir fast der Schweiß aus!"

Bille half Simon bei Pünktchen, bis die zierliche Stute glänzte wie auf einer Parade.

„Wir beide kommen zuerst dran, ihr anderen könnt euch noch Zeit lassen", sagte Bille. „Hast du den Sattel abgetrocknet? Dann bring ihn her!"

„Jawohl, Frau Kommandant, bitte schön."

Simon legte Pünktchen den Sattel wieder auf, während Bille das Zaumzeug mit einem weichen Lappen bearbeitete.

„Wen reitest du heute?", fragte Simon.

Bille sah erschrocken auf.

„Das ist eine gute Frage. Ich habe mir solche Sorgen gemacht, ob ihr heil von Peershof hier rüberkommt, dass ich mich um mein eigenes Pferd noch gar nicht gekümmert habe." Sie warf sich ihre Jacke über und rannte zum Gutsbüro.

„Püh", machte Simon. „Das wird ja dann wohl auch Zeit!"

Er nahm Pünktchen am Zügel, um mit ihr über den Hof zur Reithalle hinüberzugehen. In der Tür stieß er mit Karlchen zusammen. Genauer gesagt, war es Pünktchen, die mit Karlchen zusammenstieß, ihr weiches Maul fuhr ihm quer durchs Gesicht. Karlchen machte einen entsetzten Satz nach hinten.

„He, kannst du nicht aufpassen? Harmlose Leute so zu erschrecken!"

Simon lachte. „Wieso, hast du Angst vor ihr?"

„Ha, ha", Karlchen grinste gequält. „Ich liebe Pferde! Besonders, wenn sie mich küssen!"

Er schob sich an Simon vorbei durch die Stalltür und fand sich gleich darauf vor dem dicken Hinterteil von Daniels Schimmel Asterix wieder, der in der Stallgasse stand.

„Huch!", schreckte Karlchen hoch. „Hier muss irgendwo

'n Nest sein! Warum hängt ihr nicht ein Schild an die Tür ‚Wegen Überfüllung geschlossen'?"

„Ich frage mich, warum du bei deiner Abneigung gegen Pferde immer noch im Stall arbeitest", sagte Bettina. „Wolltest du nicht in einer Tankstelle anfangen?"

„Ach", Karlchen zuckte mit den Achseln, „ich weiß selber nicht. Wie das Leben so spielt: Erst hat Hubert mich überredet, weil er hier Pferdepfleger ist. Du kennst das – große Brüder haben da so ihre eigene Art, einen zu erpressen. Na, und dann hat Bille hier angefangen – und dann wollte ich mir das Moped kaufen –, und schließlich hab ich mich daran gewöhnt."

Bille kam wie eine Rakete in den Stall geschossen.

„Lohengrin!", keuchte sie atemlos.

„Der ist mit dem letzten Schwan abgefahren", sagte Daniel trocken.

„Idiot! Wo ist der Sattel? Welcher Trottel hat seine nasse Jacke ausgerechnet auf Lohengrins Sattel geschmissen?" Bille feuerte die Jacke auf die Futterkiste und verschwand mit Sattel und Zaumzeug in Lohengrins Box. Nur gut, dass sie den kräftigen Fuchswallach vorhin schon gründlich geputzt hatte! Hastig warf sie ihm das Zügelende über den Kopf. Lohengrin liebte diese ungewohnte Hetzerei gar nicht. Seine Ruhe war ihm heilig. Als sich Bille mit dem Gebiss seinem Maul näherte, riss er den Kopf so weit nach oben, dass sie ihn unmöglich erreichen konnte.

„Mach doch den Kopf runter, du blödes Vieh!", fuhr Bille ihn an. „Herr Tiedjen ist sicher schon in der Bahn, und du ziehst hier 'ne Schau ab!"

„Nett haben wir's hier", flötete Daniel.

„Und so besinnlich", fiel Florian ein.

„Blödelt hier nicht rum, helft mir lieber!", jammerte Bille. „Schließlich seid ihr schuld!"

„Ich helf dir."

Bettina trat in die Box. Lohengrin drehte sich neugierig zu ihr um. In dem Augenblick gelang es Bille, ihm das Gebiss ins Maul zu schieben. Während sie Nasen- und Kehlriemen schloss, legte Bettina den Sattel auf.

„Fertig. Steig gleich auf, ich laufe voraus und öffne dir die Türen."

Bille zog den phlegmatischen Lohengrin auf die Stallgasse hinaus und stieg in den Sattel.

„Meine Reitgerte! Wo ist meine Reitgerte? Meine Kappe?"

„Hier, nimm meine. Da ist die Gerte, komm!"

Als Bettina die Stalltür öffnete, fegte der Wind eiskalt herein, und Lohengrin schüttelte missmutig den Kopf. Es bedurfte eines kräftigen Schenkeldrucks, um diesen Dickhäuter in Bewegung zu bringen.

„Das kann ja heiter werden", stöhnte Bille, „er nimmt mich überhaupt nicht ernst!"

Bettina rannte über den Hof und machte das schwere Tor zur Reithalle auf. Simon galoppierte in den Zirkel, während Herr Tiedjen in der Mitte der Bahn ein Hindernis aufbaute.

„Na los, sei nicht so faul!", raunte Bille ihrem Pferd zu. Sie hatte das Gefühl, Lohengrin hätte beim Anblick der Halle ein Gähnen unterdrückt.

Sie ritt in die Bahn ein und entschuldigte sich bei Herrn Tiedjen für ihr Zuspätkommen.

„Simon hat mir schon erzählt, dass du den anderen erst geholfen hast, ihre Pferde trocken zu reiben. Na, wie fühlst du dich auf unserem Dicken?"

„Ich habe den Eindruck, er macht sich lustig über mich",

sagte Bille kleinlaut. „Er ist eben eine starke Männerhand gewöhnt – und an wesentlich mehr Gewicht im Sattel."

„Ja, deshalb wollte ich ja, dass du dich mal mit ihm auseinandersetzt. Lass ihn erst warm werden, ich beschäftige mich derweil mit Simon."

Nachdem sie eine Weile im Schritt geritten war, trieb Bille Lohengrin in einen flotten Trab, ritt ein paar Volten und Zirkel, wechselte aus dem Zirkel und galoppierte an. Ich werde dich schon auf Touren bringen, alter Faulpelz, dachte sie und freute sich an den allmählich immer weiter ausgreifenden Sprüngen ihres Pferdes. Lohengrins Bewegungen waren gleichmäßig und schön, wenn er erst einmal aus seiner Schlafmützigkeit erwacht war.

Herr Tiedjen arbeitete mit Simon und Pünktchen auf dem anderen Zirkel. Er sprach verhalten, gerade so laut wie nötig, um das Schnauben und den Hufschlag der Pferde zu übertönen. Dies waren für Bille die Augenblicke eines tiefen Glücksgefühls: die Konzentration auf die Arbeit mit dem Pferd, die sich in Herrn Tiedjens Gegenwart automatisch einstellte, egal wie verärgert, nervös oder unlustig man vorher gewesen war. Alle anderen Gedanken, die Schule, der Umzug, die Familie, die Freunde wichen zurück und lösten sich in Nichts auf, waren einfach nicht mehr vorhanden.

Während Herr Tiedjen Bille und Simon in der Bahn unterrichtete, hatten es sich die anderen im Stall gemütlich gemacht.

„Endlich Ruhe", hatte Florian geseufzt, als Bille den Stall verlassen hatte.

Er kramte in seiner Jackentasche nach einem kleinen Schreibblock und einem Kugelschreiber und hockte sich mit angezogenen Beinen auf die Futterkiste. Während Bettina wieder und wieder Sternchens Mähne bürstete und Daniel auf einem umgestülpten Tränkeimer hockend lateinische Vokabeln paukte, starrte Florian in die Luft und legte grübelnd die Stirn in Falten.

„Haste schon was?" Karlchen trat neugierig näher und versuchte Florian über die Schulter zu schauen.

„Pst!", machte Florian ärgerlich. „Stör mich nicht!"

„Was macht ihr beiden da eigentlich?" Daniel schaute von seinem Buch auf.

„Geheimnis", Florian sah auf seinen großen Bruder hinunter, dann warf er Karlchen einen vielsagenden Blick zu.

Karlchen wies mit dem Kopf zu Zottels Box hinüber und die beiden Jungen verschwanden tuschelnd hinter den breiten Rücken der beiden Ponys.

„Weißt du, was die aushecken?", fragte Daniel Bettina, nun erst recht neugierig geworden.

Bettina kicherte.

„Ich glaube, sie dichten – für die Hochzeit. Sie wollen was vortragen."

„Welche Hochzeit?"

„Na, die von Billes Mutter und Onkel Paul, du weißt doch. Jetzt zu Weihnachten."

„Ach so, ja, hatte ich ganz vergessen." Daniel vertiefte sich wieder in seine Vokabeln. Plötzlich sah er auf. „Sagtest du dichten? Da bin ich gespannt!"

Aus Zottels Box hörte man glucksende Lacher.

„Das ist gut – schreib das: ‚Wer nimmt im Laden jede Hürde – trägt Katastrophen stets mit Würde – und scheut zurück vor keiner Bürde … Bürde … Bürde …'"

„Frau Abromeit, des Dorfes Zürde!"

„Was soll denn das sein?"

„Na, Zierde! Das ist eben die dichterische Freiheit", ließ Florian sich vernehmen.

Daniel und Bettina grinsten sich an.

„Wird es nicht Zeit, dass du Asterix sattelst? Bille und Simon müssen gleich fertig sein", mahnte Bettina.

Daniel stand auf und streckte sich stöhnend. Dann legte er seinem Schimmel schwungvoll den Sattel auf den Rücken. Asterix, der gerade gedöst hatte, schnaubte ärgerlich.

Vom Hof her klang Hufgetrappel herein.

„Sie kommen! He, Florian, du hast Bongo noch nicht gesattelt!"

Florian fuhr verwirrt auf. Verdammt, eben hatte er einen so guten Einfall gehabt, und nun war er weg! Na, half nichts, Herrn Tiedjen durfte man nicht warten lassen! Es war ohnehin eine große Ehre, dass der berühmte Springreiter ihnen Unterricht gab.

In fliegender Hast sattelte Florian sein Pferd. Er zog den kleinen Rappen am Zügel aus dem Stall und hetzte in großen Sprüngen hinter Daniel und Asterix her. Bettina, die noch Anfängerin war, kam erst eine halbe Stunde später dran und konnte sich Zeit lassen.

Daniel ließ Asterix am langen Zügel gehen, als Florian mit Bongo hereinkam. Florian führte sein Pony am Zügel in die Mitte der Bahn, rannte zurück, um das Tor zu schließen, und stolperte hastig wieder zu Bongo. Dabei warf er Herrn Tiedjen einen schuldbewussten Blick zu.

Bongo wirkte verärgert.

Florian griff nach dem linken Steigbügel, schob seinen Fuß hinein, stemmte sich hoch und ließ sich in den Sattel gleiten. Im gleichen Augenblick flog er durch die Luft und landete auf der anderen Seite in den Sägespänen. Bongo stand wie ein Denkmal, als sei nichts geschehen.

Florian schüttelte sich wie ein junger Hund, der in die Badewanne gefallen ist. Sein Kopf dröhnte. Was war eigentlich passiert? Bongo hatte ihn abgeworfen. Das hatte er noch nie getan – na, jedenfalls noch nie beim Aufsitzen. Florian stand auf und klopfte sich die Sägespäne von der Hose.

„Spinnst du?", fuhr er Bongo an. „Bist du völlig durchgedreht?"

Bongo stand friedlich da und sah ihn entschuldigend an.

Florian klopfte ihm beruhigend den Hals und stieg wieder auf.

Peng! Und wieder lag er in Sekundenschnelle in den Sägespänen. Diesmal hatte er einen Salto über den Kopf des Ponys geschlagen. Über ihm bäumte sich Bongo auf, drehte sich auf den Hinterbeinen und raste davon. Wie ein Feuerwerkskörper schoss er von einer Seite der Bahn zur anderen. Florian lag benommen am Boden und verfolgte Daniels und Herrn Tiedjens Bemühungen, den wild gewordenen kleinen Rappen wieder einzufangen.

Endlich hatten sie ihn in eine Ecke gedrängt.

„Ruhig, mein Dickerchen, ganz ruhig. Oh, là, là!"

Herrn Tiedjens Stimme musste auf Bongo tatsächlich eine beruhigende Wirkung ausüben. Jedenfalls ließ er sich am Zügel nehmen und in die Mitte der Bahn zurückführen.

Herr Tiedjen streichelte dem aufgeregten Pferd den Hals, dann untersuchte er sorgsam den Bauch des kleinen Rappen. Plötzlich bildete sich eine Zornesfalte auf seiner Stirn. Florian sah es und glaubte in den Boden versinken zu müssen.

„Kannst du mir bitte mal verraten, was das hier soll?", fragte Herr Tiedjen scharf.

Florian rappelte sich auf und trat unsicher näher. Dann weiteten sich seine Augen vor Entsetzen. Sein Kugelschreiber! Er hatte ihn beim Aufzäumen an den Sattelgurt geklemmt, um ihn gleich darauf wieder in seiner Jacke zu verstauen, die draußen auf der Futterkiste lag. Aber das hatte er in der Eile dann vergessen. Und die Spitze des Kugelschreibers hatte Bongo in den Bauch gepikt und ihm Schmerzen bereitet, sobald Florian mit seinem Gewicht im Sattel saß! Zum Glück war keine Wunde entstanden.

„Für heute ist der Unterricht für dich beendet, mein Lieber. Mach dir stattdessen einmal Gedanken, wie man mit Pferden umgeht", sagte Herr Tiedjen ruhig. „Bis zum nächsten Mal."

Florian stammelte ein paar Entschuldigungen und schlich mit feuerrotem Kopf davon. Bongo blieb in der Bahn zurück.

„Schick mir Bille her, sie soll dein Pferd ein bisschen bewegen, damit es den Schreck überwindet", rief Herr Tiedjen ihm nach.

Das war hart. Nicht selber seinen Fehler wiedergutmachen zu dürfen! Florian schwor sich, in der nächsten Unterrichtsstunde besser zu reiten als alle anderen zusammen! Aber er war ehrlich genug, sich einzugestehen, dass er die Strafe verdient hatte.

Bille lachte gutmütig, als Florian ihr beschämt seinen Fehler gestand.

„Tut mir leid für dich", sagte sie und legte ihm freundschaftlich die Hand auf die Schulter. „Jeder von uns macht mal so einen Blödsinn, für den er sich hinterher am liebsten ohrfeigen würde. Weißt du was? Ich würde zur Sicherheit in Zukunft mit Fingerfarben schreiben. Die piksen wenigstens nicht."

Die geflickte Hochzeitstorte

Eine Woche vor Weihnachten heirateten Mutsch und Onkel Paul.

Eigentlich hatte es eine ganz kleine Hochzeit werden sollen. Aber da das ganze Dorf darauf bestand, die von allen geliebte und verehrte Frau Abromeit und den nicht weniger geachteten Bauunternehmer Ossowsky einmal so richtig zu feiern, hatten sie nachgegeben. Im *Krug* wurde der große Festsaal gemietet, und alle Dorfbewohner erklärten sich bereit, zu dem Hochzeitsessen etwas beizusteuern.

Herr und Frau Jansen, die Besitzer des *Krugs*, in dem Onkel Paul jahrelang Stammgast gewesen war, spendierten ein Fass Bier und Onkel Pauls Geschäftsfreunde die Musik. Zottel sollte den Hochzeitswagen ziehen.

„Das ist zwar nicht so romantisch wie eine Kutsche mit zwei Schimmeln davor, aber schließlich gehört er zur Familie und wäre mit Recht beleidigt, wenn wir ihn übergehen würden", sagte Bille.

Florian und Karlchen bastelten weiter an ihrem Gedicht. Und Bille und Bettina hatten ihre Klassenkameradinnen Helga, Heike und Elli gebeten, ihnen beim Binden der Girlanden für die Hochzeitskutsche zu helfen. Die Kutsche stand in Groß-Willmsdorf in einer leeren Scheune und wurde rundum mit Tannenzweigen und weißen Papierrosen besteckt.

Ähnlich sollte Zottel geschmückt werden.

Doch eine viel schwierigere Arbeit hatten sich Bille und Bettina vorgenommen: Sie wollten für Mutsch und Onkel Paul eine mehrstöckige Hochzeitstorte backen.

Ohne fremde Hilfe ging das natürlich nicht. Aber Fräulein Fuchs erklärte sich gern bereit, ihnen bei dem komplizierten Werk zur Seite zu stehen. Außerdem stellte sie die Zutaten zur Verfügung und – was schwerer wog – ihre geheiligte Küche, zu der sie sonst den Kindern jeglichen Zutritt verwehrte.

Unter ihrer Anleitung wurde die Torte wirklich ein Prachtstück! Vier Etagen hatte sie, war ganz und gar mit weißem Zuckerguss überzogen und mit Blüten aus rosa Marzipan verziert, die von zartgrünen Marzipanblättern und dichten Girlanden aus weißem Zuckerguss umgeben waren. Obenauf lagen zwei ineinander verschlungene Ringe aus Goldpapier auf grünen Marzipanblättern.

„Super!", lobte Bille ihr gemeinsames Werk. „Damit können wir uns wirklich sehen lassen! Jetzt müssen wir das gute Stück nur noch heil bis in den Krug bringen."

Sie suchten auf dem Speicher nach einem geeigneten Behälter, um das Prachtstück zu transportieren, aber kein Karton war hoch genug, um die Torte wirklich zu schützen.

„Eine Zylinderschachtel wäre gut", seufzte Bettina. „Aber wer trägt so was heute noch!"

„Wir müssen es eben anders versuchen. Wir schneiden ein paar Kartons auseinander und kleben uns unsere Hut-, äh, Tortenschachtel selber zusammen – maßgeschneidert sozusagen", schlug Bille vor.

Und so kam die Torte doch noch zu einer einigermaßen schützenden Hülle.

Der große Tag brach an. Bille verdrückte sich rechtzeitig in den Stall zu Zottel, um allen Aufregungen aus dem Weg zu gehen.

Außerdem musste ihr Dicker ja geschmückt und angeschirrt werden. Florian hatte es übernommen, ihn zu führen. Da es keinen Kutschbock gab und das Hochzeitspaar nicht selbst kutschieren sollte, musste einer neben Zottel hergehen.

„Warum zitterst du so? Du musst doch nicht heiraten?", fragte Karlchen, der Bille bei Zottels Kostümierung half.

Bille warf ärgerlich eine Blume zu Boden, die ihr beim Feststecken abgerissen war.

„Ich weiß nicht – ich bin eben aufgeregt. Hoffentlich haut alles hin!"

„Hast du Angst, deine Mutter könnte im letzten Augenblick Nein sagen?"

Auf der Straße wurde gehupt.

„Das sind Henrichs. Sie bringen die Jungen und Bettina her. Und die Hochzeitstorte." Bille rannte hinaus.

Henrichs waren nicht die Einzigen, die vor dem Haus hielten. Plötzlich hupte und brummte es von allen Seiten. Inge und Thorsten kamen in ihrem klapprigen VW, Onkels, Tanten, Vettern und Kusinen von außerhalb hielten vor der Einfahrt und stürmten das Haus. Im Nu war das Wohnzimmer überfüllt von Gästen.

Bille winkte Bettina, die den Karton mit der Torte vorsichtig vor sich her trug, zu sich.

„Mutsch und Onkel Paul müssen jetzt zum Standesamt. Anschließend treffen sich alle in der Kirche. Wenn die Luft rein ist, transportieren wir die Torte rüber zum Krug. Stell sie erst mal hier ab."

Bettina setzte den Karton behutsam auf die Bank, die unter dem vorgezogenen Dach des Stalles stand. Dann folgte sie Bille in die Garage, wo die geschmückte Kutsche wartete.

„Schau mal nach, ob sie schon weg sind. Dann ziehen wir den Wagen heraus und spannen an."

„Ist Zottel fertig?"

„Ja, Karlchen ist bei ihm und passt auf ihn auf."

„Gut."

Bettina verschwand und lief zum Haus hinüber. Nach fünf Minuten erschien sie wieder.

„So – sie sind eben zum Rathaus gegangen. Die Gäste sind noch im Wohnzimmer, Onkel Paul hat ihnen zur Begrüßung erst mal einen Schnaps angeboten. Die Stimmung da drinnen ist schon auf ihrem ersten Höhepunkt."

„Super. Hilf mir, den Wagen rauszuschieben."

Bille öffnete die beiden Flügel des Garagentors, dann ergriff jede von ihnen eine Stange der Deichsel und stemmte sich mit aller Kraft dagegen.

Die Kutsche rührte sich kaum vom Fleck.

„Das darf doch nicht wahr sein, warum ist die Karre so schwer?", fragte Bille stöhnend.

„Warum habt ihr sie nicht umgekehrt reingeschoben, dann könnte Zottel sie leicht herausziehen."

„Das habe ich mich eben auch gefragt. Komm, es hat keinen Zweck, wir schaffen es nicht allein. Ruf Karlchen, er muss uns helfen."

Bettina rannte nach draußen und rief zum Stall hinüber: „Karlchen! Karlchen – schnell! Wir kriegen den Wagen nicht raus!"

Karlchens roter Schopf erschien in der Stalltür. Er warf

einen prüfenden Blick auf Zottel, dann hechtete er hinüber zur Garage.

„Typisch – da muss erst mal wieder ein Mann eingreifen!"

„Quatsch nicht, fass an!", kommandierte Bille.

Zu dritt stemmten sie sich gegen den Wagen.

„Mann, hat der ein Gewicht. Habt ihr die Girlanden aus Zement gegossen?", stöhnte Karlchen. „Das gibt's doch gar nicht!" Er trat zurück und warf einen missbilligenden Blick auf die festlich geschmückte Kutsche.

„Hä, hä, hä, hä, hä", meckerte er plötzlich los.

„Was gibt's da zu lachen", knurrte Bille ärgerlich, deren schönes Kleid schon ein wenig lädiert aussah.

Karlchen grinste breit. „Ihr Intelligenzbestien! Wer von euch hat denn die Bremse angezogen?"

Bille wurde rot. „Ich Trottel! Ich hab mir fest eingebildet … Na ja, ist nun auch nicht mehr zu ändern." Sie löste mit einem schnellen Griff die Bremse und nach kurzem Anschieben stand der Wagen draußen. „Wartet, ich hole Zottel. In einer Dreiviertelstunde müssen wir am Rathaus sein."

„Bloß keine Aufregung, bis zum Rathaus brauchen wir drei Minuten. Wir haben noch eine Ewigkeit Zeit", rief Karlchen hinter Bille her und zwinkerte Bettina vielsagend zu. Plötzlich hörten sie einen schrillen Schrei, dann folgten endlose fürchterliche Flüche.

Karlchen und Bettina erstarrten zu Salzsäulen.

„Komm mit, ich ahne, was passiert ist", flüsterte Bettina nach einer Schrecksekunde.

Vor dem Stall stand Bille, die Faust drohend gegen Zottel erhoben, Tränen der Wut in den Augen. Und daneben die Hochzeitstorte. Angefressen.

„Du verdammtes, unverbesserliches, gefräßiges Mistvieh!

Du Tonne auf Beinen! Du gewissenloser Vielfraß! Ist dir denn überhaupt nichts heilig! Du … du …"

„Schimpf ruhig weiter, wenn's dich erleichtert. Aber nicht zu lange, sonst kommen wir zu spät", sagte Karlchen.

Das war unklug. Denn jetzt richtete sich Billes ganzer Zorn gegen ihn.

„Du Idiot! Du bist an allem schuld, du hast seine Box offen gelassen! Wie hätte er denn sonst rauskommen können! Du Spatzenhirn, du bist ja zu blöde zum …"

„Meinst du nicht, du solltest deine letzten Kräfte sparen, um die Torte zu reparieren?", fragte Bettina zaghaft und starrte auf das lädierte Prachtstück.

„Reparieren! Reparieren – was willst du denn daran noch reparieren!" Bille war nahe daran, loszuheulen.

„Was ist passiert? Warum schreist du so?" Florian, gefolgt von Simon und Daniel, stürzte aus dem Haus.

Bettina erklärte mit wenigen Worten, was passiert war. Simon legte tröstend den Arm um Billes Schultern.

„Das kriegen wir wieder hin, verlass dich drauf. Karlchen und Daniel spannen Zottel an, wir andern kümmern uns um die Torte. Die Gäste gehen sowieso gleich zur Kirche rüber, dann stört uns kein Mensch."

„Das schaffen wir doch nie in so kurzer Zeit!", jammerte Bille.

„Klar schaffen wir das."

Simon nahm die Torte vorsichtig hoch und marschierte in die Küche.

Die anderen folgten ihm wie eine Trauerprozession. Auf dem Küchentisch befreite er das lädierte Prachtstück von den letzten Resten der Pappumhüllung. Dann betrachtete er den Schaden fachmännisch. Die anderen umringten ihn schweigend – in ihren fragenden Blicken mischten sich Zweifel und Hoffnung.

„Habt ihr zufällig so was wie einen Napfkuchen im Haus?"

„Ich glaube ja, die Nachbarinnen haben alles mögliche angeschleppt."

Bille flitzte in den Vorratskeller und kam mit einem herrlichen Napfkuchen zurück.

„Leider ist er aus Schokoladenteig, wir werden ihn umschminken müssen."

„Puderzucker", sagte Simon knapp. „Bettina, rühr einen Zuckerguss an. Möglichst fest."

„Wie macht man das?"

„Schau im Kochbuch nach."

„Den Kuchen!", kommandierte Simon. „Und ein scharfes Messer."

Er entfernte vorsichtig die angeknabberten Teile, so dass ein glatter Schnitt entstand.

„So, jetzt müssen wir die Füllung zuschneiden. Miss mal die Lücke aus."

„Wie denn? Mit dem Geodreieck?", spottete Bille, holte aber sofort einen Kochlöffel mit einem langen Stiel, mit dessen Hilfe sie Höhe, Breite und Tiefe des Einschnitts ausmaß. Dann schnitt sie ein entsprechend großes Stück aus dem Napfkuchen aus.

„Hm – zu klein. Noch ein paar Krümel, damit wir die Lücken stopfen können."

„Reicht das?"

„He, drück nicht so, der kriegt ja eine Delle!"

„Beeilt euch!", drängelte Bettina. „Wir haben nur noch eine knappe halbe Stunde."

„Zuckerguss fertig?"

„Hier."

Vorsichtig trug Simon den dickflüssigen Guss auf das hässlich hervorstehende braune Kuchenteil auf.

„Es schimmert immer noch durch. Hoffentlich reicht der Zuckerguss."

„Und was machen wir mit der Verzierung? Wir haben doch keine Blumen und Blätter aus Marzipan – und für die Schnörkel ist der Zuckerguss viel zu flüssig!", jammerte Bille.

„Die Blätter können wir aus Papier nachmachen und mit Farbe bemalen, aber wie kriegen wir so 'ne Blume hin?", überlegte Bettina.

„Fangen wir mit den Blättern an, für die Blume fällt uns dann schon noch was ein", ordnete Simon an. „Los, holt Papier und Wasserfarben!"

Bille, Bettina und Florian stürmten davon. Auf der Treppe hielt Bille plötzlich an.

„Ich weiß, was wir machen können! Statt der Blume nehmen wir eine Schleife. Ich hab noch eine zartrosa Seidenschleife von einer Konfektschachtel."

„Das ist die Idee! Los, hol sie, wir kümmern uns um das andere."

Während Bille die Schleife suchte, schnippelte Bettina drei Blätter aus weißem Briefpapier, mischte im Farbkasten ein zartes Hellgrün und trug es auf. Dann wurde die Schleife mit einer langen Nadel in die Torte gepikt und mit den Blättern umgeben.

„Hm – schon ganz nett. Aber die weißen Zuckerschnörkel fehlen", stellte Simon kritisch fest.

„Halt, ich hab's!", jubelte Florian und raste aus der Küche. Man hörte ihn die Treppe hinaufspringen, oben klappte eine Tür, Sekunden später war er wieder da.

„Bin schnell übers Treppengeländer runter", murmelte er entschuldigend. „Hier!"

„Was – Zahnpasta?", fragte Bille entgeistert.

„Warum nicht? Schließlich sind die Blätter aus Papier, und eine Stecknadel steckt auch drin."

„Er hat gar nicht so unrecht", meinte Bettina. „Warum eigentlich nicht?"

Simon und Bille sahen sich an.

„Gib her!" Simon griff nach der Tube und drückte schwungvolle Verzierungen auf das ausgebesserte Tortenstück.

„Na bitte – von Weitem merkt man's gar nicht. Einer von uns muss aufpassen, dass die Torte am anderen Ende angeschnitten wird, klar?"

Bille kicherte. „Ich werde sagen, das Stück mit der Schleife sei für den lieben, braven Zottel reserviert!"

Tatsächlich merkte niemand den Schwindel.

Sie waren gerade noch rechtzeitig gekommen, um Mutsch und Onkel Paul mit der geschmückten Kutsche feierlich vom Rathaus zur Kirche zu fahren. In der Zwischenzeit transportierten Simon und Bettina die ungewöhnliche Hochzeitstorte zu Jansens in den *Krug*.

„Nein, was für ein schönes Stück!", sagte Frau Jansen andächtig und bewunderte die Torte von allen Seiten. „Und die herrliche Schleife!"

Sie konnte gar nicht begreifen, dass Simon und Bettina darauf bestanden, die Torte so zu drehen, dass die Schleife möglichst wenig sichtbar war. Aber da die Kirchenglocken bereits läuteten, blieb für eine längere Diskussion ohnehin keine Zeit mehr.

Nach der Trauung versammelte sich die Gästeschar im *Krug* zum Essen. Bille und Bettina stellten sich wie zwei Wachtposten neben den Tisch, auf dem die Torte stand. Sie nahmen die Geschenke in Empfang und bauten sie so auf, dass sie Gelegenheit hatten, die Torte immer weiter in den Hintergrund zu schieben.

Und als das Essen vorüber war, alle Reden gehalten und Florian und Karlchen ihr Gedicht vorgetragen hatten, als Wein und Bier in Strömen geflossen waren und die Hochzeitsgäste mit geröteten Gesichtern zur Musik der Feuerwehrkapelle über die Tanzfläche walzten – da sah sowieso keiner mehr so genau hin.

Mutsch und Onkel Paul hatten das Wunderwerk gebührend gelobt und gemeinsam angeschnitten. Bille säbelte für jeden der Gäste ein Stück heraus, ohne auch nur in die Nähe der kritischen Stelle zu kommen.

Erst spät am Abend passierte es, dass ein Onkel aus Hannover zu der Torte schlich und sich – damit es nicht so auffiel – ein riesiges Stück aus dem rückwärtigen Teil des Kunstwerks holte. Aber er war so betrunken, dass er mit schäumendem Mund strahlend erklärte, er habe noch nie in seinem Leben eine so großartige Torte gegessen und die Gräte, die darin versteckt gewesen sei (er meinte die Stecknadel), solle wohl dem Finder Glück bringen.

„Außerordentlich!", lallte er immer wieder. „Ganz außerordentlich!"

Und das stimmte genau genommen ja auch.

Galopp im Tiefschnee

Die Festtage waren vorüber. Von dem Hochzeitskuchen waren nur noch die beiden verschlungenen Ringe aus Goldpapier übrig geblieben, die Mutsch nebst Schleife und Myrtenzweig zur Erinnerung in der Küche aufgehängt hatte. Weihnachten und der Silvesterabend waren vergangen. Wegen des Umzugs und der Hochzeit war das Weihnachtsfest bescheiden ausgefallen. Aber endlich eine richtige Familie zu sein war sowieso das schönste Weihnachtsgeschenk, fand Bille. Außerdem: was brauchte sie schon, da sie doch Zottel hatte!

Ihre Schwester Inge und ihr Verlobter Thorsten waren in die Stadt zurückgekehrt. Nach Ostern wollten sie mit der Renovierung des alten Häuschens beginnen und dann ihren Umzug vorbereiten.

„Und im Sommer darf Zottel dann wieder eine Hochzeitskutsche ziehen", hatte Inge zum Abschied gesagt.

Im Haus war es still geworden. Mutsch und Onkel Paul fuhren nun wieder jeden Morgen in den Laden und kehrten erst abends zurück. Und Bille verbrachte wie eh und je jede freie Minute bei den Pferden.

In der Neujahrsnacht hatte es zu schneien begonnen. Und einen Tag später lagen Felder und Gärten unter einer dicken weißen Decke. Zwei Tage lang dauerte der Flockentanz, man konnte kaum die Hand vor den Augen sehen, und die Schneepflüge hatten Mühe, die Straßen auch nur leidlich passierbar zu machen.

Bille und Karlchen hatten Spaß daran, auf dem Hof Schnee zu schippen und den großen Gutshof mit hohen Schneemauern einzurahmen. Ganz verändert sah alles auf einmal aus, die Felder und Wiesen schienen sich unter dem weißen Teppich gedehnt zu haben, und das Willmsdorfer Gutshaus glich dem Palast der Schneekönigin.

Als am vierten Tag die Sonne herauskam, ließen Bille und Karlchen die Pferde auf die Koppeln, wo sie vor Freude wie junge Ziegenböcke hüpften und ausschlugen, im Schnee tollten und sich genüsslich in der weißen Pracht wälzten. Die schwarzen und braunen Pferdekörper wurden zu tanzenden Punkten in der großen weißen Fläche.

„Flimmert es dir auch so vor den Augen? Mir ist schon ganz schwindelig vom Hinsehen", sagte Bille.

„Schöööööön!" Karlchen reckte sich genießerisch. „Ich wünschte, die Ferien dauerten noch vier Wochen – und die ganze Zeit wäre so ein Wetter!"

Am Horizont näherten sich vier weitere bunte Punkte.

„Die Peershofer kommen!"

Bille rannte den Freunden mit großen Sprüngen entgegen.

„Ist es nicht fantastisch?", rief sie schon von Weitem. „Was haltet ihr davon, wenn wir an den Strand reiten? In der Bucht soll die Ostsee schon zugefroren sein."

„Und da hast du Zottel noch nicht gesattelt? Na los, worauf wartest du noch?", drängte Bettina.

„Er ist noch drüben auf der Koppel – mit Black Arrow. Ich wollte, dass er sich mal nach Herzenslust im Schnee wälzen kann. In zehn Minuten sind wir startbereit."

Bille rannte zum Hof hinüber, während die Freunde abstiegen, die Sattelgurte lockerten und sich auf das Gatter in die Sonne hockten.

„Elfeinhalb Minuten!", sagte Daniel, markierte ein Gähnen und schaute vorwurfsvoll auf die Uhr, als Bille mit Zottel zurückkam.

„Die eineinhalb Minuten hol ich leicht ein!"

Bille trieb Zottel an und bog in die Groß-Willmsdorfer Chaussee ein. Bis die anderen ihre Sattelgurte wieder festgezogen hatten und aufgesessen waren, hatten Bille und ihr Pony schon einen gewaltigen Vorsprung.

„Unverschämtheit", brummte Daniel und trieb Asterix an. Sobald der Boden es erlaubte, galoppierte er an, und schon preschten sie alle hinter der Freundin her. Als sie sie eingeholt hatten, ließ auch Zottel sich nicht lange bitten. Der Schnee stob hoch auf und wehte Bille wie ein Sprühregen ins Gesicht. Die weißen Kristalle glitzerten in der Sonne wie Goldstaub.

„Juhuuuuu!", schrie Bille.

„Jepeeeeeh!", antwortete Florian, der das Schlusslicht der kleinen Karawane bildete.

„Zum Verrücktwerden schön", sagte Bettina atemlos und trieb ihr Pferd Sternchen stärker an.

Sie ritten querfeldein über den Acker. Jetzt, wo der Boden unter der Schneedecke gefroren war, war das erlaubt, denn die Pferdehufe konnten auf dem Acker keinen Schaden anrichten. Lange konnten die Pferde den scharfen Galopp im Tiefschnee nicht durchhalten. So ließen Bille und ihre Freunde bald die Zügel lang und ritten im Schritt nebeneinander her. Die Pferde dampften und schnaubten, ihre Sättel knarzten leise.

„Und da schwärmen die Leute so vom Skifahren", sagte Simon kopfschüttelnd. „Durch den Schnee zu reiten ist doch viel schöner!"

Sie hatten die Anhöhe erreicht, über die eine Landstraße links nach Wedenbruck hinunterführte. Auf der Höhe bildete sie eine Art Buckel und lief in einer scharfen Rechtskurve auf der anderen Seite wieder hinab. Ein Warnschild wies auf die Gefährlichkeit der Kurve hin. Die Freunde hielten nach beiden Seiten Ausschau und überquerten die Fahrbahn.

„Verdammt, ist das glatt!", schimpfte Florian. Bongo hätte sich um ein Haar auf sein dickes Hinterteil gesetzt. „Die armen Autofahrer tun mir leid."

„Das ist der Wind, der hier oben ständig über die Straße streicht und den Schnee zu einer spiegelglatten Fläche poliert", meinte Daniel. „Siehst du die Schleuderspuren da unten? Da hat's schon einen erwischt."

Da näherte sich auch schon ein Autofahrer. Nichtsahnend brauste er mit seinem roten VW den Berg hinauf, um gleich darauf in Kreiselbewegungen auf der anderen Seite wieder hinabzuschlittern. In der Kurve angekommen, sauste der Wagen direkt in den dicht verschneiten Straßengraben und war bis zu den Fenstern verschwunden. Flupp – es war, als fiele ein dicker Klecks Erdbeermarmelade in eine Schüssel Quarkspeise. Die Freunde folgten mit weit aufgerissenen Augen dem Schauspiel.

Uiuiui – und wieder näherte sich ein Brummen. Ein aprikosengelber Fiat tauchte auf der Höhe auf, trudelte den Berg hinab und legte sich dazu.

„Wisst ihr, was ich denke?", fragte Florian.

„Klar", sagte Bille. „Wir kommen heute nicht mehr bis an den Strand."

Schon drehte sich der Nächste den Hang hinunter. Diesmal war's Kalle Jakobsen, der fuhr sowieso immer viel zu schnell. Sein blauer Kombi sah wie ein großer Tintenklecks im Schneeberg aus.

„Jetzt fehlt nur noch 'n Grüner", meinte Bettina versonnen und sprach damit aus, was die anderen dachten.

Die Besitzer der im Schnee versunkenen Wagen krabbelten mühsam aus ihren Autos und diskutierten heftig über ihr Missgeschick. Verletzt war glücklicherweise keiner, denn die Schneemassen hatten die Wucht des Aufpralls weich aufgefangen. Ratlos standen die Autofahrer um die ineinander verkeilten Wagen herum.

Der nächste Kandidat war nicht grün, sondern silbergrau, ein schwerer Mercedes, der den Hang eigentlich ohne Schwierigkeiten hätte bewältigen können, hätte der Fahrer nicht so fasziniert auf den bunten Blechhaufen im Schnee gestarrt. Sachte bewegte sich das Hinterteil des großen Silbergrauen im Kreise und setzte sich behäbig in den Graben zu den übrigen.

„Schöner als Kino!", sagte Simon andächtig.

„Wir sollten ein Geschirr und Zugseile holen", meinte Bille und schaute die Straße hinauf, ob nicht noch einer käme. Aber nichts geschah.

„Ja, das sollten wir", murmelte Daniel nach einer Weile und beobachtete fasziniert, wie die Autofahrer sich allmählich in die Haare kriegten, da jeder versuchte, dem anderen die Schuld in die Schuhe zu schieben.

Hinter dem Hang näherte sich ein aufgeregt hoher Summton. Das Vorderrad eines Mopeds schob sich über die Kuppe, dahinter ein rundes, rotes Gesicht, überragt von einem hohen Einkaufskorb voller Lebensmittel.

„Die dicke Ilse!", flüsterte Florian atemlos.

Die dicke Ilse riss Mund und Augen auf, als sie die bunte Autopracht am Fuß des Hanges sah. Und als könne es gar nicht anders sein, schlitterte sie – magisch angezogen – auf den bunten Blechhaufen zu. Es gelang ihr zwar, im letzten Augenblick zu bremsen, aber was sie nicht bremsen konnte, war der Korb. Der schoss über ihren Kopf hinweg und sein Inhalt verteilte sich gleichmäßig auf die im Schnee versunkenen Wagen. Salatblätter legten sich auf glänzende Autodächer, gefolgt von Tomaten und einem Regen aus Reis und Zucker. Eine Mehltüte zerplatzte, Milch tropfte in kleinen Bächen über Windschutzscheiben, Heidelbeermarmelade überzog das Ganze gleichmäßig mit blauen Spritzern. Zum Schluss hüpften ein paar Eier aus dem Korb, wie Kaninchen aus dem Hut eines Zauberers, und versahen das Bild mit einer wirkungsvollen gelben Glasur.

Bille und ihre Freunde waren nahe daran zu applaudieren.

„Jetzt müssen wir aber was tun", meinte Bettina und rührte sich nicht von der Stelle. „Wer geht?"

„Ja, wir müssen wirklich helfen, sonst werden sie sauer, dass wir hier rumstehen und glotzen."

Daniel trieb Asterix am Straßenrand entlang den Hang hinunter. Hier war es weniger glatt, aber der große Schimmel bewegte sich vorwärts, als hätte man ihm Schlittschuhe unter die Hufe geschnallt.

„Okay", sagte Bille. „Wer begleitet mich? Ich hole das Geschirr und die Seile. Einer von euch sollte sich oben an der Straße aufstellen und die Autofahrer warnen. Ich werde von Willmsdorf aus in Wedenbruck auf der Polizeistation anrufen, erzählen, was hier los ist, und sie bitten, einen Streuwagen zu schicken."

„Ich komme mit dir." Bettina wendete Sternchen und sie überquerten vorsichtig die Straße.

Eine halbe Stunde später kamen sie zurück und waren nicht überrascht, im bunten Schneegraben noch den grünen VW des Polizisten Bode vorzufinden. Er hatte es so eilig gehabt, an die Unfallstelle zu kommen, dass er alle Vorsicht vergaß und sein Auto wie auf Engelsflügeln zu den bedauernswerten Kollegen hinuntergesegelt war.

Zottel, Sternchen und Bongo, die es gewohnt waren, auch im Geschirr zu gehen, brauchten all ihre Kräfte, um die Unglücklichen aus den Schneebergen zu befreien. Und die Autobesitzer, die sich zum Teil bis in die nächste Werkstatt schleppen lassen mussten, zeigten sich dankbar für die rasche Hilfe und waren im Trinkgeldgeben äußerst großzügig.

Bille, Bettina und Florian betrachteten andächtig die zahlreichen Münzen und Scheine in ihren Händen.

„Nicht schlecht für den Anfang", seufzte Florian zufrieden. „Morgen stellen wir uns wieder dahin."

Zottel ist verschwunden

Es sollte nicht das einzige Mal bleiben, dass Bille und ihre Freunde mit ihren einen PS die mit fünfzig und mehr PS stecken gebliebenen Autofahrer wieder flottmachen mussten. In Wedenbruck und Umgebung sprach es sich bald herum, dass die jungen Leute mit ihren Ponys schnell zur Stelle waren, wenn Motorkraft in den hohen Schneeverwehungen nichts mehr ausrichten konnte.

Es war klar, dass die anderen Kinder im Dorf die Ponybesitzer glühend beneideten. Abgesehen vom Ruhm schien dieser fliegende Hilfstrupp eine Quelle steigenden Wohlstands zu werden. Weder Bille noch die anderen sprachen über die Trinkgelder, die sie bei solchen Gelegenheiten einnahmen. Oft war es auch nur eine Tafel Schokolade für jeden gewesen. Aber die Fantasie der anderen wuchs ins Unendliche.

„Fünfzig Mark! Im Ernst!", sagte Ellis Bruder Jens zu seinen Freunden. „Ich hab's selbst gesehen!"

Was er gesehen hatte, war ein Stück Papier, genauer gesagt, eine Visitenkarte, die ein älteres Ehepaar Bille in die Hand gedrückt hatte mit den Worten: „Wenn du mal nach Köln kommst, freuen wir uns über deinen Besuch."

Fortan nahm ein Pferd oder ein Pony den ersten Platz auf sämtlichen Geburtstags-Wunschzetteln des Dorfes ein.

Doch als die Schule wieder begann, wurden die

Hilfseinsätze seltener. Nicht nur, weil die Freunde jetzt weniger Zeit hatten, sondern weil alle Straßen geräumt waren und kaum noch Rutschgefahr bestand.

In der Zwischenzeit war auch Herr Tiedjen von seiner Turnierreise zurückgekommen und hatte den Unterricht wieder aufgenommen. Bille sollte in diesem Sommer zum ersten Mal auf kleineren Turnieren starten und arbeitete härter denn je.

Und noch jemand war in den Groß-Willmsdorfer Pferdestall zurückgekehrt: der alte Petersen, der die Hauptverantwortung für Herrn Tiedjens Pferde trug. Als er eines Abends in Wedenbruck aus dem Zug stieg, warteten Bille und Karlchen mit dem Ponywagen auf ihn. Bille hatte einen Strauß Schneeglöckchen mitgebracht.

„Herr Petersen! Wie schön, dass Sie wieder da sind! Wir haben Sie sehr vermisst – und die Pferde natürlich auch! Aber wir haben uns gut um alles gekümmert, Hubert war zufrieden mit uns", sprudelte Bille hervor. „Wie geht es Ihnen? Sind Sie wieder ganz gesund? Wie war's in der Kur?"

„In der Kur? Ach, langweilig, Mädchen, elend langweilig! Kein Pferdeschweif weit und breit, nicht mal ein Hauch von Stallgeruch. Aber gut geht's mir, die alten Knochen werden es wohl wieder eine Weile tun."

Bille wickelte den alten Mann in eine Decke und half ihm in den Wagen.

„Schön, wieder zu Hause zu sein", seufzte er. „Hab euch vermisst, euch beide. Nun werdet ihr erst mal eine Weile Urlaub vom Stalldienst haben, Hubert und ich schaffen die Arbeit auch allein. Und ihr könnt euch mehr um die Schule kümmern."

„Ach, das ist doch nicht nötig", sagte Karlchen, als hätte man ihm ein Höflichkeitsgeschenk gemacht.

Petersen sah ihn schmunzelnd von der Seite an.

„Na, das weiß ich ja nich, mein Jung, ob das bei dir nicht verdammt nötig ist!"

Der alte Petersen schien sich wirklich gut erholt zu haben, denn er beteiligte sich nun mehr an der Ausbildung der jungen Reiter. Seit ihm sein Rheuma nicht mehr erlaubte, selbst in den Sattel zu steigen, um Herrn Tiedjens Pferde zu bewegen, hatte er angefangen, sich um Billes Unterricht zu kümmern. Dann hatte Bille ihn gebeten, Bettina ebenfalls zu unterrichten, und schließlich nahm er auch die drei Henrich-Brüder in seine Mannschaft auf. Und er fand mehr und mehr Spaß an der Rolle des Reitlehrers.

Allerdings war Petersen ein wesentlich strengerer Lehrer als Herr Tiedjen. Bei ihm gab es militärischen Drill, er zog seine Schüler „durch die Mangel", wie er es nannte. So sanft und zartfühlend er im Umgang mit Pferden war, so hart konnte er die Reiter anpacken. Bei all dem war er aber nie ungerecht oder verletzend und Bille und ihren Freunden war es ganz recht, dass sie zwei so verschiedene Lehrer hatten.

Öfter nahm Bille ihren Zottel abends mit nach Hause, seit sie einen eigenen Stall für ihn hatte. Wenn sie nicht versprochen hatte, abends im Stall zu helfen, sparte sie sich dann den Umweg über Groß-Willmsdorf und ritt direkt nach Wedenbruck zurück.

So war es auch gestern gewesen.

Als Bille an diesem Tag früher als erwartet aus der Schule

kam, weil der Nachmittagsunterricht ausgefallen war, glaubte sie einen herrlich langen, schulaufgabenfreien Tag bei den Pferden vor sich zu haben. Zunächst wollte sie Zottel putzen und mit ihm nach Peershof hinüberreiten, um Bettina abzuholen. Und dann würden sie einen langen Ausritt durch den verschneiten Wald machen.

Bille rannte in ihr Zimmer hinauf, feuerte die Schultasche in die Ecke und zog sich um. In der Küche stand ein Topf Gemüsesuppe im Kühlschrank. Ach was, die Zeit war zu kostbar, um sie mit Suppewärmen zu verplempern. Ein Käsebrot tat es auch. Bille stopfte sich die Taschen voller Äpfel und stürmte hinaus.

Warum war Zottel heute so still? Sonst hörte sie sein freudiges Begrüßungswiehern schon von Weitem – er war doch nicht etwa krank? Voller Unruhe betrat sie den Stall.

Die Tür zu Zottels Box stand sperrangelweit auf und die Box war leer! Bille schaute sich fassungslos um, als könne er ihr einen Streich gespielt und sich in einem Winkel vor ihr versteckt haben.

„Zottel! Zottel – wo bist du?"

Bille rannte durch den Garten. Doch nein, hier konnte er nicht sein, sie hätte seine Spuren im Schnee sehen müssen. Aber wie war er aus dem Garten gekommen – er konnte doch nicht über den Zaun gesprungen sein?

Bille suchte jeden Winkel des Grundstücks ab, dann stieg sie die Kellertreppe hinunter und untersuchte dort jeden Raum, obgleich es unmöglich war, dass Zottel bis hierher vordringen konnte. Nirgends war auch nur eine Spur ihres Lieblings zu entdecken.

Angenommen, der Postbote hatte das Tor geöffnet, als Zottel bereits im Garten war, sodass Zottel hinter seinem

Rücken auf die Straße laufen konnte? Dann war er sicher nach Groß-Willmsdorf hinübergetrabt, zu den anderen Pferden. Obgleich es immer noch rätselhaft blieb, wie Zottel aus seiner Box gekommen war, wurde Bille bei diesem Gedanken etwas ruhiger.

Sie holte ihr Fahrrad aus der Garage und fuhr nach Groß-Willmsdorf hinüber. Und je näher sie den vertrauten Scheunen und Stallgebäuden kam, desto sicherer war sie, Zottel dort in seiner Box vorzufinden.

Aber ihr Gefühl hatte getrogen. Petersen schaute erstaunt auf, als sie schon von draußen nach Zottel rief.

„Hat er dich abgeworfen und ist schon vorgelaufen? Ich dachte, ihr wollt zusammen kommen."

„Wieso – ist er nicht hier?"

„Nein. Sollte er? Du hast ihn doch gestern mit nach Hause genommen. Hast du das vielleicht vergessen?"

„Unsinn. Aber zu Hause ist er nicht. Haben Sie in seine Box gesehen? Vielleicht haben Sie ihn nur nicht kommen hören?", sagte Bille schwach.

Hubert steckte seinen Kopf aus der Box von Black Arrow. „Na hör mal! Wenn dein Schätzchen hier auftaucht, schreckt doch alles zusammen! Schon aus Angst, dass jemand vergessen haben könnte, die Haferkiste zuzumachen."

Bille war zu Zottels Box gerannt. Es stimmte – sie war leer. Bille war es, als öffne sich der Boden unter ihren Füßen.

„Aber wo kann er dann sein? Heute Morgen, als ich in die Schule fuhr, war er im Stall. Ich habe ihn gefüttert und die Tür fest zugemacht, das weiß ich! Und jetzt ist er nicht mehr drin", sagte sie weinerlich und schaute ratlos von einem zum anderen.

„Nun verlier man bloß nicht die Nerven!" Hubert lächelte

beruhigend. „Onkel Paul wird ihn mit nach Leesten genommen haben."

„Warum sollte er das tun?"

„Was weiß ich? Vielleicht 'nen Reklameritt machen oder so."

„Onkel Paul? Auf Zottel? Das glaubst du doch selbst nicht."

„Na, das lässt sich ja leicht feststellen", meinte der alte Petersen begütigend. „Geh ins Büro rüber und ruf an, dann weißt du's. Wird sich schon alles aufklären."

Bille lief zum Gutsbüro hinüber, erzählte der alten Sekretärin Frau Beck von ihrem Kummer und rief in Leesten an.

„Spar-Markt Leesten, Frau Ossowsky", meldete sich Mutsch.

„Mutsch", Billes Stimme klang ganz zittrig, „Zottel ist nicht in seinem Stall. Hast du eine Ahnung, wo er stecken könnte?"

„Zottel?" Mutsch lachte. „Er wird ausgebüxt und nach Groß-Willmsdorf gelaufen sein!"

„Da bin ich gerade, hier ist er auch nicht. Hat Onkel Paul ihn vielleicht mitgenommen?"

„Paul? Auf keinen Fall! Warum sollte er auch? Hast du schon in Peershof angerufen?"

„Nein."

„Na, vielleicht ist er dort. Da fühlt er sich doch auch schon wie zu Hause." Mutsch machte eine Pause, sie musste spüren, wie elend sich Bille fühlte. „Mach dir keine Sorgen, meine Lütte, den findest du schon. Ein Pony geht nicht so einfach verloren. Vielleicht macht er einen seiner Spaziergänge. Tschüss, du – ich muss wieder an die Arbeit. Ruf mich an, wenn du ihn gefunden hast!"

„Gut, Mutsch, mach ich." Bille legte bedrückt den Hörer auf die Gabel.

„Dürfte ich noch mal in Peershof anrufen?", fragte sie.

„Natürlich. Hast du die Nummer?"

„Ja, danke."

„Ich werd verrückt, wie gibt's denn das?", sagte Bettina, als Bille ihr von Zottels Verschwinden erzählt hatte. „Der Stall war doch fest zugeriegelt, oder?"

„Klar war er das. Das ist es ja eben. Ich kann nicht daran glauben, dass Zottel einfach so davongelaufen ist. Jemand muss ihn rausgeholt haben! O Gott, Bettina, wenn er nun gestohlen worden ist! Was soll ich bloß machen?"

„Ruhe bewahren", sagte Bettina, obgleich ihr selbst ganz mulmig bei dem Gedanken wurde. „Warte einen Augenblick, ich sage den Jungen Bescheid. Wir werden eine große Suchaktion starten."

Bettina legte den Hörer hin, und Bille hörte, wie sie mit den drei Jungen sprach. Nach einer Weile kam sie wieder an den Apparat.

„Simon muss unbedingt pauken, er schreibt morgen eine wichtige Arbeit. Aber Daniel und Florian kommen mit. Wir reiten gleich los und nehmen Pünktchen für dich mit. Daniel nimmt sie als Handpferd."

„Okay, danke, das ist sehr lieb von euch", sagte Bille bedrückt. „Bis gleich – ich geh euch entgegen."

Bevor sie sich auf den Weg machte, suchte sie noch einmal den Hof und die Koppeln von Groß-Willmsdorf ab. Sie ging durch den Park und rief immer wieder Zottels Namen, aber er ließ sich nicht blicken.

„Wo sollen wir anfangen?", fragte Bille kläglich, als Daniel, Bettina und Florian auf sie zugeritten kamen.

„Nun steig erst mal auf."

Daniel übergab ihr Pünktchens Zügel und wartete, bis sie im Sattel saß.

„Du bist doch ganz sicher, dass er nicht allein aus seiner Box herauskonnte?"

„Absolut sicher."

„Gut. Dann müssen wir seine Spur von eurem Haus aus verfolgen. Wir werden sämtliche Dorfbewohner fragen, ob sie etwas gesehen haben. Dann überlegen wir weiter. Kommt!"

Daniel trieb Asterix so kräftig an, dass der einen überraschten Satz nach vorn machte, und galoppierte auf Wedenbruck zu. Die anderen folgten ihm. Kurz bevor sie das Dorf erreichten, hielt er an und wandte sich an Bille.

„Am besten, wir bilden zwei Gruppen. Bettina und du – ihr nehmt die rechte Seite der Dorfstraße, Florian und ich die linke. Dann geht es schneller."

Ein Haus nach dem anderen klapperten sie ab, aber es war wie verhext: Kein Mensch hatte Zottel gesehen!

„Hast du die Umgebung des Stalls nach Spuren abgesucht?", fragte Daniel Bille, die den Tränen nahe war.

„N-nein …"

„Dann werden wir das jetzt tun. Und anschließend werden wir die Angelegenheit bei Polizist Bode melden."

Daniel band Asterix außen am Tor an, um möglichst keine Spuren zu verwischen. Die anderen folgten seinem Beispiel.

„Kommt dir an den Fußspuren irgendetwas ungewöhnlich vor?"

Bille starrte auf die vielen Spuren vor dem Stall. Die meisten stammten zweifellos von ihr, einige von Karlchen, Onkel

Paul oder Mutsch. Aber dort – die kleineren, es waren Abdrücke von Stiefeln mit sehr starkem Profil –, von wem stammten die?

„Ich weiß nicht – die da kommen mir fremd vor." Bille zeigte auf die Abdrücke im Schnee.

„Also ein Kind!"

„Oder jemand mit sehr kleinen Füßen", meinte Florian. „Na, viel schlauer macht uns das auch nicht. Ich nehme an, du weißt nicht, zu welchen Stiefeln die Abdrücke gehören und welche Person zu den Stiefeln …"

„Nein, natürlich nicht, keine Ahnung!", sagte Bille mutlos.

„Also – auf zu Herrn Bode."

Daniel stieg in den Sattel und ritt die Dorfstraße wieder hinunter. Bille, Bettina und Florian folgten ihm wie eine Schar gehorsamer Hündchen.

In der Polizeidienststelle saß Polizist Bode hinter seinem Schreibtisch und redete begütigend auf die völlig aufgelöste Frau Jansen ein.

„Nein, nein, Herr Bode, so was kann man nicht ernst genug nehmen", jammerte Frau Jansen. „Man kann's doch jeden Tag in der Zeitung lesen! Immer wieder werden Kinder entführt – und direkt von der Schule weg!"

„Also eine Vermisstenanzeige", ächzte Herr Bode, und man sah seinem Gesicht an, dass das Tippen von Protokollen nicht zu seinen Lieblingsbeschäftigungen gehörte.

„Was ist denn passiert, Frau Jansen?", erkundigte sich Bille.

„Jens ist weg! Und sein Freund Kuddel auch! Ich hab mich erst nur gewundert, warum er nicht zum Mittagessen nach Hause kam. Aber dann traf ich zufällig einen aus seiner Klasse. Und von dem hab ich gehört, dass heute überhaupt keine Schule war! Die Jungs hatten schulfrei, weil der Lehrer krank ist – der Direktor hat sie gleich um acht Uhr wieder nach Hause geschickt! Und nirgendwo im Dorf ist eine Spur von den beiden!", sagte Frau Jansen aufgebracht.

Bille und Bettina sahen sich an.

„Herr Bode!" Bille trat aufgeregt vor. „Wir wollen auch eine Vermisstenanzeige aufgeben!"

„Doch jetzt nicht! Ihr seht doch, dass ich zu tun …"

„Aber Herr Bode, vielleicht hängt das beides zusammen!", unterbrach ihn Bille und sah ihn eindringlich an. „Mein Pony ist nämlich weg!"

Polizist Bode ließ vor Staunen den Mund offen stehen.

„Ach", sagte er bloß. Dann griff er zum Telefonhörer.

Aber noch bevor er abheben konnte, klingelte es.

„Polizeidienststelle Wedenbruck."

Am anderen Ende der Leitung schnarrte eine dienstlich klingende Männerstimme einen ziemlich umständlichen Bericht herunter.

„Ja, das ist richtig, der gehört hierher. Lassen Sie ihn, wo er ist, ich bring das selbst in Ordnung", antwortete Bode mit grimmig entschlossenem Gesicht. Dann knallte er den Hörer auf. „Bindet eure Pferde hinten auf dem Hof an und kommt mit!", befahl er den vier Freunden. „Und Sie, Frau Jansen, gehen nach Hause. Ich bring Ihnen dann den Jungen vorbei."

„Ja, aber was ist denn passiert?", rief Frau Jansen hinter dem Zweizentnermann Bode her.

Doch der saß schon im Auto und ließ den Motor an. In sausender Fahrt ging es in die kleine Kreisstadt Neukirchen hinüber. Hinter der alten Stadtkirche parkte Bode den Wagen und winkte Bille und ihren Freunden, ihm zu folgen.

Auf dem Marktplatz herrschte reger Betrieb. Hier war heute Wochenmarkt und die Leute drängten sich um die Stände mit Obst und frischem Gemüse, Landeiern, Geflügel, Käse und Textilien aller Art.

„Da drüben!" Polizist Bode wies über die Leute hinweg zur anderen Seite des Platzes.

Dann arbeitete er sich wie ein Schneepflug durch die Menschenmassen. Bille, Bettina, Florian und Daniel folgten ihm.

Der Polizist machte eine Vollbremsung, bei der Bille prompt auf ihn auflief, und stemmte die Arme in die Hüften. Bille lugte an ihm vorbei.

„Zottel!", rief sie und wollte zu ihrem Liebling stürzen. Aber Bode hielt sie zurück.

„Ihr verdammten Lausebengel, was fällt euch denn ein!", begann Bode, und es folgte ein Donnerwetter, bei dem die Umstehenden erschrocken zurückwichen und sich die Ohren zuhielten.

Ja – da standen Jens und Kuddel und zwischen ihnen Zottel – angeschirrt und geschmückt, und an jeder Seite des Geschirrs hing ein großes Plakat mit der Aufschrift:

Futter für die armen Zirkustiere!
Auch Tiere im Winterquartier wollen essen!
Haben Sie ein Herz!
Spenden Sie für einen Zirkus in Not!

„Ich weiß, wo sie das abgeschrieben haben", flüsterte Bettina Bille ins Ohr. „In der Stadt vor einem Kaufhaus standen Zirkusleute und haben gesammelt. Sie hatten einen Esel und ein Pony bei sich. Das hat den beiden wohl gefallen."

„Zirkus in Not!", brüllte Polizist Bode. „Ihr werdet gleich ganz andere Nöte kennenlernen!" Er packte die beiden Übeltäter am Kragen und schob sie vor sich her zum Auto. Bille nahm überglücklich Zottel am Zaum und folgte ihm. Daniel, Florian und Bettina umringten die Gruppe wie Wachposten, denn von allen Seiten drängten Neugierige heran.

Bode stieß die beiden Jungen unsanft ins Auto und wandte sich an Bille. „Wie kriege ich euch denn nun nach Hause? Einen kann ich noch mitnehmen – wenn ihr euch dünne macht, vielleicht auch zwei."

„Nicht nötig", sagte Bille strahlend. „Wir rufen in Groß-Willmsdorf an, vielleicht kann Hubert uns mit dem Pferdetransporter abholen."

„Oder mein Vater", warf Daniel ein. „Das geht schon in Ordnung. Unsere Pferde holen wir dann später bei Ihnen ab."

„Dann ist's ja gut", brummte der Polizist und stieg ein.

„Und das hier", er reichte Bille Kuddels Mütze durchs Fenster, die voller Münzen war, „das gehört ja wohl deinem Pony. Fürs Futter. Selbst verdient!"

 ## Das Fohlen Sindbad

Wochen verstrichen und Bille schlich immer häufiger zur hintersten Box im Stall, in der die schöne, aber launische Stute Sinfonie stand, die in Kürze fohlen sollte.

Bille war noch nie bei der Geburt eines Fohlens dabei gewesen, und sie fürchtete, es auch diesmal zu verpassen. Denn es war kaum denkbar, dass die Stute warten würde, bis Bille aus der Schule kam. Noch undenkbarer war es, dass Mutsch ihr erlaubte, die letzten Nächte vor der Geburt des Fohlens im Stall zu schlafen.

Wenn sie ganz ehrlich war, so war Bille sich gar nicht so sicher, ob sie nun eigentlich dabei sein wollte oder nicht. Einerseits wünschte sie es sich sehnsüchtig, andererseits hatte sie Angst davor. Sinfonie war das schwierigste Pferd im Stall, vielleicht würde es Komplikationen geben? Vielleicht würde sie bösartig werden und niemanden an sich heranlassen? Und was wäre, wenn die Geburt sich in die Länge zog, wenn das Fohlen falsch lag? Würde sie es aushalten, die Stute leiden zu sehen, sie stöhnen zu hören?

Vorerst bemühte sich Bille, mit Sinfonie Freundschaft zu schließen. Sooft sie Zeit hatte, ging sie zu der schönen Fuchsstute in die Box, sprach leise mit ihr und massierte ihr liebevoll den schweren, runden Bauch. Immer wieder erneuerte sie die Streu in der Box und verwöhnte die Stute mit Leckerbissen.

Hörte sie, dass Sinfonie unruhig in ihrer Box herumlief, ging sie sofort zu ihr und sprach beruhigend auf sie ein. Und wenn Bille der Stute den Hals klopfte, ihr mit gleichmäßigen, festen Strichen über die Kruppe und die Flanken fuhr, als ob sie damit die Spannung im Leib des Pferdes lösen könnte, dann konnte sie sich gar nicht mehr vorstellen, dass sie noch vor einem Jahr Angst vor der kapriziösen Pferdedame gehabt hatte.

Abends verließ Bille den Stall so spät wie nur möglich. Immer wieder fand sie noch etwas zu tun, ein wenig Streu in der Stallgasse aufzukehren, einen Sattel zu richten, ein Zaumzeug zu putzen oder einen tropfenden Wasserhahn zuzudrehen. Sie musste noch einmal zurückgehen, weil Lohengrin sich in seiner Box wälzte oder Feodora, Herrn Tiedjens bestes Springpferd, mit dem Huf zu stark an die Wand ihrer Box geschlagen hatte.

Mutsch wusste, was Bille so bewegte. Und sie sagte nichts, wenn Bille erst nach dem Abendessen nach Hause kam und wie ein Schlafwandler durch die Wohnung ging.

Es war an einem Samstagabend, Bille hatte sich nach einem Ausritt von Bettina und den Jungen verabschiedet. Hubert hatte seinen freien Tag und Karlchen ließ sich entschuldigen. Die Peershofer ritten davon und Bille war mit Petersen allein.

Im Stall herrschte eine wunderbare Ruhe, nur leises Malmen und Schnauben war zu hören, ein Rascheln der Streu hier und da. Bille fühlte sich rundherum glücklich.

Schweigend versorgten sie die Pferde, fütterten und tränkten, erneuerten bei den künftigen Müttern noch einmal die Streu, denn sie mussten jetzt besonders bequem und weich liegen.

„Machst du hier fertig? Ich geh zu den Jährlingen rüber", sagte Petersen und ergriff zwei Tränkeimer.

„Ist gut."

Bille tauchte die Hände tief in die Haferkiste, hob sie hoch wie zwei Schalen und ließ die glatten Körner durch die Finger rieseln. Herrliches Gefühl.

Dann schloss sie die Kiste sorgfältig, stellte die Tränkeimer weg und begann die Stallgasse auszufegen. Mit gleichmäßigen Strichen fuhr sie über den Steinboden und trieb Halme und Schmutz auf die Stalltür zu.

Da – da war es wieder! Ein heiseres Stöhnen, fremd und unheimlich. Bille warf den Besen hin und rannte zu Sinfonies Box. Die letzten Schritte lief sie auf Zehenspitzen, um die Stute nicht zu erschrecken.

Sinfonie stand starr, mit weit aufgerissenen Augen. Durch ihren Körper ging ein Zittern. Anders, als Bille es kannte, es war wie eine Welle, die ihren Körper ergriff und schüttelte wie etwas Fremdes, das nicht zu ihr gehörte. Bille rührte sich nicht vom Fleck und starrte wie gebannt auf diesen Vorgang. Die Wehen haben eingesetzt, dachte sie. Ich werde dabei sein, wenn Sinfonie ihr Fohlen bekommt!

Dann besann sie sich darauf, dass sie etwas tun musste.

Sie sprach beruhigend auf die Stute ein, die jetzt unruhig in ihrer Box im Kreis lief, dann rannte sie in den Jährlingsstall hinüber.

„Herr Petersen!", rief sie schon in der Tür. „Kommen Sie bitte schnell, ich glaube, bei Sinfonie geht es los!"

„Schon?", sagte der alte Petersen ruhig. „Ich dachte, die hätte noch 'ne Woche Zeit. Na, dann komm man."

Er beendete seine Arbeit gemächlich, während Bille unruhig von einem Fuß auf den anderen trat. Als er fertig war, riss sie ihm den Tränkeimer fast aus der Hand und lief wie ein ungeduldiger junger Hund voraus.

Sinfonie stand wieder starr in ihrer Box. Sie machte den Eindruck, als horche sie ungläubig in sich hinein und könne nicht begreifen, was da mit ihr geschah.

„Das dauert noch", sagte Petersen. „Willst du hierbleiben und Wache halten? Ruf mich, wenn irgendwas ist. Ich mach uns inzwischen Abendbrot – wird vielleicht 'ne lange Nacht werden. Darfst du überhaupt bleiben?"

Bille nickte. „Ich glaube schon. Aber ich muss zu Hause anrufen und Bescheid sagen. Oder – oh, bitte, Herr Petersen – könnten Sie das nicht für mich tun? Dann sagt Mutsch bestimmt Ja!"

Der alte Petersen lachte. „Mach ich, mein Deern, ich erklär ihr das schon. Ist doch klar, dass du jetzt nicht hier wegkannst."

Petersen stapfte davon und Bille war allein mit Sinfonie.

Sie ging zur Sattelkammer und suchte sich zwei Pferdedecken heraus. Es kann eine lange Nacht werden, hatte der alte Petersen gesagt, da musste sie sich irgendwie neben der Box häuslich einrichten, ohne die Stute zu stören. In der Ecke stand eine leere Kiste – wenn sie den Stallhocker auf die Kiste stellte und eine der Decken zusammengefaltet drauflegte, hatte sie einen Sitz, der hoch genug war, um alles zu überblicken. In die zweite Decke konnte sie sich dann einwickeln, wenn es kalt werden sollte.

Sinfonie begann unruhig in ihrer Box herumzustampfen, ihre Hufe schlugen hart gegen die Wände. Bille war in wenigen Sätzen bei ihr.

„Ruhig, meine Hübsche, ganz ruhig, ist ja alles gut. In ein paar Stunden hast du's überstanden!"

Bille wagte nicht, die Stute zu berühren. Instinktiv spürte sie, dass sie Sinfonie jetzt sich selbst überlassen musste. Dafür legte sie ihr ganzes Gefühl in den Klang ihrer Stimme. Sinfonie sollte fühlen, dass sie nicht allein war.

Wie langsam die Minuten verstrichen. Bille ließ die Stute keinen Augenblick aus den Augen. Eine Ewigkeit schien vergangen zu sein, als der alte Petersen zurückkam.

„Ich habe Doktor Dörfler angerufen. Sicher ist sicher, wo doch heute der Chef nicht da ist – man kann nie wissen." Er beobachtete Sinfonie eine Weile aufmerksam. „Ich glaube, das geht in Ordnung", sagte er zuversichtlich. „Macht gute Fortschritte."

„Kommt Doktor Dörfler her?", fragte Bille.

„Vorerst nicht. Aber er ist auf Abruf erreichbar. Wenn wir ihn brauchen, ist er in zehn Minuten da. Na, ich denke, wir schaffen es auch so. Jetzt iss erst mal was."

Petersen reichte Bille ein dickes Wurstbrot und einen Becher mit heißem Tee. Sie hatte vor Aufregung gar nicht gemerkt, wie hungrig sie war. Das Wurstbrot war in Windeseile verzehrt.

„Was hat Mutsch gesagt?", erkundigte sie sich, nachdem sie auch den Tee getrunken hatte.

„Sie lässt dich schön grüßen. Du sollst sie anrufen, wenn es spät wird, sie holt dich dann ab."

„Wirklich? Super, Mutsch ist doch einsame Spitze!"

„Sie versteht dich sehr gut. Hat mir erzählt, für sie wär's das schönste Erlebnis ihrer Kindheit gewesen, als sie bei der Geburt eines Fohlens dabei sein durfte."

Bille durchrieselte ein warmes Gefühl der Dankbarkeit. Wie gut, dass Mutsch einmal genauso ein Pferdenarr gewesen war wie sie.

In diesem Augenblick gab Sinfonie einen so fremden, schrecklichen Laut von sich, dass Bille zu Tode erschrak. Die Stute versuchte sich hinzulegen, sprang wieder auf, lief nervös ein paarmal in der Box herum und legte sich wieder hin. Die Wehen liefen in sichtbaren Wellen durch ihren Körper. Sinfonie stöhnte, dass es im ganzen Stall widerhallte. Bille schaute mit klopfendem Herzen auf die Stute, ihr war elend zumute. Petersen legte ihr beruhigend die Hand auf die Schulter.

„Es geht schnell", sagte er. „Hätte ich gar nicht gedacht, bei unserer Prinzessin auf der Erbse. Man täuscht sich eben immer wieder. Ja, mein Mädchen", sprach er beruhigend auf die Stute ein, „du machst das schon. Ganz toll machst du das. Bald haben wir's geschafft."

Bille spürte, dass ihre Hände nass von Schweiß waren. Im gleichen Rhythmus, wie die Stute stöhnend versuchte, das Fohlen auf den Geburtsgang zuzupressen, krampfte sich Billes Körper zusammen. Lieber Gott, lass das Fohlen schnell auf die Welt kommen!, dachte sie. Mach doch, dass Sinfonie sich nicht mehr quälen muss!

Da – unter dem Schweif der Stute erschien etwas dunkel Glänzendes! Bille starrte mit angehaltenem Atem auf diese runde, dunkle Wölbung, die heraustrat, größer wurde und wieder zurück in den Leib der Stute glitt.

Der alte Petersen lächelte. „Ein Glück! Scheint wirklich alles glattzugehen. Sie hält sich großartig, unser Mädchen. Brauchen uns gar nicht einzumischen."

Eine ganze Weile schien es nicht so recht vorwärtszugehen. Oder kam es Bille nur so vor? Zentimeterweise schob sich das Fohlen durch den Geburtsgang nach draußen, aber immer wieder schien es in den Leib der Stute zurückgezogen zu werden. Bille erkannte unter der Eihaut, die das Fohlen nass und glänzend umgab, die kleinen Vorderhufe und die Nase. Und plötzlich – begleitet von einem tiefen, heiseren Stöhnen – bäumte sich der Leib der Stute auf und das Fohlen glitt mit einem eigentümlich saugenden Laut ins Stroh.

Bille fühlte einen dicken Kloß im Hals. Das Fohlen lag einen Augenblick leblos, wie tot, noch umgeben von seiner Eihauthülle, nur schwach beleuchtet von der Lampe im Mittelgang des Stalles. Lebt es überhaupt?, dachte Bille in rasender Angst. Da begannen die kleinen Beine zu zucken und zu strampeln, Sinfonie richtete sich auf und beschnupperte ihr Neugeborenes. Dann sprang sie auf und begann sofort, das Fohlen kräftig abzulecken. Die Eihaut zerriss und das Kerlchen versuchte den Kopf zu heben.

Bille schaute fassungslos auf dieses Wunder.

„Unbegreiflich", flüsterte sie. „Eben war da noch nichts außer der stöhnenden Stute – und jetzt ist dieses zappelnde, quicklebendige Pferdekind da! Schauen Sie nur! Es versucht sich aufzurichten!"

Atemlos verfolgte sie, wie das Fohlen die wackligen, überlangen Vorderbeine hochstemmte, wieder zur Seite kippte, es von Neuem versuchte und ganz plötzlich – mit weit gespreizten unsicheren Beinen – aufrecht neben der Mutter stand. Der kleine Schweif schlug vor Anstrengung wie ein Lämmerschwänzchen hin und her, das noch feuchte, struppige Fell ringelte sich in kleinen Locken.

„Es ist ein Hengstfohlen", sagte Petersen, „ein hübscher Kerl. Schau, die gleichmäßig weißen Strümpfe!"

„Hm – als trüge er Gamaschen! Und die schmale Blesse – richtig elegant", sagte Bille zwischen Lachen und Weinen. Sie fühlte sich ganz feierlich und ein bisschen, als hätte sie einen

Schwips. „Ich hätte nicht gedacht, dass Sinfonie eine so gute Mutter ist. Sie scheint ganz verliebt in ihren kleinen Sohn zu sein."

Sie hatten das Knarren der Stalltür gar nicht gehört. Plötzlich stand Herr Tiedjen neben ihnen.

„Donnerwetter – es ist ja schon da!", sagte er überrascht. „Dörfler erreichte mich in der Stadt und sagte, dass Sinfonie beschlossen habe, noch heute Nacht Mutter zu werden."

„Ein prächtiges Hengstfohlen, Chef. Wird sicher mal ein würdiger Nachfolger seiner Mutter auf den internationalen Parcours werden."

Bille sah ihren Lehrer strahlend an.

„Ich bin froh, dass ich es miterleben durfte", sagte sie – immer noch mit einem verräterischen Zittern in der Stimme. „Es war so ... so ... ach, einfach wunderbar!"

Eine Weile standen sie schweigend und schauten dem Fohlen zu, wie es neugierig um seine Mutter herumstakste.

„Ein kräftiger Kerl", lobte Herr Tiedjen.

„Und er sieht so abenteuerlich aus", meinte Bille. „Gar nicht, als wäre er eben erst auf die Welt gekommen. Er scheint überhaupt nicht scheu zu sein."

„Weißt du denn schon einen Namen für unseren jüngsten Nachwuchs?"

„Der Name muss mit ‚Sin' beginnen, nicht wahr?"

„Nach Möglichkeit."

„Oh, darüber habe ich schon lange vorher nachgedacht! Und er scheint auch auf ihn zu passen: Sindbad! Sindbad der Seefahrer."

„Einverstanden", sagte Herr Tiedjen. „Sindbad. Das passt zu ihm."

Eine überraschende Reise

„Hast du schon gehört?", rief Hubert aus Nathans Box zum alten Petersen hinüber. „Der Chef will dieses Wochenende mit dem Amerikaner starten!"

„Mit Black Arrow?" Petersen gab Feodora einen Klaps aufs Hinterteil, zum Zeichen, dass die Prozedur des Putzens für heute vorüber war. „Das glaube ich nicht. Black Arrow? Der ist doch noch gar nicht so weit im Training – wo will er denn mit ihm starten?"

„Bei diesem Jubiläumsturnier da – fünfzigjähriges Bestehen des Reitvereins Gravenbrook."

„Gravenbrook?" Bille spitzte die Ohren. Sie war gerade dabei, Troja auf Hochglanz zu bringen. „Hab ich noch nie gehört, was ist denn das für ein Verein?"

„Da hat der Chef seinen ersten Reitunterricht gehabt. Und sich in Jugendturnieren die ersten Preise geholt. Deshalb haben sie ihn auch eingeladen", erzählte Hubert. „Als Ehrengast."

„Und woher weißt du das?"

„Frau Beck hat es mir erzählt. Er hat seine Teilnahme so quasi als Geschenk für seinen Lehrer zugesagt. Sörensen, schon mal gehört?"

„Klar, das war doch früher mal ein ganz bekannter Springreiter. Sah toll aus – ich habe Fotos von ihm." Bille nahm den Kamm und begann, Trojas langen Schweif zu entwirren.

„Er sieht auch jetzt noch toll aus, was, Petersen!" Hubert trat auf die Stallgasse hinaus und reinigte Striegel und Kardätsche. „Vor anderthalb Jahren war er mal hier, hat den Chef besucht. Groß, ganz sportliche Figur, braun gebrannt, schneeweiße Haare – und schon über siebzig!"

„Die sieht man ihm wirklich nicht an", bestätigte Petersen. Hubert ging zu Iris in die Box und brummte ärgerlich, als er sah, dass die Stute sich mal wieder in den Mist gelegt hatte und ihm ein dreckverklebtes Hinterteil präsentierte.

„Ist natürlich 'ne gute Gelegenheit, den Amerikaner mal auszuprobieren", fing Petersen wieder an. „Zu sehen, wie er sich vor Publikum benimmt. Mal muss er ja ins Feuer geschickt werden."

„Muss ein blödes Gefühl für die anderen Reiter des Vereins sein, wenn ein Spitzenmann mitreitet", meinte Hubert.

„Woher willst du wissen, ob da nicht ein paar erstklassige Nachwuchsreiter dabei sind? Und wenn der Amerikaner spinnt und seinen schlechten Tag hat, ist es gar nicht gesagt, dass der Chef als Sieger nach Hause kommt."

Gutsverwalter Lohmeier kam in den Stall und warf einen prüfenden Blick in sämtliche Boxen, wie er es immer tat, um die Tatsache zu überspielen, dass er von Pferden keine Ahnung hatte.

„Der Transporter hat einen Platten, Hubert", rief Lohmeier in die Richtung, in der er den Pferdepfleger vermutete. „Sorgen Sie dafür, dass das heute noch in Ordnung gebracht wird. Der Chef will morgen fahren."

„Morgen schon? Ist gut, mach ich."

Wenn ich doch auch schon so weit wäre!, dachte Bille. Reisen dürfen, auf Turnieren starten! Aber daran war vorläufig noch nicht zu denken.

Bille kam gerade mit Zottel von einem Ausritt zurück, als Black Arrow verladen werden sollte. Black Arrow sah seinen Freund Zottel und strebte sofort freudig wiehernd zu ihm hin. Hubert hatte Mühe, ihn zu halten.

Bille sprang aus dem Sattel und ging mit Zottel zu dem schönen blauschwarzen Wallach hinüber.

„Na, mein Junge, wie fühlst du dich vor deinem ersten öffentlichen Auftritt?" Sie klopfte Black Arrow zärtlich den Hals. Der drängte sich an Zottels Seite und wollte spielen.

„He, du musst einsteigen, du gehst jetzt auf die Reise!", mahnte Bille.

„Fang mir nicht wieder mit den Zicken an!", drohte Hubert und fasste das Halfter des Wallachs fester. „Nun komm!"

Black Arrow schüttelte ärgerlich den Kopf und rührte sich nicht von Zottels Seite.

„Ich bring Zottel in den Stall."

Bille nahm Zottel am Zügel und zog ihn zur Stalltür. Black Arrow riss sich sofort von Hubert los und folgte Bille und ihrem Pony wie ein Hündchen.

„Sind Sie fertig, Hubert? Ich möchte fahren!", kam Herrn Tiedjens Stimme vom Gutshaus herüber.

Hubert wurde nervös. „Sofort, Chef, ich muss nur noch …" In großen Sprüngen setzte er hinter dem Rappen her. „Jetzt aber Schluss mit den Faxen, hier geht's lang!"

Hubert nahm Black Arrow am Halfter und versuchte ihn umzudrehen. Doch Black Arrow stemmte sich mit aller Kraft dagegen.

„Der spinnt doch komplett!", jammerte Hubert. „Was mach ich denn bloß?"

„Wir müssen ihn austricksen", schlug Bille vor. „Komm, mein Kleiner!"

Sie wendete Zottel und führte ihn zu dem Transporter, der Platz für zwei Pferde bot. Zottel folgte seiner Freundin gehorsam ins Innere des Wagens. Nun machte Black Arrow keinerlei Schwierigkeiten mehr. Mit einem erwartungsvollen Wiehern sprang er in den Wagen und stellte sich in den Verschlag neben Zottel.

„Mach ihn fest!", rief Bille Hubert zu. „Dann steige ich mit Zottel wieder aus."

Das war gut gemeint. Aber sie hatte nicht mit Black Arrows Eigensinn gerechnet. Kaum hatte Bille Zottel wieder rückwärts aus dem Wagen bugsiert, wollte auch Black Arrow aussteigen. Dass er festgebunden war, störte ihn dabei keineswegs.

„Der macht Kleinholz!", rief Hubert entsetzt. „Der zerkloppt uns den Transporter!"

Herr Tiedjen war auf den Lärm aufmerksam geworden und kam vom Gutshaus herüber.

„Er – er will nicht ohne das Pony fahren", stotterte Hubert entschuldigend. „Erst wollte er nicht einsteigen, dann haben wir ihn mit dem Pony in den Wagen gelockt, und jetzt …"

„Jetzt fühlt er sich angeschmiert", vollendete Bille den Satz. „Was soll'n wir bloß machen? Wenn er sich nun verletzt?

Black Arrow steigerte sich in einen Tobsuchtsanfall hinein und war auch durch Herrn Tiedjens gutes Zureden nicht zu beruhigen.

„Verrückter Kerl", murmelte Herr Tiedjen. „Los, bring Zottel wieder in den Transporter!"

Er kann doch nicht einfach mitfahren, wollte Bille sagen, gehorchte aber sofort, um Black Arrow zu beruhigen. Und als Black Arrow Zottel neben sich sah, begrüßte er ihn mit fröhlichem Schnauben, als wollte er sagen: Na also, da bist du ja endlich.

Herr Tiedjen kratzte sich am Kopf und dachte nach.

„Hast du morgen Schule?", fragte er Bille plötzlich.

„Nein, morgen ist schulfreier Samstag."

„Worauf wartest du noch? Nimm Zottel Sattel und Zaumzeug ab, binde ihn am Halfter gut fest und steig ein. Ich telefoniere inzwischen mit deinen Eltern."

Bille brachte vor Überraschung kein Wort heraus, aber ihr strahlender Blick sprach Bände. Sie drehte sich auf dem Absatz um, rannte in den Stall, holte ein Halfter für Zottel und war in Sekundenschnelle wieder am Transporter. Während Herr Tiedjen im Büro telefonierte, nahm sie Zottel Sattel und Zaumzeug ab.

„So, mein Herr, anschnallen bitte, wir starten in wenigen Minuten." Sie gab ihrem Dicken noch einen zärtlichen Klaps, dann kletterte sie auf den Beifahrersitz in Herrn Tiedjens Wagen.

In Wedenbruck machten sie kurz halt und Bille holte sich Waschzeug, einen sauberen Pulli und frische Wäsche. Dann ging es weiter.

Es war schon dunkel, als sie ihr Ziel erreichten. Der Reitverein Gravenbrook befand sich auf einem ehemaligen Gutshof. Gegen den Nachthimmel hob sich die riesige Reithalle ab, dahinter lag eine Reihe von Scheunen und Ställen. Etwas abseits hinter einer Natursteinmauer sah man verdeckt von hohen Buchen in einem gepflegten kleinen Park das Gutshaus.

„Mann, ist das vornehm hier", platzte Bille heraus. „So habe ich es mir gar nicht vorgestellt."

„Im Gutshaus dort drüben wohnt Herr Sörensen mit seiner Familie. Außerdem ein weiterer Reitlehrer und der Gutsverwalter. Unten gibt's eine Kantine und einen Klubraum und unterm Dach ein paar Gästezimmer – für müde Reisende wie uns", erklärte Herr Tiedjen lächelnd.

„Die müssen ja eine Masse Pferde hier haben – wenn die Ställe alle voll sind."

„Haben sie auch. Außer den zur Reitschule gehörenden Pferden stehen viele Privatpferde hier. Sie alle müssen versorgt werden, denn die Besitzer kommen oft nur am Wochenende aus der Stadt."

„Das muss schrecklich sein", meinte Bille, „sein Pferd nur sonntags sehen zu können! Da habe ich es doch besser."

Aus dem Gastraum klangen Stimmen und Musik.

„Bleib einen Augenblick hier, ich will erst mal unsere Ankunft melden."

Bille kletterte aus dem Wagen und ging zu Zottel und Black Arrow.

„Na, ihr beiden, müde von der Reise?"

Zottel wieherte erfreut, als er Billes Stimme hörte, und Black Arrow antwortete mit einem tiefen Schnauben. Aus dem Stall kam ein Pferdepfleger gelaufen, der kaum älter als Karlchen war, sechzehn oder siebzehn, schätzte Bille.

„Ist das das Pferd von Herrn Tiedjen?"

„Ja. Mit Begleiter. Und ich bin die Pferdepflegerin."

Bille reckte sich, um ein wenig größer zu erscheinen.

„Aha. Tag. Ich bin Hauke."

Er wischte sich vorsichtshalber seine Hand an den Jeans ab, ehe er sie Bille entgegenstreckte.

„Sibylle Abromeit", stellte sich Bille ein wenig steif vor.

„Was hast du mit Begleiter gemeint?"

Bille lachte. „Du wirst es nicht glauben: Er reist nicht ohne seinen Freund! Er hat einen solchen Tobsuchtsanfall bekommen, als er ohne mein Pony fahren sollte, dass wir das Pony mitnehmen mussten." Bille verschwieg, dass auch sie nur aus diesem Grunde mitgekommen war.

„Komm, ich zeig dir schon mal eure Box. Meinst du, dass wir sie beide in eine tun können?"

„Wenn sie groß genug ist – klar! Die beiden sind unzertrennlich."

Hauke warf einen neugierigen Blick in das Innere des Transporters, dann ging er mit Bille zum Stall hinüber und führte ihr die Box vor, die für Black Arrow bestimmt war. Es war ganz offensichtlich die schönste und geräumigste im ganzen Stall, die man für den Ehrengast frei gemacht hatte.

„Wie 'n Luxushotel. Super! Hilfst du mir beim Ausladen? Erst Zottel. Dann geht Black Arrow schon ganz allein hinterher."

Als Herr Tiedjen mit Herrn Sörensen aus dem Haus kam, waren Bille und Hauke mit dem Ausladen bereits fertig. Black Arrow und Zottel standen Schulter an Schulter an der Tränke und löschten ihren Durst.

„Darf ich Ihnen meine größte Nachwuchshoffnung vorstellen, Herr Sörensen?", fragte Herr Tiedjen und zog Bille zu sich heran. „Wenn sie weiter so gute Fortschritte macht, wird sie bald mein Erbe antreten können."

„Warum reitet sie morgen nicht mit?", sagte Herr Sörensen und schüttelte Bille die Hand.

„Nun – ganz so weit sind wir noch nicht. Sie kennen mich, ich bin für eine sehr gründliche Ausbildungszeit. Aber das Mädchen hat einen Pferdeverstand wie sonst kaum einer."

Selten war Bille so verlegen gewesen wie in diesem Moment. Sie hatte das Gefühl, etwas sagen zu müssen, und brachte kein Wort heraus. Ein Glück, dass es Black Arrow und Zottel gab. Die hatten genug getrunken und wollten nun ihr Abendbrot serviert bekommen. Bille nahm einen rechts und einen links am Halfter und marschierte mit ihnen in die Box.

„Ein wunderschönes Tier, dieser Wallach!", hörte sie Herrn Sörensen sagen.

„Ja, hoffentlich hält er, was er verspricht. Er gibt morgen sein Debüt. Das Pony ist sein Maskottchen, er hat sich geweigert, ohne den Kleinen auf die Reise zu gehen, stellen Sie sich das vor!"

„Das wird die Leute von der Presse freuen, sie sind ganz wild auf solche Geschichten!", sagte Herr Sörensen lachend. „So was bringt doch wenigstens ein bisschen Farbe in das Einerlei der Turnierberichte."

Die zwei Männer verließen den Stall. In der Tür drehte sich Herr Tiedjen noch einmal um.

„Komm hinüber in den Klubraum, wenn du hier fertig bist, Bille. Es gibt was Gutes zu essen!"

Der Klubraum war überfüllt von lachenden, sich unterhaltenden Menschen. Das Jubiläumsturnier hatte bereits gestern begonnen. Die Wettbewerbe in den leichteren Springklassen und in der Dressur waren schon beendet, sodass die Sieger tüchtig gefeiert werden konnten.

Herr Tiedjen saß an einem großen Tisch, umringt von Bewunderern und alten Freunden. Als er Bille unschlüssig in der Tür stehen sah, winkte er sie zu sich heran. Er stellte sie den Anwesenden vor und ließ sie neben sich Platz nehmen. Die freundliche, runde Kantinenwirtin kam mit einem

Tablett und stellte einen Teller mit einem knusprig gebratenen Schnitzel und Röstkartoffeln vor Bille, dazu gab's eine große Schüssel Salat.

„Was möchtest du trinken? Cola? Limo? Apfelsaft?", fragte sie. „Oder lieber einen heißen Kakao?"

„Oh, vielen Dank, Apfelsaft bitte! Danke", sagte Bille verwirrt.

Sie war müde und überwach zugleich, glücklich, zwischen diesen erfahrenen Reitern zu sitzen, und gleichzeitig voller Angst, sich zu blamieren. Sie war stolz darauf, Lieblingsschülerin von Herrn Tiedjen zu sein, und kam sich andererseits schrecklich kindisch und unbeholfen vor. Ein richtiger Gefühlssalat, dachte Bille.

Zum Glück konzentrierte sich die Aufmerksamkeit der Anwesenden ganz auf Herrn Tiedjen. Bille widmete sich mit Genuss dem köstlichen Abendessen und war zufrieden, dass niemand eine Frage an sie richtete.

Herr Sörensen ließ eine Flasche Sekt kommen.

„Darf unsere Juniorin auch ein Glas mittrinken?", fragte er Herrn Tiedjen.

„Ich denke schon."

„Wir müssen doch auf unseren Gast anstoßen."

Herr Sörensen erhob sich und hielt eine Begrüßungsansprache auf Herrn Tiedjen. Mit Hochrufen und Gläserklingen wurde auf Herrn Tiedjens vergangene und künftige Siege getrunken und immer wieder betont, wie erfreut man über seine Teilnahme an dem Jubiläumsturnier sei.

Bille hatte ihr Glas Sekt geleert und konnte vor Müdigkeit kaum noch die Augen offen halten. Trotzdem fand sie es herrlich, zwischen all diesen Pferdenarren zu sitzen, sie von ihren vierbeinigen Freunden erzählen zu hören und von all den lustigen und dramatischen Begebenheiten beim Training und auf den Turnieren! Bille war es, als schwebe sie auf einer rosa Wolke.

War sie eingeschlafen? Plötzlich lag sie an Herrn Tiedjens Schulter und schaute in lauter lachende Gesichter. Herr Tiedjen winkte der Wirtin, die nahm Bille bei der Hand und führte sie in eines der Gästezimmer hinauf.

Schon im Halbschlaf stellte Bille den Wecker auf halb sechs. Welch eine Blamage, wenn sie das Füttern und Putzen der Pferde verschlafen würde! Das durfte auf keinen Fall passieren.

„Wir haben dich im Fernsehen gesehen!"

„Ja, es war ein Bericht über diese Reitschule und ihr Jubiläumsturnier im Nachmittagsprogramm!"

„Du hast mit deinem Pony am Eingang zur Halle gestanden und hieltest Black Arrow am Zügel. Warum hast du uns vorher nichts davon erzählt, dass du auf ein Turnier fährst!", überschrie Helga die Klassenkameradinnen.

„Sie haben was über dein Pony gebracht. Stimmt es, dass Black Arrow nicht gewinnen kann, wenn Zottel nicht dabei ist?"

„Ist Black Arrow nicht fantastisch gesprungen? Keiner war so gut wie er!"

„Bist du auch geritten?"

„War das nicht toll, alles so aus der Nähe zu sehen?"

„Darfst du Herrn Tiedjen jetzt immer begleiten?"

„Wie soll Bille eigentlich eine Frage beantworten, wenn ihr sie nicht zu Wort kommen lasst", unterbrach Bettina die aufgeregten Mädchen.

„Nun erzähl doch schon!", drängelte Heike.

„Also …", Bille verschränkte die Arme und schaute eine nach der anderen an. „Ja, es war toll. Nein, ich werde Herrn Tiedjen nicht immer begleiten, das geht leider nicht, wegen der Schule. Ja, ich bin auch geritten, vormittags, bevor das Turnier losging. Ja, es stimmt, dass Zottel und Black Arrow unzertrennlich sind. Black Arrow ist schlechter Laune, wenn Zottel nicht bei ihm ist und springt schlechter als sonst. Ja, es war wirklich keiner so gut wie er. Wenn er schreiben könnte, hätte Black Arrow Hunderte von Autogrammen geben müssen – uff, habe ich noch 'ne Frage vergessen?"

„Was war denn nun das Schönste?", fragte Elli.

„Das Schönste? Ich weiß nicht – alles. Die Atmosphäre, die Aufregung, die Festtagsstimmung, die herrlichen Pferde – alles. Dabei zu sein – dazuzugehören", Bille zuckte hilflos mit den Achseln. „Ich kann's nicht beschreiben. Wisst ihr was? Heute kommt's mir vor, als wenn ich alles nur geträumt hätte!"

Zottel wird Kindermädchen

Der Winter neigte sich seinem Ende zu und die Sonnenstrahlen wärmten kräftiger. In den warmen Mittagsstunden tobten sich die Pferde auf den Koppeln aus und der Reitunterricht fand wieder im Freien statt. Zottel verlor seinen Winterpelz und sah zu Billes Ärger aus wie ein halb gerupftes Huhn. Beim Putzen seines struppigen Fells geriet sie mehr denn je außer Atem.

Hatte sie die Prozedur hinter sich, dann hockte sie sich zur Erholung auf die Futterkrippe in Sinfonies Box und erfreute sich an den Fortschritten ihres neuen Lieblings Sindbad.

Sinfonie war viel ruhiger geworden, seit sie das Fohlen hatte. Umso erstaunter war Bille, als sie eines Tages entdeckte, dass die Stute ihr Kind wegdrängte und es biss, wenn es ihr zu nahe kam.

„He!", rief sie erschrocken. „Was ist los? Ist er dir zu temperamentvoll? Aber deshalb brauchst du ihm doch nicht wehzutun!"

Bille sprach mit Petersen über ihre Entdeckung. „Er tut mir so leid, was hat sie nur? Sie ist richtig böse zu ihm!"

Petersen ging in Sinfonies Box, trat nahe an die Stute heran und sprach beruhigend auf sie ein. Dann befühlte er vorsichtig die Unterseite ihres Bauches und ihr Euter. Sinfonie zuckte nervös zusammen und hob drohend den rechten Hinterhuf ein wenig an.

„Na, na, nur ruhig, meine Dame, es passiert dir ja nichts. Hm, genau, was ich befürchtet habe."

„Was ist los mit ihr?", fragte Bille besorgt.

„Du bekommst ein Flaschenkind. Sie hat kaum noch Milch. Deshalb tut es ihr weh, wenn er an ihrem Euter herumnuckelt, und sie drängt ihn ab. Na komm, kannst es gleich mal ausprobieren, wie du dich als Säuglingsschwester machst. Von dir wird es jetzt abhängen, wie der kleine Kerl gedeiht."

„Mein Flaschenkind!" Bille legte verliebt die Arme um den Hals des Fohlens und kraulte ihm das kupferrote Fell. „Komm, wir spielen ein bisschen, damit du deine Mama in Ruhe lässt und ihr nicht mehr wehtust."

Bille holte ein Halfter für Sindbad und legte es ihm an. Daran hatte sie ihn schon in seinen ersten Lebenstagen gewöhnt. Er hatte Vertrauen zu ihr gefasst und folgte ihr willig aus der Box. Sinfonie schien es nicht im Geringsten zu beunruhigen. Bille zog Sindbad hinter sich her bis zu Zottels Box und machte sie miteinander bekannt.

„Schau, Zottel, wir haben ein Baby!", sagte Bille und blieb mit Sindbad im Eingang der Box stehen.

Zottel streckte seinen Kopf heraus und beschnupperte den kleinen Sindbad vorsichtig. Bille wagte sich ein bisschen näher. Sindbad fand offensichtlich sofort Gefallen an dem rot gefleckten Pony, denn er befreite sich aus Billes Griff und stakste auf Zottel zu.

Hoffentlich ist Zottel nicht sauer oder eifersüchtig!, dachte Bille. Aber ihre Sorge schien unbegründet zu sein. Denn Zottel fuhr fort, das Fohlen genau zu untersuchen. Dann sah er Bille fragend an.

„Ja – das ist jetzt unser Pflegekind. Du musst gut auf ihn

aufpassen, hörst du?" Und um jede Eifersucht im Keim zu ersticken, kraulte sie mit der einen Hand Zottel, mit der anderen Sindbad.

„So, mal sehen, wie sich unser kleiner Seeräuber anstellt", brummte Petersen, der mit einer Plastikflasche und einem Sauger ankam. Aus „Seefahrer", war bei ihm schnell „Seeräuber" geworden. Es schien ihm besser zum Charakter von Sindbad zu passen. „Die Flasche und den Sauger hatte ich noch von früher. Vor zwei Jahren gab's hier auch mal so 'n Problemkind, weißt du noch?"

„Das kleine Stutfohlen, das nach einer Woche starb? Hoffentlich passiert das Sindbad nicht!", sagte Bille erschrocken.

„Sicher nicht, er ist ja schon vier Wochen alt. Das Fohlen damals verlor seine Mutter schon bei der Geburt, und es ist schwer, ein solches Fohlen durchzubringen, wenn man keine Amme hat, die es annimmt." Petersen reichte Bille die Flasche. „Nun versuch mal dein Glück. Später zeige ich dir, wie du die Fohlennahrung zubereiten musst. Vor allem musst du auf die richtige Temperatur achten, nicht zu heiß und nicht zu kalt, schön körperwarm."

Bille drückte ein wenig von der Flüssigkeit auf ihre Finger und schmierte es dem Fohlen ins Mäulchen.

„Na, wie schmeckt das, mein Kleiner?"

Das Fohlen schaute sie fragend an. Zottel schob sich näher an Bille heran und schnupperte an der Flasche, als wolle er sagen: Wenn der nicht will, ich nehme es gern.

Bille wiederholte den Vorgang noch zwei-, dreimal und schließlich begann das Fohlen gierig zu schlecken. Jetzt schob Bille mit den Fingern den Gummisauger in Sindbads weiches Maul.

Zottel sah es voller Neid. Es dauerte nicht lange, und Sindbad saugte die Milch in langen, durstigen Zügen und hörte nicht auf, bis die Flasche leer war.

Petersen beobachtete amüsiert, wie Zottels Kopf sich immer näher an die Flasche herangeschoben hatte und er versuchte, Sindbad von der köstlichen Quelle wegzuschieben.

„Komm her, du armer verhungerter Kerl", sagte Petersen schließlich. „Ich hab noch einen Rest in der Schüssel, den kannst du auslecken."

„Da haben Sie mir was Schönes eingebrockt", stöhnte Bille. „Jetzt wird Zottel jedes Mal darauf bestehen, seine Portion von der Milch abzubekommen. Er wird bald so breit wie hoch sein!"

„Solange er sich nicht an die Mutterstuten ranmacht, um den Fohlen ihre Mahlzeit wegzutrinken, geht's ja noch", sagte Petersen lachend. „Gut gemacht hast du das übrigens. Nicht lange, und der Kleine wird aus dem Eimer saufen."

Als Bettina und die drei Jungen eine Stunde später auf den Hof geritten kamen, lief ihnen Bille strahlend entgegen.

„Stellt euch vor – ich bin Mutter geworden!"

„Erstaunlich!", sagte Daniel und legte seine Stirn in Dackelfalten. „Man hat vorher überhaupt nichts davon gesehen!"

„Was ist es denn – Bub oder Mädchen?", erkundigte sich Simon.

„Ein kräftiger Junge natürlich!"

„Ach …" Florians Gesichtsausdruck war nicht sonderlich intelligent. „Und ich dachte immer, Zottel wäre ein Wallach. Allerdings – ziemlich dick kam er mir in letzter Zeit schon vor."

Bille lachte schallend. „Das macht das viele Weihnachts-gebäck. Nein, Zottel hat mich nicht mit Nachwuchs über-rascht. Es ist Sindbad. Sinfonie hat fast keine Milch mehr, und ...“

„Oh“, Daniel grinste breit, „und jetzt stillst du ihn. Wie süß!“

Bille wurde rot. „Idiot! Ich gebe ihm die Flasche!“

„Kriegt er auch Windeln? Oder setzt du ihn schon auf den Topf“, stichelte Florian.

Bettina sprang aus dem Sattel, nahm Sternchen Zaum-zeug und Sattel ab und band sie am Halfter vor dem Stall an.

„Darf ich ihm auch mal die Flasche geben? Ich kann's kaum erwarten, bis Sternchen eines Tages ein Fohlen be-kommt. Es muss einfach himmlisch sein, so ein kleines We-sen zu versorgen.“

„Da hast du unsere Mütter“, sagte Simon kopfschüttelnd zu Daniel. „Sie können's kaum erwarten, bis sie Kinder ha-ben.“

„Kinder?“, sagte Bille verächtlich. „Kinder will ich über-haupt nicht. Fohlen sind mir wesentlich lieber.“

Der kleine Sindbad gewöhnte sich schnell an seine Zieh-mutter und folgte ihr wie ein Hündchen überallhin. Zottel schien die Zusammenhänge begriffen zu haben, jedenfalls begann er, sich um das Fohlen zu kümmern.

Vor allem achtete er streng darauf, dass Sindbad nichts fraß, was ihm nach Zottels Meinung nicht bekommen wür-de. Und dazu gehörten alle Leckerbissen, die Zottel selbst bevorzugte: Zucker, Kekse, Kuchen, zarte Mohrrüben, Äp-fel und vor allem Karlchens Marmeladenbrote. Die bes-te Art, Sindbad vor solchen Gefahren zu schützen, war, sie rechtzeitig selbst zu vernichten, indem man sie fraß, noch bevor der Kleine sie entdecken konnte.

Auch zu viel Milch hielt Zottel für schädlich und versuchte, jeweils einen beträchtlichen Teil von Sindbads Ration abzubekommen.

„Du alter Fresssack", schimpfte Bille, „schämst du dich denn überhaupt nicht? Du solltest dem Kleinen ein gutes Vorbild sein, stattdessen bringst du ihn auf dumme Gedanken!"

Damit hatte sie nicht so unrecht, auch wenn sie nicht gesehen hatte, wie Zottel seinem kleinen Schützling demonstrierte, dass man den Deckel der Haferkiste leicht mit dem Maul hochheben konnte, wenn Petersen vergessen hatte, den Riegel vorzuschieben.

Billes Ermahnungen allerdings störten Zottel wenig. Hatte sie ihn von der einen Seite verscheucht, erschien er kurz darauf auf der anderen.

„Es ist doch zum Verrücktwerden!", schnauzte sie Zottel an. „Hab ich dir nicht gesagt, du sollst verschwinden? Na los, zisch ab!"

Sie verpasste ihrem Liebling einen ärgerlichen Klaps und Zottel zog sich beleidigt in die Stallgasse zurück. Nach einer Weile erschien sein Kopf in der Öffnung über der Futterkrippe. Er schnaubte dem darunter stehenden Sindbad ins Ohr. Aber als das Fohlen aufschaute, war Zottel bereits wieder verschwunden. Sindbad ließ Bille mit dem Milcheimer stehen und trat neugierig näher an die Futterkrippe heran, um seinen Freund zu suchen. Auch Bille reckte den Hals und sah sich nach Zottel um.

Der aber war längst wieder in der Box. Leise trat er von hinten an den Milcheimer heran. Erst das kräftig schlürfende

Geräusch machte Bille auf seine Anwesenheit aufmerksam.

„Ich glaub, ich spinne! Habt ihr das mitgekriegt?", rief sie fassungslos. „Er spielt tatsächlich Verstecken mit uns!"

Aber Zottel spielte nicht nur Versteck mit Sindbad, sondern veranstaltete auch Wettrennen durch die Stallgasse. Fangen war eine Lieblingsbeschäftigung der beiden. Hubert und Petersen schüttelten oft verzweifelt die Köpfe, wenn das dicke Pony mit dem storchbeinigen Fohlen von einer Ecke des Stalls in die andere raste.

„Tobt gefälligst draußen!", schimpfte Petersen, wenn es ihm zu viel wurde, und öffnete die Stalltür. Dann wurde die Jagd auf dem Hof fortgesetzt, bis Sindbad müde wurde.

„Ich bin nur froh, dass Sinfonie sich so gut mit Zottel verträgt", sagte Bille. „Sie nimmt es ihm überhaupt nicht übel, wenn er in ihrer Box auftaucht!"

„Sie ist eben nicht dumm." Petersen sah schmunzelnd auf Zottel, der Sindbad zärtlich die Kruppe benagte. „Schließlich weiß sie es zu würdigen, dass sie die einzige Stute ist, die ein eigenes Kindermädchen hat."

Hilfe, Hochwasseralarm!

Das sonnige Vorfrühlingswetter wurde von Sturm und Regen abgelöst. Bald konnte man den Hof nur noch in Gummistiefeln überqueren und versank bis zu den Knöcheln im Matsch. Die Schneereste auf den Koppeln verwandelten sich in weite Seen, die Bäche traten über die Ufer und wurden zu kleinen Flüssen.

Und die Bäume standen wie einsame Vogelscheuchen in einer weiten Wasserwüste.

Aber noch immer hörte es nicht auf zu regnen.

Der Sturm heulte um die Dächer, riss mit sich fort, was nicht niet- und nagelfest war, und schnitt einem den Atem ab, wenn man sich ihm entgegenstemmen wollte.

Bettina, Daniel, Simon und Florian ritten im Schritt von Peershof nach Groß-Willmsdorf hinüber. Sie legten sich ganz flach auf die Pferdehälse, um dem Wind möglichst wenig Angriffsfläche zu bieten.

Bille sah sie vom Stall aus kommen und wollte ihnen die Stalltür öffnen. Aber der Wind riss sie ihr aus der Hand und schlug sie so hart gegen die Mauer, dass es krachte und splitterte.

„Scheißwetter!" Bille brauchte all ihre Kraft, um die Tür hinter den Freunden wieder zu schließen. „Und überhaupt ein Scheißtag! Ihr seid ganz umsonst gekommen. Herr Tiedjen ist eben mit Feodora in die Tierklinik gefahren, sie lahmt, und Dr. Dörfler kann die Ursache nicht finden. Deswegen soll sie jetzt in der Klinik geröntgt werden. Der Unterricht fällt aus. Ich habe bei euch angerufen, aber ihr wart schon weg."

„Und was nun?", fragte Bettina.

„Ich hoffte, Petersen könnte mit uns arbeiten. Aber er ist heute nicht da. Er konnte ja nicht wissen, dass es Feodora plötzlich so schlecht geht und dass Herr Tiedjen mit ihr wegfährt."

„Dann gehen wir allein in die Bahn. Das kann weder uns noch den Pferden schaden. Aber lass uns erst verschnaufen", meinte Simon und begann Pünktchen abzureiben.

„Huaach, ist es hier drinnen gemütlich!" Florian reckte sich gähnend. „Müssen wir denn unbedingt arbeiten? Können wir nicht lieber hier im Stall einen kleinen Kaffeeklatsch veranstalten?"

„Klatsch ja, aber wo kriegen wir den Kaffee her?"

Plötzlich flog die Tür wieder auf und krachte gegen die Mauer. Karlchens brandroter Schopf erschien in der Öffnung und verschwand wieder.

„Wie im Kasperltheater", kicherte Bettina.

„Er sucht die Tür", erklärte Bille.

Auch Karlchen musste all seine Kraft aufwenden, um die Stalltür gegen den Druck des Sturms wieder zuzuziehen.

„Du musst dich von außen dagegenstemmen", sagte Daniel grinsend. „Dann geht's leichter."

„Und wie komme ich rein?"

„Ganz einfach: durchs Fenster", meinte Bettina liebenswürdig.

„Sehr komisch!" Karlchen verdrehte die Augen. Er hatte sich seinen Auftritt anders vorgestellt.

„Dafür wisst ihr noch nicht das Neueste!" Irgendwie kam dieser Satz nicht so an, wie er es sich erwartet hatte.

„Herr Tiedjen musste mit Feodora in die Tierklinik und der Unterricht fällt aus – wissen wir längst!", sagte Florian gelangweilt.

„Sagt mal, denkt ihr eigentlich ab und zu noch an was anderes als an Pferde und Reiten?", fragte Karlchen entnervt. „Es gibt schließlich Wichtigeres auf der Welt!"

„Was Wichtigeres als Pferde? Niemals!", beteuerte Bille.

„Für Karlchen vielleicht. Zum Beispiel Mopeds! Ist etwa sein Moped geklaut worden?", fragte Bettina teilnahmsvoll.

„Ich sage gar nichts mehr."

„Dann lass mich mal raten." Daniel legte den Kopf in den Nacken und schloss die Augen. „Die Schule ist abgebrannt!"

„Schön wär's."

„Bayern hat Preußen den Krieg erklärt!"

„Idiot!"

„Du hast dich mit Helga verlobt?"

„Auf so was Blödes antworte ich gar nicht."

„Dein Moped hat ein Junges gekriegt", riet Bettina.

Karlchen schnaubte abfällig.

„Oder etwa Zwillinge?", stichelte Bille.

„Mit solchen Säuglingen wie euch kann man ja nicht reden."

Karlchen schaute verächtlich von einem zum anderen. Das Beste wäre gewesen, jetzt zu gehen, ohne sein Geheimnis zu verraten. Aber dazu war die Sache zu ernst. Es wäre zwar die einzig richtige Strafe für diese Idioten gewesen, aber er hätte sich auch um das Vergnügen seiner dramatischen Schilderung gebracht.

„Eigentlich sollte ich zur Strafe überhaupt nichts sagen",

begann Karlchen. „Aber da es sich um etwas sehr Ernstes handelt und ihr vielleicht den Wunsch haben werdet, etwas zu unternehmen – ich meine, man könnte ja vielleicht mal wieder eure Hilfe brauchen."

Spätestens bei dem Wort „Hilfe" wurden alle hellwach.

„Also schön, ich will es euch sagen. Die Schleuse bei Ostendorf ist gebrochen, das ganze Dorf steht unter Wasser. Die Häuser müssen evakuiert werden. Es ist die Hölle los, kann ich euch sagen!" Jetzt kam Karlchen in Fahrt. „Eine Naturkatastrophe, die Brandung peitscht ungehindert ins Land hinein! An manche Häuser kommt man nur noch mit Booten ran! Die Feuerwehr hat Großeinsatz und die Leute …" Karlchen schaute sich um. Bille verließ gerade mit Zottel als Letzte den Stall. Schon im Losreiten zog sie noch schnell den Sattelgurt nach. Karlchen schaute den fünf Reitern mit offenem Mund nach.

„Nehmt mich mit!", brüllte er hinterher. Dann rannte er in den Stall zurück und sah sich prüfend um. Natürlich! Zugseile und Geschirr hatten sie in der Eile des Aufbruchs vergessen! Wenn er nicht wäre! Karlchen stopfte alles, was er für nützlich hielt, in einen leeren Futtersack, stemmte die Stalltür von außen zu, verstaute den Sack auf seinem Moped und fuhr hinter den Reitern her.

Sie waren schon in Wedenbruck, als er sie einholte.

„Nehmt den Weg über den Clausenhof!", rief er ihnen zu. „Auf der Landstraße sind die Leute von der Feuerwehr und vom Technischen Hilfsdienst. Vielleicht lassen sie euch nicht durch. Zugseile und Geschirre hab ich hier im Sack, falls wir was brauchen."

„Du bist ein Schatz! Hab ich in der Aufregung total vergessen! Wir treffen uns dort!", rief Bille.

„Ja, hinter dem Zelt des Technischen Hilfsdiensts. Okay?"

„Okay – bis dann!"

Die Einigkeit war wieder hergestellt. Bille, Bettina und die drei Brüder ritten den Weg durch den Wald zum Clausenhof. Das hatte den Vorteil, dass sie ein gutes Stück im Windschatten reiten konnten und schneller vorwärtskamen.

Sie ritten im Bogen um den Hof herum und überquerten einen Hohlweg, der an der Feldscheune von Bauer Clausen vorbeiführte. Dann konnten sie ihre Pferde in einen scharfen Galopp treiben. Bille erreichte die Anhöhe zuerst. „Da!", schrie sie, aber der Sturm erstickte jeden Laut. Sie zeigte über die Wiesen zu den Häusern von Ostendorf hinüber. Die Landstraße, die rechts von ihnen auf das Dorf zulief, verwandelte sich ein paar Hundert Meter vor dem Ort in einen breiten Fluss. Wellen klatschten über den Asphalt. Die höher gelegenen Häuser standen wie kleine Inseln in der Flut, aber die nahe an der Straße gelegenen Gehöfte sahen bös aus. Das Wasser reichte zum Teil schon bis zu den Fenstern im Erdgeschoss.

Dutzende von Feuerwehr- und Notdienstwagen standen am Rand des Katastrophengebiets. Mit Booten und langen Stangen ausgerüstet fuhren die Männer an die Häuser heran und brachten in Sicherheit, was man ihnen in die Arme drückte. Kinder und Vieh, Wäsche, Geschirr, Möbel und ganz unnütze Dinge, die die Leute in ihrer Kopflosigkeit ergriffen hatten.

„Los, da rüber!", kommandierte Daniel und lenkte Asterix zu dem Feuerwehrhauptmann hinüber.

Zu fünft aufgereiht standen sie gleich darauf vor dem schnauzbärtigen Dicken, der mit blaurotem Gesicht seine Befehle in alle Richtungen brüllte.

„Was wollt ihr denn hier?", schnauzte er, ehe Daniel noch den Mund aufmachen konnte. „Haut bloß ab! Kinder können wir hier nicht gebrauchen!"

Bille wollte etwas einwenden, aber ein Blick auf den Feuerwehrkommandanten sagte ihr, dass es sinnlos sein würde.

„Das ist wohl sein erster großer Einsatz", brummte Simon. „Er sieht aus, als träfe ihn vor Aufregung gleich der Schlag."

Eine Gruppe junger Männer vom Technischen Hilfsdienst, die dabei waren, einen Lastwagen zu entladen, hatte die fünf Reiter beobachtet.

„Können wir hier denn gar nicht helfen?", fragte Daniel einen der Männer verzweifelt.

„Klar könnt ihr." Der Mann gab ihnen mit dem Kopf ein Zeichen, ihm zu folgen. Als sie außer Sichtweite waren, wies er zu dem Feuerwehrhauptmann hinüber und grinste. „Hat ein bisschen die Nerven verloren, der Gute. Er hat nur Erfahrung mit Bränden, Hochwasser ist bei ihm noch nicht vorgekommen. Passt auf. Seht ihr die beiden Höfe da drüben?"

Die Freunde nickten gespannt.

„Die werden spätestens in zwei Stunden überschwemmt sein, das Hochwasser steigt ständig. Reitet rüber und helft den Leuten, ihre Sachen in Sicherheit zu bringen. Zuerst das Vieh. Bringt die Kühe auf die höher gelegenen Koppeln. Und schaut euch um, was ihr sonst noch tun könnt."

„Was ist mit Clausens Scheune? Ich habe gesehen, dass sie leer steht. Können wir die Tiere nicht gleich dorthin bringen, es ist gar nicht weit von hier", schlug Bille vor.

„Gut, Mädchen, mach das. Viel Glück! Ich muss weiter."

„Was für ein Chaos", sagte Florian kopfschüttelnd. „Ich hab immer gedacht, die üben so was vorher."

„Nun kommt, beeilt euch", drängte Daniel. „Sonst laufen wir am Ende der Bulldogge noch mal in die Arme und werden unseren Job wieder los."

Zwei Minuten später klopften sie an die Tür des niedriger gelegenen und daher zuerst vom Hochwasser bedrohten Gehöfts. Ein Mädchen von etwa zwölf Jahren öffnete ihnen. Im Arm hielt sie ein Baby, ein kleiner Junge klammerte sich ängstlich an ihren Rock.

„Mein Vater ist noch nicht von der Arbeit zurück", sagte sie statt einer Begrüßung.

„Und deine Mutter?", fragte Bille.

„Die ist in der Stadt. Die kommt erst spätabends."

„Na, da kommen wir ja gerade zur rechten Zeit, um dir zu helfen. Wie heißt du?"

„Lisa."

„Gut, Lisa, wir kommen vom Technischen Hilfsdienst. Wir wollen euch und euer Vieh in Sicherheit bringen. Das Hochwasser wird in kurzer Zeit euren Hof überschwemmen. Meine Freundin und ich werden dir helfen, das Notwendigste für euch zusammenzupacken, und die Jungen hier werden euer Vieh in Clausens Feldscheune unterbringen, da steht es trocken und sicher. Was wir nicht mitnehmen können, werden wir in die obere Etage bringen, wo es vor dem Wasser geschützt ist."

Die anderen sahen Bille verwundert an.

„Wo hast du das gelernt?", fragte Simon.

„Ich hab's mal im Fernsehen gesehen."

Bille und Bettina folgten Lisa in die Wohnküche. Es roch nach angebranntem Grießbrei und nasser Wäsche.

„Besitzt ihr ein paar Koffer und Taschen?"

„Einen Koffer, der ist auf dem Speicher."

„Gut, hol ihn herunter, wir packen hier inzwischen das Wichtigste zusammen."

Lisa lief verstört davon. Der kleine Junge beobachtete Bille und Bettina mit großen Augen. Im Hof holten Daniel und Florian die Kühe aus dem Stall. Simon öffnete das Gatter, hinter dem sich die Schafe befanden. Es war ein heilloses Durcheinander.

Bille sah aus dem Fenster. „Schaffst du es hier drinnen allein? Ich glaube, die brauchen mich draußen."

„Klar, geh nur raus. Wir packen inzwischen."

„Wenn der Koffer nicht ausreicht, nehmt Laken und Tischtücher. Vergesst vor allem die Babysachen nicht!"

„Für wie blöd hältst du mich eigentlich?"

„Entschuldige. Bis gleich."

Bille rannte nach draußen. Auf dem Hof watete sie bis über die Knöchel in Schlamm und Wasser. Das Wasser stieg schneller, als sie gedacht hatte, sie mussten sich höllisch beeilen! Bille riss im Vorbeigehen von einem Strauch kräftige Ruten ab und trieb das blökende Vieh zusammen.

„Was machen wir mit den Schweinen?", schrie Florian.

„Wie viele sind's denn?"

„Zwei!"

„Groß?"

„Nee – so mittel."

„Die verladen wir. Wir müssen bloß einen Karren finden, den Zottel und Sternchen ziehen können. Nun bringt erst mal die Kühe und Schafe weg."

Daniel und Florian sprangen in den Sattel und trieben mit „Hü!" und „Heja!" das Vieh vom Hof. Wie Cowboys umkreisten sie die kleine Herde und scheuchten die aufgeregten Tiere in den Hohlweg hinein, der zu Clausens Feldscheune führte.

Bille durchsuchte inzwischen Scheune und Schuppen nach einem Transportmittel. Unter dem Scheunendach stand ein Traktor mit einem Anhänger voller schwerer Säcke, den konnte sie gleich vergessen, es war unmöglich, erst die Säcke abzuladen. Aber dort – in der Ecke! Bille jubelte im Stillen. Ein zweirädriger Autoanhänger, leicht genug, dass Zottel und Sternchen ihn auch durch Schlamm und Wasser ziehen konnten. Hoffentlich war Karlchen bald da. Und wo steckte Simon?

„Simon! Simon!?"

Statt einer Antwort erklang wildes Hühnergackern.

„Was zum Teufel machst du da?"

„Ich fange die Hühner ein!"

„Schaffst du's allein?"

„Ich werd's versuchen."

„Ich reite schnell mal rüber zum Zelt, muss sehen, ob Karlchen da ist. Ich brauche unbedingt das Geschirr."

„Okay."

Karlchen stand auf der Anhöhe und schaute verzweifelt in alle Richtungen.

„Bille! Gott sei Dank. Wo steckt ihr denn bloß? Ich warte hier schon stundenlang!"

Bille erklärte ihm kurz die Sachlage.

„Gib mir den Sack mit dem Geschirr. Und dann fahr bitte so schnell es geht zu Mutsch. Erzähl ihr, was los ist, und sag ihr, dass wir in Clausens Feldscheune eine Notstation einrichten. Vielleicht kann sie die Kinder abholen und einstweilen nach Wedenbruck bringen. Sag ihr, sie soll uns einen heißen Tee mitschicken. Und wenn du das erledigt hast, fahr bei Bauer Clausen vorbei und erklär ihm die Situation. Ich hoffe, er ist nicht sauer. Na ja, du machst das schon."

„Klar mach ich das. Notstation in Clausens Feldscheune. Sonst noch was?"

„Wenn das Wasser noch nicht zu hoch ist, kannst du nachher einen Traktor mit einer Ladung Säcke in Sicherheit bringen. Keine Ahnung, was drin ist. Aber fahr erst mal los!"

„Aye, aye, Sir."

Als Bille zum Hof zurückritt, schwappte Zottel das Wasser an manchen Stellen schon bis zum Bauch.

„Halt durch, mein Kleiner, ich weiß, dass du es schwer hast in der Schlammbrühe", feuerte Bille ihn an.

Die Leute vom Hilfsdienst hatten inzwischen begonnen, das Vieh vom Nachbarhof in Sicherheit zu bringen.

„Kommt ihr klar da drüben?", rief der junge Mann, als Bille vorbeiritt.

„Bestens. Das Vieh ist schon in Sicherheit."

Simon erwartete sie schweißgebadet und schmutzbedeckt, aber stolz. Neben ihm standen zwei große Körbe, die er mit Säcken verschlossen hatte.

„Hab die Hühner alle gekriegt. Verladen wir jetzt die Schweine?"

„Dazu muss uns noch was einfallen. Spann schon mal an, ich sehe nach, wie weit Bettina ist."

Bettina hatte ganze Arbeit geleistet. Drei Bündel mit Kleidung und Wäsche und zwei Körbe mit Lebensmitteln und Geschirr standen zum Verladen bereit. Das Baby schlief in seinem Bettchen und der kleine Junge spielte friedlich auf dem Küchenfußboden, während Bettina und Lisa die Vorräte aus dem Keller in den ersten Stock des Hauses schleppten.

„In fünf Minuten fahren wir ab!", rief Bille durchs Haus. „Dreht die Hauptsicherung raus, wenn ihr sie findet. Die teuren Klamotten nach oben! Und Fernseher und so."

„Haben wir längst gemacht."

Im Hof war Simon dabei, Zottel und Sternchen vor den Autoanhänger zu spannen. Ein Besenstiel musste als Deichsel dienen. Es zeigte sich wieder einmal, dass Simon ein Meister der Improvisation war.

Seine Stute Pünktchen, die er an der Scheune angebunden hatte, trippelte nervös hin und her. Ihr behagte das unfreiwillige Fußbad ganz und gar nicht.

Bille schaute beunruhigt auf das gurgelnde, glucksende Wasser, das ihr schon bis zu den Waden reichte. Hoffentlich kamen sie mit dem Wagen überhaupt noch vom Hof. Sie half Simon beim Anspannen, dann rannte sie ins Haus hinüber und holte die Bündel und Körbe.

„Beeilt euch, sonst kommen wir nicht mehr weg! Du, Lisa, nimmst das Baby. Hast du hohe Gummistiefel? Zieh die von deinem Vater an. Komm! Und du – möchtest du reiten?", fragte sie den kleinen Jungen. Er nickte heftig. „Fein, dann darfst du zu Onkel Simon aufs Pferd."

Simon hatte das Gepäck und die Körbe mit den Hühnern verstaut. Lisa mit dem Baby wurde obendrauf gesetzt.

„Die Schweine!", rief Bille. „Die müssen doch auch noch mit!"

„Unmöglich", sagte Simon. „Wie sollen wir die noch auf den Wagen kriegen? Sie müssen eben schwimmen."

„Spinnst du? Kommt nicht infrage! Haben wir irgendwo noch Decken?"

„Oben im Schlafzimmer auf dem Schrank", sagte Lisa zaghaft. „Die Bettdecken von den Großeltern."

Noch einmal rannte Bille zum Haus zurück und kam kurz darauf mit zwei lila Steppdecken wieder.

„Schnell, komm!", rief sie Simon zu.

„Was hast du vor?" Simon hatte Mühe, mit Billes Tempo Schritt zu halten.

Im Stall faltete Bille die erste Decke der Länge nach zusammen und gab Simon das eine Ende in die Hand. Das andere zog sie unter dem Bauch des Schweins durch. „Jetzt oben eng zusammenschlagen!", kommandierte sie. „Dann können wir es leicht hochheben und tragen."

„Du meinst, das funktioniert?"

Es funktionierte tatsächlich. Zum Erstaunen Bettinas und der Kinder erschienen Bille und Simon mit einem vergnügt grunzenden Schwein in einer lila Taftdecke, die sie auf den Anhänger legten. Auch dem zweiten Schwein gefiel diese Behandlung außerordentlich gut.

„Es sieht aus wie die Oma!", jubelte der Junge.

„Sie sind zu beneiden", seufzte Bettina, „die Einzigen von uns, die es warm, sauber und trocken haben."

„Haben wir alles?", fragte Simon. „Dann nichts wie weg hier, Freunde."

„Assi!", rief Lisa plötzlich erschrocken.

„Wer ist Assi?"

Ein klägliches Winseln gab Bille die Antwort.

„Beißt Assi?"

Lisa schüttelte den Kopf. Bille folgte den Lauten und fand die struppige Hündin auf dem Dach ihrer Hütte hinter dem Haus.

„Du Ärmste, wir werden dich hier nicht ersaufen lassen.

Komm, Assi!" Bille öffnete den Zwinger und die Hündin sprang dankbar an ihr hoch und leckte ihr das Gesicht. Assi wurde zu den Schweinen auf die Decken gesetzt.

Jetzt müssen wir nur noch von hier wegkommen", stöhnte Bille. „Drückt alle die Daumen! Achtung – festhalten!" Sie nahm Zottel am Zaum und trieb die beiden Pferde an. Simon schob von hinten, während Bettina, den Jungen auf dem Arm, bei Pünktchen zurückblieb. Zottel und Sternchen legten sich mit aller Kraft ins Geschirr.

„Hüa! He!", schrie Bille und stellte sich neben Simon, um ebenfalls zu schieben. „Zieht, ihr beiden, zeigt, was ihr könnt! Komm, Bettina, setz den Jungen auf die Leiter, und hilf uns!"

Es war schwer, in dem schlammigen Untergrund nicht ständig abzurutschen. Lieber Gott, hilf uns! Mach, dass die Seile halten! Und lass den Wagen nicht zusammenbrechen!

Langsam setzte sich das schwer beladene Fahrzeug in Bewegung.

„Brav, Sternchen, Zottel, tüchtig seid ihr, meine Kleinen – zieht! Wir müssen es schaffen!", feuerten Bille und Bettina die beiden Pferde an. Endlich hatte der Wagen festen Untergrund unter den Rädern und rollte leichter.

„Ein Glück!", stöhnte Bille. „Wir haben's geschafft. Von jetzt an ist's kein Problem mehr, wenn der Wagen erst einmal richtig in Schwung ist – führ du die Pferde, ich helf Simon, den Kleinen in den Sattel zu setzen."

Pünktchen fing an, verrückt zu spielen. Vielleicht dachte sie, man wollte sie in dem steigenden Wasser zurücklassen. Sobald Simon im Sattel saß, versuchte sie mit aller Macht, der ungemütlichen Umgebung zu entfliehen. Bille musste sich vor sie stellen und ihr den Weg versperren, bis Simon den Kleinen vor sich im Sattel zurechtgesetzt hatte. Sobald Bille losließ, schoss die Stute davon und überschüttete sie mit einer Woge von Schlamm.

Bille wischte sich das Schmutzwasser aus den Augen und stakste hinter den anderen her. Sie sah aus, als hätte sie einen Kopfsprung ins Moor gemacht. Das Baby schrie, als es Bille sah, und Lisa weinte still vor sich hin, weil sie fror, hungrig und verzweifelt war. Der Wind zog und zerrte an den Körben und Bündeln, Regenböen durchnäßten die Ladung, die Hühner gackerten verängstigt in ihren engen Körben. Assi verkroch sich winselnd in eine Ecke. Nur die Schweine in den lila Steppdecken fühlten sich wohl und grunzten zufrieden.

In Clausens Feldscheune trafen sich alle wieder. Daniel und Florian hatten die Kühe festgebunden und für die Schafe einen Pferch aus zusammengerückten Leitern gebaut. Karlchen betätigte sich als Melker – das hatte er bei seiner Mutter gelernt.

In der anderen Ecke hatte Onkel Paul seine Campingmöbel aufgebaut und Mutsch verteilte belegte Brote.

Simon und Bille befreiten die Hühner aus ihrem engen Gefängnis, sie verzogen sich sofort in den hintersten Winkel der Scheune. Bettina kümmerte sich um die Kinder und Assi schloss Freundschaft mit Onkel Paul, der sie mit Wurstbroten fütterte. Nur die Schweine blieben, wo sie waren – eingehüllt in die lila Steppdecken.

„Wir wollen sie nicht stören – sie schlafen gerade so schön", sagte Bille.

Bille und ihre Freunde bewähren sich

Die Schäden, die das Hochwasser angerichtet hatte, waren in den kommenden Tagen Gesprächsthema Nummer eins in den umliegenden Dörfern. Auch Bille und ihre Freunde ließ die Erinnerung an den dramatischen Nachmittag nicht los. In der Schule mussten sie ihr Erlebnis bis in die kleinsten Einzelheiten erzählen.

„Während unsere beiden Schweine rosig in ihre Decken eingehüllt schlummerten, sahen wir selbst wie die Säue aus", berichtete Bille lachend. „Das Dreckwasser lief uns in die Stiefel, wir waren völlig fertig vom Schleppen und Hin- und Herhetzen, aber wir merkten es gar nicht. Erst als alles in Sicherheit war, zitterten uns die Knie – nicht wahr, Bettina?"

„Ja, mein Onkel und der alte Petersen mussten unsere Pferde abholen, wir hätten keinen Meter mehr reiten können an dem Tag!"

„Onkel Paul musste eine Plastikplane in sein Auto legen, bevor wir einsteigen konnten, so dreckig waren wir alle. Übrigens, Lisa und ihre Familie haben wir solange bei uns aufgenommen. Aber das Schärfste ist, dass ich am Schluss um ein Haar noch ertrunken wäre!", erzählte Bille.

„Scharf nennst du das?" Helga sah sie schockiert an. „Ein entsetzlicher Gedanke!"

„Wie ist das passiert? Bist du noch mal zu dem Haus zurückgekehrt?", rief Elli dazwischen.

„Wie aufregend!", überschrie sie die kleine Ursel. „Hat der Sog dich ins Meer hinausgezogen?"

„Na, überleg doch mal, wie schwer die Kleider in dem Schlammwasser werden!", warf Heike überlegen ein. „Da kann sich auch der geübteste Schwimmer nicht mehr retten!"

„Nun erzähl doch schon!", drängte Elli.

Bille grinste. „Nun ja – das war so. Als ich alles hinter mir hatte und zu Hause bis zum Hals im heißen Badewasser lag, bin ich eingeschlafen. Dabei rutschte ich mit dem Kopf unter Wasser. Ich hab's erst gemerkt, als ich keine Luft mehr kriegte."

Das Wasser war langsam gesunken und die Bewohner von Ostendorf kehrten in ihre Häuser zurück und begannen sie wieder herzurichten.

Bille und ihre Freunde ritten, sooft sie konnten, hinüber und halfen bei den Aufräumungsarbeiten. Die Kinder von Ostendorf warteten immer sehnsüchtig auf die Ankunft der jungen Reiter.

Zottel und Bongo, die beiden Ponys, waren besonders beliebt.

Aber auch das sanfte hübsche Sternchen hatte eine Menge kleiner Verehrer, die für sie Zuckerstücke horteten und Mohrrüben aus dem Keller mopsten.

Das unfreundliche Wetter war einer strahlenden Frühlingssonne gewichen. Da machte die Arbeit im Freien so richtig Spaß, auch wenn sie noch so schmutzig und anstrengend war.

„Dürfen wir wieder reiten, wenn ihr Pause macht?" Der kleine Jan, Lisas Bruder, schob sich an Bille heran. Ihm folgte ein Dutzend gleichaltriger Kinder.

„Da seid ihr ja schon wieder! Vor einer Viertelstunde seid ihr doch erst geritten!"

„Es ist so langweilig", maulte Jan.

„Und wie!", bestätigten die anderen.

„Dann spielt was. Wenn wir nicht da sind, spielt ihr doch auch, oder?"

„Sonst sind wir in den Kindergarten gegangen, aber der is ja nu kaputt", erklärte ein Mädchen nachdrücklich.

„Ach so! Ihr habt ja keinen Kindergarten mehr." Bille richtete sich auf und rieb sich den schmerzenden Rücken. „Da habt ihr recht. Ohne Kindergarten ist es langweilig. Trotzdem müssen wir jetzt erst mal arbeiten. Ich ruf euch dann, wenn ihr wieder reiten könnt. Okay?"

„Ist gut."

Die Kinder bummelten lustlos davon.

„Darüber habe ich noch gar nicht nachgedacht."

„Worüber?", fragte Bettina.

„Dass die Überschwemmung den Kindergarten mit am schlimmsten betroffen hat. Dabei war er ganz neu eingerichtet worden. Mutsch hat mir davon erzählt. Vor einem halben Jahr haben sie ihn erst eröffnet, haben eine Menge Schulden gemacht, um das Projekt auf die Beine zu stellen; Möbel gekauft, Spielzeug – das ist jetzt alles im Eimer. Meinst du, da könnte man was machen?"

„Lass uns mal nachdenken. Eine Sammlung von Kindermöbeln, Spielzeug und Geld …"

„Klar! Mensch, dass ich daran nicht eher gedacht habe! Wir müssen ein Ponyreiten für Kinder veranstalten, drei Runden eine Mark – für den Wiederaufbau des Kindergartens! Irgendwo, wo möglichst viele Leute zusammenkommen."

„In Neukirchen auf dem Marktplatz. Und dann noch mal in Leesten vor dem Supermarkt. Wir werden uns die Erlaubnis dazu vom Bürgermeister holen!"

Daniel kam auf dem Traktor auf sie zugefahren, bremste, ließ den Motor ein paarmal aufbrummen, fuhr rückwärts, vorwärts und wieder rückwärts und drehte schließlich noch eine Ehrenrunde um die beiden Mädchen.

„Mir scheint, der Arme hat sich auch schon angesteckt", sagte Bille mitleidig und sah Daniel ernst an.

„Angesteckt? Was meinst du damit?", fragte er misstrauisch.

„Siehst du den fiebernden, flackernden Blick?", fuhr Bille zu Bettina gewandt fort. „So fängt es immer an. Dann kommt es zu Zuckungen in den Armen und Beinen und schließlich zu Bewusstseinstrübungen."

„Wovon redest du, verdammt noch mal?", fragte Daniel nervös.

„Von einer sehr ernsten und ansteckenden Krankheit", sagte nun auch Bettina und starrte ihn besorgt an.

„Das Schlimme daran ist", meinte Bille, „dass sie so schnell chronisch wird. Manche werden sie ihr ganzes Leben nicht mehr los."

„Will mir nicht endlich eine von euch sagen, wovon hier die Rede ist?", knurrte Daniel.

„Von der Motorsucht – auch Auto- oder Rennfahrersucht genannt. Eine schreckliche Epidemie."

„Eine Geißel der Menschheit", bestätigte Bettina.

„Intelligente Leute überwinden sie eines Tages – aber die anderen – hoffnungslos!"

„Ihr blöden Weiber!" Daniel war tatsächlich sauer. „Kümmert euch lieber um eure Arbeit. Was ihr da zusammengesammelt habt, füllt noch nicht die halbe Ladefläche!"

„Wir hatten Wichtigeres zu tun", sagte Bille. „Wir haben eine Beratung abgehalten und einen Beschluss gefasst."

„Und wie lautet der?"

„Das sagen wir euch, wenn alle zusammen sind. Fass mal mit an." Bille packte einen zersplitterten Balken.

„Nun sag schon, worum es sich dreht." Daniels Stimme klang versöhnlich.

„Wir wollen mit unseren Pferden einen Haufen Geld machen."

„Gut!" Daniels Gesicht leuchtete wie ein Sonnenaufgang im Juni.

„Um den Kindergarten wieder aufzubauen."

Die Junisonne ging gleich wieder unter.

„Sehr löblich und edel", sagte Daniel.

Als Bille an diesem Abend nach Hause kam, erwartete sie eine Überraschung.

„Ein Brief vom Technischen Hilfsdienst!", sagte Bille erstaunt. „Was wollen die denn von mir?" Ungläubig starrte sie auf das Schreiben, dem eine Urkunde angefügt war. „Sieh dir das an, Mutsch! Eine offizielle Belobigung! Eine Anerkennung für hervorragendes Verhalten, selbstlosen Einsatz und unermüdliche Hilfeleistung bei der Hochwasserkatastrophe am 13. März dieses Jahres in Ostendorf. Ich glaub, ich spinne!"

Bille rannte zum Telefon und rief Bettina an.

„Hast du auch so einen tollen Brief bekommen?", fragte Bettina, noch ehe Bille etwas sagen konnte.

„Deshalb rufe ich doch an!"

„Die Jungen sind ganz aus dem Häuschen. Und Daniel, der erst gar nicht so begeistert von unserem Kindergartenplan war, ist jetzt Feuer und Flamme! Nach dem Brief fühlt er sich mindestens drei Meter groß."

„Super. Onkel Paul will gleich morgen mit den Bürgermeistern von Leesten und Neukirchen sprechen, damit wir die Genehmigung bekommen. Und dann müssen wir eine Menge Plakate malen, damit die Sache überall bekannt wird."

„Klar! Vielleicht helfen uns ein paar aus unserer Klasse. Wir brauchen doch noch jemanden für die Spielzeugsammlung."

„Finden wir sicher, wenn wir ordentlich für unsere Idee werben. Tschüss du, ich muss Schluss machen, Mutsch wartet mit dem Abendbrot."

„Tschüss – bis morgen."

Am nächsten Tag lag die Genehmigung für das Kinderreiten und die Spielzeugsammlung auf dem Tisch. Aufgrund der offiziellen Belobigung hatte Onkel Paul keine Mühe gehabt, die Erlaubnis zu bekommen.

Bille, Bettina und die drei Jungen begannen mit den Vorarbeiten. Zunächst einmal suchten sie sich in der Schule Mitarbeiter.

Und sie fanden mehr, als sie zu hoffen gewagt hatten. Eine Lawine der Begeisterung für die Aktion rollte auf sie zu. Herr Schaper, der Musiklehrer, erbot sich, mit dem Schulchor ein Konzert zu geben. Eine Arbeitsgruppe zum Reparieren alten Spielzeugs schloss sich zusammen. Die Mädchen aus Daniels Klasse verkündeten, sie würden Plätzchen backen und an einem Stand verkaufen. Wieder andere wollten einen Getränkestand organisieren. Und schließlich erboten sich noch einige, Stände mit Wurfspielen zu eröffnen.

Bille und ihre Freunde entwarfen ein großes Plakat, das Onkel Paul vervielfältigen ließ und das überall in den umliegenden Orten aufgehängt wurde.

„Das wird ja ein richtiges Volksfest", sagte Bille begeistert, als alle sich auf dem Marktplatz von Neukirchen versammelt hatten.

Schon vor der Eröffnung drängten sich Dutzende von Kindern auf dem Reitplatz, der sich auf der kleinen, von Sträuchern eingefassten Anlage befand, die sonst als Kinderspielplatz diente. Der Bürgermeister hatte sich im Namen des Stadtrats bereit erklärt, die von den Pferdehufen zertrampelten Wege auf Kosten der Stadt wieder in Ordnung bringen zu lassen.

Zottel, Bongo, Sternchen, Pünktchen und Asterix waren bunt geschmückt. Bille und Bettina hatten ihnen Schleifchen in die Mähnen geflochten und ihre Zaumzeuge mit Papierblumen besteckt.

Karlchen saß an der Kasse.

Man sah seinem Gesicht an, dass dies der schönste Posten seines bisherigen Lebens war, vor allem, als er feststellte, wie schnell sich die Kasse füllte.

Natürlich standen die Pferde im Mittelpunkt des Interesses, aber auch die anderen konnten sich über fehlenden Andrang nicht beklagen. Der Chor wurde mit anhaltendem Applaus belohnt, Plätzchen und Kuchen waren bald ausverkauft und dem Getränkestand erging es ähnlich. Als Bille für die erschöpften Pferdeführer einen erfrischenden Trunk holen wollte, gab es nur noch Mineralwasser. Zum Glück halfen Mutsch und Onkel Paul mit einer Nachlieferung von Gebäck und Getränken aus.

Zwischendurch hielten der Bürgermeister und der Direktor der Schule ihre Reden, lobten die Initiative der jungen Helfer und ermunterten die Bürger zu weiteren Spenden.

Helga und Heike betreuten den Stand, an dem gebrauchtes Spielzeug entgegengenommen wurde. Als die Arbeitsgruppe, die für das Renovieren zuständig war, am Abend die abgegebenen Sachen sortierte, stellte sie fest, dass sie für die nächsten zwei Jahre mit Arbeit ausgelastet war und noch mindestens drei weitere Kindergärten ausstatten konnte.

„Wisst ihr was?", stöhnte Bettina, als es auf den Schluss der Veranstaltung zuging und die Schlange der wartenden Kinder noch nicht kleiner werden wollte. „Ich fürchte, ich kann für den Rest meines Lebens keine kreisrunde Pferdebahn mehr sehen. Ich werde nur noch geradeaus reiten."

„Wenn's nur das wäre", jammerte Bille, „aber ich habe ein Gefühl, als hätte ich Elefantenfüße, so schwer sind meine Beine. Ich bin in meinem ganzen Leben noch nie so viel zu Fuß gegangen!"

„Nicht aufgeben, Freunde", rief Karlchen mit aufreizender Fröhlichkeit von seinem Sitz herunter. „Wenn ihr nachher seht, was wir eingenommen haben, dann macht ihr vor Freude freiwillig noch drei Runden!"

Bille zog eine Grimasse. „Keinen Schritt werde ich tun! Wenn du dich da oben mit deiner Kasse nicht festgehockt hättest wie eine Glucke auf ihren Eiern, dann hätte dich ja der eine oder andere von uns mal ablösen können."

„Na, mach dir nichts draus. Du hast geschwollene Füße – und ich hab schwarze Finger. Berufskrankheiten."

Die Einnahmen übertrafen tatsächlich alle Erwartungen. Als Bille und ihre Freunde als Initiatoren der Sammlung der Leiterin des Kindergartens von Ostendorf die gefüllte Kassette überreichten, brach sie vor Rührung in Tränen aus.

Karlchen, Daniel, Simon und Florian schauten angestrengt zum Fenster hinaus und räusperten sich verlegen, bis sich die Dame wieder beruhigt hatte.

„Wann werden Sie den Kindergarten nun wieder eröffnen können?", fragte Bille, um die Tränenflut zu bremsen.

„Nun, bis zum Mai müssten wir es schaffen." Die Kindergärtnerin fummelte nach einem Taschentuch und schnäuzte sich heftig. „Und zur Eröffnungsfeier seid ihr natürlich herzlich eingeladen!"

„Danke!", sagte Bettina. „Aber diesmal kommen wir ohne Pferde. Sonst müssen wir am Ende wieder die ganze Zeit im Kreis gehen!"

Schon wieder neue Pläne

„Hast du schon gehört, dass wir Ostern Besuch bekommen?", fragte Simon Bille, als sie nach dem Unterricht noch im Stall zusammenhockten.

„Die lieben, lieben Schröder-Kinder kommen!", flötete Florian und verzog das Gesicht.

„Und wer sind die lieben, lieben Schröder-Kinder?"

„Frau Schröder ist eine Jugendfreundin meiner Mutter. Und unsere Mütter bilden sich ein, sie müssten uns hin und wieder das Vergnügen eines Zusammenseins gönnen, worüber wir uns natürlich sehr freuen!"

„Das klingt nicht so, als ob ihr das sehr vergnüglich findet. Wie alt sind sie denn?"

„Brigitte ist fünfzehn, Bernhard vierzehn und Jochen dreizehn – wie Florian", erklärte Simon. „Sie haben super Pferde."

„Dann können sie doch gar nicht so bescheuert sein?"

„Doch. Sie sind nämlich beschissene Reiter. Alle drei", erklärte Florian kategorisch.

„Das musst du mir näher beschreiben."

„Florian hat recht", mischte sich Daniel ins Gespräch. „Sie sind total verwöhnt und haben überhaupt keine Beziehung zu ihren Pferden. Für sie sind das einfach Gegenstände – wie ihr Segelboot oder ihre Skiausrüstung. Dinge, mit denen man angeben und vielleicht sogar Preise gewinnen kann. Sie verachten uns, weil wir unsere Pferde selber versorgen. Sie haben dafür einen Stallburschen."

„Solche Typen gibt's? Ich dachte, die kämen nur in Romanen vor."

„Die gibt's natürlich. Sie stinken vor Geld, allein das Auto solltest du mal sehen! Und den Vater dazu – Papi kann ihn übrigens auch nicht leiden. Und Mutti – na, sie hängt eben an ihrer alten Freundin. Und ein bisschen imponiert ihr das auch, die schönen Kleider von Frau Schröder und die vielen Reisen. Eine Ferienwohnung in der Schweiz, ein Haus auf Elba, ein Gut in Holstein – dazu die Fabriken –, ich glaube, Mutti findet das toll."

„Und ihr nicht?"

„Nee – wirklich nicht", sagte Simon grinsend.

„Und weißt du, was das Schlimmste ist?", sagte Florian düster. „Diesmal laden sie nur ihre lieben Kinderchen bei uns ab, damit die sich in den Osterferien nicht langweilen. Sie selbst fliegen nämlich nach Mexiko!"

„Hm, das ist ärgerlich. Na ja, sie fahren ja wieder weg", sagte Bille begütigend.

„Aber die Osterferien sind im Eimer!", knurrte Simon. „Du weißt ja nicht, was das bedeutet! ‚Benehmt euch anständig, was sollen Schröders von euch denken! Seid nicht so unhöflich zu euren Gästen! Ihr solltet euch wirklich mehr um eure lieben Gäste kümmern!' – Und das Tag für Tag von morgens bis abends. Als wenn wir sie eingeladen hätten!"

„Sagt mal", Bille zog nachdenklich die Stirn kraus, „wenn sie wirklich so verwöhnt und eingebildet sind – dagegen könnte man doch vielleicht was unternehmen?"

„Was zum Beispiel?" In Daniels Augen glomm ein Hoffnungsschimmer.

„Erst mal müssen wir sie zwingen, ihre Pferde selbst zu pflegen und den Stall auszumisten. Und dann werden wir sie nach Ostendorf mitnehmen und kräftig mitarbeiten lassen."

„Nicht schlecht", sagte Bettina.

„Weißt du, was mich am meisten ärgert?", fauchte Florian. „Dass sie ausgerechnet an meinem Geburtstag da sind. Sie werden die ganze Stimmung verderben!"

„Warte mal – ich glaube, dazu fällt mir was ein." Bille sah nachdenklich von einem zum anderen. „Ich hab da so eine Idee. Wie wär's, wenn wir zur Feier deines Geburtstags einen Geländeritt veranstalten? Den Florian-Henrich-Geburtstags-Preis vergeben und eine Schnitzeljagd mit ein paar kniffligen Aufgaben machen. Über eine Strecke, von der man so richtig schön dreckig und gerupft nach Hause kommt. Da werden sie sicher ein Stückchen kleiner werden."

„Genau! Das ist es!" Daniel schlug seinem kleinen Bruder vor Begeisterung so heftig auf die Schulter, dass zunächst der ein Stück kleiner wurde.

„Das könnte hinhauen", sagte Florian und rieb sich die schmerzende Stelle.

„Eine super Idee!", bestätigte Simon.

„Gleich morgen tüfteln wir die Strecke aus." Bettina grinste. „Damit ich Anfänger schon mal ein bisschen trainieren kann und Sternchen mich sicher ins Ziel bringt. Schließlich muss man doch den Heimvorteil nutzen."

Zur Ankunft der Schröder-Kinder hatten Bettina und die Brüder Bille nach Peershof eingeladen.

Im Salon waren diesmal zwei Teetische gedeckt – einer für

die vier Erwachsenen, ein zweiter für die Jugendlichen. Bille musterte verstohlen die Neuankömmlinge.

„Es tut mir ja so leid, Liebste, dass wir nur zwei Stunden bleiben können!" Frau Schröder umarmte Frau Henrich und warf erst rechts und dann links neben Frau Henrichs Ohren einen Kuss in die Luft.

Sie war wirklich eine schöne Frau. Die großen dunklen Augen wurden durch ein gekonntes Make-up noch betont. Die kastanienbraunen Haare waren modisch kurz geschnitten. Kleid, Schuhe, Handtasche und das kostbare Seidentuch, das sie lässig um den Hals geschlungen trug, waren in den Farben genau aufeinander abgestimmt. Bille hätte nichts dagegen einzuwenden gehabt, später einmal auch so auszusehen.

Herr Schröder war vor allem dick. Angefangen bei seinem massigen Schädel, der Speckfalte, die aus dem Kragen kroch, bis zu den runden Wurstfingern und der dicken Zigarre. Sogar seine Stimme klang fett.

Seine Söhne waren genau das Gegenteil. Schlank wie die Mutter, gepflegt von Kopf bis Fuß, in lässigen Sakkos, Bundfaltenhosen und farblich darauf abgestimmten Hemden sahen sie aus wie einem Modeprospekt entsprungen. Bille hätte sich nicht gewundert, wenn sie sich gegenseitig mit „Sie" angeredet hätten.

Brigitte, die fünfzehnjährige Tochter, wirkte wie fünfundzwanzig. Sie trug zwar elegante Kleidung wie die Mutter, nur war sie einen guten Kopf größer und fast doppelt so breit. Sie schien mehr nach dem Vater zu schlagen.

„Auf das arme Pferd bin ich gespannt", flüsterte Bettina.

„Aber eins musst du zugeben", erklärte Bille leise. „In euren Salon passen sie besser als wir."

Leicht schockiert hatte Brigitte zur Kenntnis genommen, dass sie bei den „Kleinen" sitzen sollte, wie sie es nannte. Auch wenn man den älteren Daniel kaum als klein bezeichnen konnte – für sie war er einfach ein Baby.

Schon wie er aussah! Und seine Brüder – alle drei in Jeans mit einfachen Rollkragenpullis. Sogar die Mädchen trugen Jeans. So konnte man sich vielleicht im Pferdestall sehen lassen, aber doch nicht beim Tee! Und wie sie sich auf den Käsekuchen stürzten! Als hätten sie drei Tage nichts zu essen bekommen! Brigitte konnte nicht wissen, dass sie es lediglich genossen, einmal nicht unter den gestrengen Augen von Frau Henrich sitzen zu müssen.

„Wart ihr diesen Winter in den Bergen?", versuchte Bernhard ein Gespräch in Gang zu bringen.

„Nein – wozu?", fragte Simon zurück.

„Zum Wintersport natürlich!" Es klang verächtlich.

„Ihr wart natürlich in den Bergen?", wandte Daniel sich mit gespielter Liebenswürdigkeit an Brigitte.

„Selbstverständlich! Wir haben eine Ferienwohnung in Arosa in der Schweiz", belehrte Brigitte die anderen.

„Ach ja?", sagte Bettina kühl. „Meine Eltern hatten eine Villa in St. Moritz. Aber ich muss sagen, das Skilaufen in den Bergen hat mich nicht halb so sehr amüsiert wie das Skilaufen hier im Flachland. Hast du dich schon mal auf Skiern von einem Pferd ziehen lassen? Es ist phänomenal! Und unsere Schlittenfahrten! Und die Ausritte durch die verschneite Landschaft – dafür schenke ich dir die ganze Schweiz!"

Daniel zwinkerte seiner Adoptivschwester bewundernd zu. Die konnte es mit den Schröders wirklich aufnehmen!

„Geht ihr immer noch hier zur Schule? Oder seid ihr jetzt

auch im Internat?", fragte Jochen zu Florian gewandt. „Wir sind im Internat Schloss Löwenberg, es ist zur Zeit das beste Internat in ganz Europa. Lauter Diplomatenkinder, ganz international!"

„Ach, wirklich?" Simon zog die Augenbrauen hoch. „Ich stelle es mir sehr schwer für eine solche Schule vor, das Niveau unserer Schulen zu erreichen – bei den Sprachschwierigkeiten! So interessant es ist, mit Schülern aus aller Welt zusammenzusein, aber mit dem, was an unseren Schulen verlangt wird, würdet ihr wahrscheinlich nicht zurechtkommen."

„Hast du eine Ahnung!", sagte Bernhard und warf seiner Schwester einen vielsagenden Blick zu.

„Das Einzige, was mir an dieser Art Internat gefällt", fuhr Simon fort, „ist, dass man sein Pferd mitbringen und jederzeit reiten kann."

„Wir reiten zweimal in der Woche eine Stunde", erklärte Brigitte von oben herab.

„Nicht öfter?", fragte Bille entsetzt. „Aber was macht ihr dann die ganze Zeit?"

„Nun, wir haben die Möglichkeit, praktisch jedes Hobby zu betreiben: Wir haben ein Kammerorchester, eine Jazzband, Theater- und Ballettgruppen. Wir können Töpfern, Teppichweben, Malerei und Plastik, Emaillearbeiten und jede andere Handarbeit erlernen. Dazu kommen die Sportarten – Tennis, Schwimmen, Hockey und Handball, sogar Segelfliegen – um nur einiges zu nennen."

„Toll! Und was machst du davon alles?", fragte Bille.

Brigitte hüstelte. „Ich? Nun ja, ich bin in der Reitergruppe."

„Die Sache ist nämlich so", in Jochens Stimme klang eine

Spur von Schadenfreude mit, „zu all diesen Kursen darf man sich nur anmelden, wenn die schulischen Leistungen ausreichend sind. Je bessere Noten – desto mehr Hobbys."

„Selbstverständlich spiele ich Tennis", beeilte sich Brigitte zu sagen.

„Selbstverständlich!", sagte Bettina mit todernstem Gesicht.

„Dürfen wir uns nach dem Tee mal eure Pferde anschauen?", fragte Bille.

„Gern. Wodrich lädt sie gerade aus."

„Wer ist Wodrich?"

„Unser Pferdebursche."

„Bleibt der in den Ferien etwa auch hier?"

„Nein, leider nicht", sagte Bernhard mit einem leidenden Blick zu seinen Eltern hinüber. „Mutti meinte, das würde zu viel für Henrichs."

„Wir versorgen unsere Pferde selber", sagte Florian herausfordernd. „Nur unter dieser Bedingung hat Papi erlaubt, dass wir eigene Pferde bekamen."

„Nun ja", sagte Bernhard schwach, „bei uns ließe sich das gar nicht durchführen. Im Internat dürfen wir außerhalb der Reitstunden nicht in den Stall – und in den Ferien sind wir immer auf Reisen."

„Dann werdet ihr's ja richtig genießen, hier endlich einmal Zeit für die Pflege eurer Pferde zu haben", meinte Bille und lachte Bernhard an. Und im Stillen dachte sie: Die armen Pferde! Womit haben sie das verdient!

Die Pferde der Schröder-Kinder konnten sich wahrhaftig sehen lassen. Bernhard gehörte der braune Wallach Hannibal, ein Pferd wie aus einem Gemälde entsprungen, so schön. Seine Mähne glänzte blauschwarz, das Fell leuchtete in einem tiefen Kupferrot. Er hatte eine schmale Blesse und vorne weiße Fesseln.

Brigittes Stute Yvette war eine Hannoveranerin, eine gut gebaute Apfelschimmelstute mit einer fast schwarzen Mähne und einem etwas zu kurz geratenen Schweif.

Jochens Pferd war ein haselnussbrauner Holsteiner, Mambo hieß er, sah aber nicht so aus, als ob er über südamerikanisches Temperament verfügen würde.

Für die Pferde der Henrich-Kinder hatten die Schröders nur ein höfliches Lächeln übrig. Asterix ließen sie noch gelten, auch Pünktchen fand Gnade vor ihren Augen, aber Sternchen …

„Was? Du reitest eine Haflingerstute?", fragte Brigitte Bettina entsetzt. „Das sind doch reine Zugpferde!"

„Es sind Bergpferde", antwortete Daniel für Bettina. „Ebenso gut vor dem Wagen wie als Reittier. Sie geht fantastisch – und für Bettina, die erst seit einigen Monaten reitet, ist sie ideal, weil sie absolut sicher und zuverlässig ist. Sie würde niemals durchgehen oder Bettina abwerfen. Sie besitzt Verantwortungsgefühl."

Bettina warf Daniel einen dankbaren Blick zu und streichelte Sternchen zärtlich den Hals.

„Du reitest noch ein Pony?", sagte Jochen verächtlich, als Florian jetzt seinen Bongo vorführte. „Kommt dir das nicht lächerlich vor?"

Florian wollte aufbrausen, aber Bille knuffte ihn so kräftig in die Rippen, dass er schwieg.

„Ganz ruhig auflaufen lassen", raunte sie ihm zu.

„Was ist denn das für eine komische Figur?" Brigitte lachte schrill und wies auf Zottel. „Ist der aus einer Jahrmarktsbude entsprungen?"

„Du sagst es", antwortete Bille freundlich. „Das ist mein Pony." Sie ließ das Wort Pony auf der Zunge zergehen wie die erste frische Erdbeere im Jahr. „Es heißt Zottel. Bist du schon mal auf einem Pony geritten?"

„Mit fünf Jahren – auf einem Jahrmarkt, wie gesagt. Aber als ich ernsthaft mit dem Reiten begann, habe ich natürlich gleich auf einem großen Pferd angefangen."

„Dann kannst du auch nicht wissen, dass ein Pony oft viel schwerer zu reiten ist."

„Wer hat dir denn das erzählt?", fragte Bernhard.

„Du meinst, du würdest sofort mit ihm zurechtkommen?"

„Lächerlich – warum denn nicht?"

„Na, wir werden ja sehen!"

Bille warf den Freunden einen vielsagenden Blick zu. In ihrem Kopf entwickelte sich ein herrlicher Plan.

Der Florian-Henrich-Geburtstags-Preis

„Hat einer von euch die ‚Schöne blaue Donau' auf Tonband?", fragte Bille, als sie – natürlich ohne die Schröders – den Ablauf des Geländeritts besprachen.

„Nein, aber das lässt sich ja organisieren", meinte Simon. „Wozu brauchst du ausgerechnet die ‚Schöne blaue Donau'?"

„Ich möchte ausprobieren, ob Zottel seine Zirkuslektionen noch beherrscht. Nach dieser Musik hat er den Höhepunkt seiner Nummer vorgeführt."

Karlchen, der der Sitzung als Organisator beiwohnte, grinste bis über beide Ohren. „O ja! Ich kann mich gut an seine letzte Vorführung erinnern! Ganz Leesten lacht noch heute darüber. Ich ahne, was du vorhast."

„Grundvoraussetzung ist, dass wir auf dem Geländeritt die Pferde tauschen", sagte Bille. „Bernhard muss Zottel reiten. Ob wir das hinkriegen?"

„Kein Problem", meinte Daniel. „Es genügt ja, wenn wir auf halber Strecke einen Pferdewechsel vornehmen. Wir sagen einfach, es sei wegen der Gerechtigkeit, weil unsere Pferde das Gelände hier besser kennen. Wir sind zu acht – da geht es auf. Wir können zwei Mannschaften bilden – vier gegen vier."

„O ja", rief Bettina eifrig, „und ich gehe in die Mannschaft des Gegners – als schwächstes Glied. Die drei Schröders und ich gegen euch vier!"

„Du solltest deine Leistungen nicht so herabsetzen", rügte Bille. „Du reitest sehr gut mit Verstand und Herz, das hast du den Schröders jedenfalls voraus."

„Danke!" Bettina strahlte. „Auch wenn du übertreibst, höre ich's gern."

„Übrigens", fuhr Bille fort, „die Hindernisse müssen auf der zweiten Hälfte der Strecke kommen. Nach dem Pferdewechsel."

„Warum?", fragte Florian naiv.

„Weil Zottel nicht springt. Jedenfalls nicht bei mir", sagte Bille mit Samtpfötchenstimme und die Krallen schauten nur ganz wenig hervor. „Aber vielleicht tut er es bei dem großen Reiter Bernhard."

In den folgenden Tagen zog sich Bille öfter mit Zottel und einem Kassettenrekorder in die Reitbahn zurück. Und jedes Mal kam sie zufriedener wieder heraus.

Die Schröders hatten die Eröffnung, dass an Florians Geburtstag ein Geländeritt um den Florian-Henrich-Geburtstags-Preis stattfinden sollte, mit gutmütiger Herablassung aufgenommen. Ihnen schien das Ganze wie eine Kindergartenveranstaltung. Auch mit dem Pferdetausch erklärten sie sich einverstanden, umso lieber, als sie sicher waren, Florian und Bille würden mit Mambo und Hannibal nicht fertigwerden.

Nach einem ausgiebigen Geburtstagsfrühstück ging es an den Start. Das Los hatte die Reihenfolge der Reiter bestimmt. Beim Pferdewechsel sollte Bettina Pünktchen übernehmen, sie hatte sich schon ein paar Tage mit der Stute vertraut gemacht.

Auf einer Waldwiese wartete Herr Henrich, um den Pferdewechsel zu überwachen und zu prüfen, ob alle Aufgaben bis dahin richtig gelöst worden waren. Das Ziel war der Park von Groß-Willmsdorf. Dort sollte dem Sieger der Preis von Frau Henrich überreicht werden, dort wartete auch Karlchen mit einem Tonbandgerät und extra starken Lautsprechern. Und außerdem viele jugendliche Zuschauer, denen Karlchen den Mund auf die kommenden Ereignisse wässrig gemacht hatte.

Jochen ging als Erster an den Start. Er trug – wie seine Geschwister – eine maßgeschneiderte Reitjacke in leuchtendem Rot und helle Reithosen. Das Hemd war blütenweiß. Man musste diesen kulturlosen Landfratzen ja mal zeigen, was Stil war.

Karlchen hatte die Strecke genau nach Daniels und Billes Anweisungen ausgelegt. Sie war mit Schnipseln aus leuchtend rotem Glanzpapier gekennzeichnet und führte zunächst recht harmlos durch den Peershofer Park, über einen Acker bis zum Waldrand und am Wald entlang bis zu einem Hochstand.

Hier war die erste Aufgabe zu lösen. Man musste den Hochstand erklettern und von einem darüber befindlichen Ast eine blaue Schleife lösen. Als Jochen die Klettertour hinter sich hatte, zierten Jacke und Hose bereits eine Anzahl schwarzgrüner Schmierstreifen, denn der Hochsitz war vom Regen glitschig und Moos und Schimmel hinterließen ihre Spuren.

Jochen fluchte. Aber schließlich hatte er sich fest vorgenommen, den ersten Preis, einen Gutschein über drei Schallplatten, zu gewinnen.

Die Spur führte in den Wald und in dichtes Unterholz.

Mambo scheute empört, als Jochen ihn in das stachlige Gesträuch trieb. Tannenzweige peitschten ihm ins Gesicht. Schließlich blieb ihm nichts anderes übrig, als abzusteigen und sein Pferd am Zügel hinter sich herzuziehen.

Finde den vergrabenen Schatz!, stand als nächste Aufgabe auf dem Plan. Unter einem Brombeerstrauch war die Erde frisch aufgewühlt. Jochen kniete hastig nieder und begann mit den Fingern das Erdreich aufzukratzen. Als seine Lederhandschuhe schwarz und durchnässt waren, förderte er ein Säckchen mit in Silberpapier gepackten Schokoladentalern zu Tage.

Wütend stand Jochen auf und steckte die Taler zu der Schleife in seiner Jackentasche. Zu Fuß bahnte er sich den Weg zurück durch das Gestrüpp, immer der glitzernden roten Spur folgend. Schließlich stand er wieder auf dem Waldweg, wenige Meter oberhalb der Stelle, an der er in das Dickicht hineingeritten war.

Die Spur führte kreuz und quer durch den Wald und endete schließlich an einem kleinen morastigen Teich. Fang die Ente!, hieß die Aufgabe, die Jochen hier erwartete. Er sah sich um. Etwa zwei Meter vom Ufer entfernt waren an langen Bändern acht gelbe Plastik-Enten an einen Pfahl gebunden, wie man sie Babys für die Badewanne schenkt.

Jochen sprang aus dem Sattel und versuchte mit seiner Reitgerte eine Ente zu erreichen. Die Gerte war zu kurz. Aber dort an dem Weidengestrüpp konnte er sich eine längere Angelrute abreißen. Jochen zog und zerrte an einem Ast, aber der wollte nicht nachgeben. Als er schließlich doch abbrach, setzte sich Jochen rücklings in den Schlamm.

Zähneknirschend rappelte er sich auf und fischte mit der Weidenrute nach einem der Bänder, an denen die Enten hingen. Aber immer verlor er seine Beute, die Enten wippten auf dem Moorwasser fröhlich auf und ab und nickten wie zum Hohn mit den Köpfen.

Hinter ihm kam bereits Bille auf Zottel angaloppiert. Sie sprang aus dem Sattel, ging, ohne zu zögern, mit ihren hohen Gummistiefeln ins Wasser und band sich eine Ente los. Mitleidig sah sie auf Jochens teure Lederstiefel, als sie wieder in den Sattel sprang.

„So schaffst du es nicht!", rief sie ihm im Weiterreiten zu. „Du musst einen gegabelten Stock nehmen!"

Jochen schaute ihr wütend nach. Dann packte ihn der Zorn und er stieg mit seinen Stiefeln ins Wasser, wie Bille es getan hatte.

Der Weg führte aus dem Wald heraus über einen Acker. Hier endete die Spur vor einem Schafstall. Hole ein Ei aus dem Nest!, lautete die Aufgabe. Es befindet sich auf dem Heuhaufen hinten im Stall.

Jochen sprang aus dem Sattel, schluckte seinen Ekel tapfer hinunter und bahnte sich einen Weg durch die blökende Schafherde, bis zu dem Heuhaufen am anderen Ende. Den Heuhaufen zu erklettern war schwieriger, als er gedacht hatte. Als er schließlich oben war und das Nest mit den bunten Eiern entdeckt hatte, sah er aus wie ein paniertes Schnitzel. Und als er versuchte, die kratzenden Halme zu entfernen, fasste er in eine Distel.

„Die wollen uns fertigmachen!", knurrte er wütend. Aber dann fiel ihm ein, dass Bille und ihre Freunde ja die gleichen Bedingungen zu erfüllen hatten, und er ritt mit zusammengebissenen Zähnen weiter.

Hol einen Apfel vom Baum!, hieß die letzte Aufgabe vor dem Pferdewechsel. An dem Ast einer Buche hingen nebeneinander acht Äpfel, die man nur erreichen konnte, wenn man sich im Sattel aufstellte.

„Na, Gott sei Dank – das ist wenigstens leicht", murmelte Jochen und hielt Mambo genau unter dem Ast an.

Aber sowie er die Zügel locker ließ, setzte sich Mambo wieder in Bewegung und Jochen plumpste zurück in den Sattel. Beim fünften Versuch blieb Mambo wenigstens an der Stelle, wenn er auch ständig hin und her trippelte und schwankte wie ein Schiff in Seenot. Jetzt musste es klappen! Jochen stellte sich vorsichtig auf, reckte sich, riss den Apfel herunter und schrie vor Begeisterung „Ha!". Mambo machte erschreckt einen Satz nach vorn und Jochen fiel rückwärts in den Dreck.

Stöhnend und fluchend stieg Jochen wieder auf. Hinter sich hörte er, wie Florian Bongo anfeuerte.

Als Jochen die Waldwiese erreichte, bot er einen erbarmungswürdigen Anblick, aber niemand schien es zur Kenntnis zu nehmen.

„Hast du alles?", fragte ihn Bille strahlend. „Gut gemacht!"

Das richtete Jochen seelisch wieder ein wenig auf. Er legte seine Beute auf den Tisch, an dem Herr Henrich saß und die Punkte in eine Liste eintrug. Da kam auch schon Florian herangestürmt und stoppte Bongo so knapp vor dem Tisch, dass der bedenklich ins Wanken geriet. Seine Hände hatten eine schwärzliche Färbung und Jeans und Stiefel waren dreckbespritzt. Aber sonst schien er gut über die Runden gekommen zu sein.

„Jochen reitet jetzt Bongo und Florian bekommt Mambo", sagte Herr Henrich. „Jochen startet zuerst, Florian fünf Minuten später. Bille muss warten, bis Bernhard hier ist."

Florian übergab Jochen Bongos Zügel.

„Hoffentlich kommst du dir nicht zu lächerlich vor!", sagte er anzüglich.

Auf der zweiten Hälfte der Strecke kam es mehr auf das reiterliche Können an. Die Strecke führte über eine Reihe von Hindernissen, einen steilen Hang hoch und auf der anderen Seite wieder herunter und über mehrere Gräben bis in den Park von Groß-Willmsdorf. Jochen merkte schnell, wie angenehm Florians kräftiges Russenpony zu reiten war, während Florian hinter ihm feststellen musste, dass Mambo hart im Maul war wie ein Esel und doppelt so temperamentlos.

Erst beim letzten Graben bekam Jochen Schwierigkeiten. An dieser Stelle hatte Bongo einmal ein unangenehmes Erlebnis gehabt. Beim Überqueren des Grabens stach ihn eine Wespe in den Bauch. Seither war er nicht mehr zu bewegen, den Graben zu überspringen. Auch heute weigerte sich Bongo standhaft, sich von der Stelle zu rühren. Jochen bearbeitete ihn mit den Fersen und mit der Peitsche – alles vergebens. Als Jochen nicht nachgeben wollte, schickte Bongo den lästigen Reiter mit einem kurzen Buckeln und Auskeilen in den Graben, lief bis zur nächsten Brücke und auf der anderen Seite zurück bis in die Mitte der Wiese, wo er Jochen ruhig erwartete. Bis Jochen ihn eingeholt hatte und wieder aufstieg, war Florian auf Mambo längst an ihnen vorbeigaloppiert.

Auf der Waldwiese tauschten gerade Bettina und Simon die Pferde. Beide hatten alle Aufgaben ohne viel Zeitverlust lösen können.

„Lass dir Zeit mit Pünktchen, du liegst ohnehin gut. Sie hat sich vorher kräftig ausgetobt, sie wird dir bestimmt keinen Ärger machen. Geh langsam an die Hindernisse ran,

Pünktchen springt zur Not auch aus dem Stand – und hoch sind sie sowieso nicht!" Simon klopfte seiner Stute ermahnend den Hals.

„Wird schon schiefgehen!", sagte Bettina lachend. „Ich fühle mich heute blendend in Form!"

Während Bettina antrabte, erschien Bernhard auf der Bildfläche. Sein Aussehen stand dem Jochens in keiner Weise nach. Er hatte Mühe, vor den anderen zu verbergen, dass er stocksauer war. Schweigend legte er seine Beute vor Herrn Henrich auf den Tisch und übergab Bille Hannibals Zügel. Mit einem Blick, der tiefste Geringschätzung ausdrückte, bestieg er Zottel.

Bille fühlte den Zorn wie eine kochend heiße Welle in sich aufsteigen. Zeig's diesem Affen!, dachte sie, lass mich nicht im Stich, mein Kleiner!

Als Nächster ging Simon auf die Strecke, ihm folgte Bille. Hannibal war zwar eine Schönheit, aber sein Temperament erinnerte stark an den alternden Turnierstar Lohengrin. Bille hatte Mühe, ihn auch nur einigermaßen auf Touren zu bringen. Jetzt wird mir einiges klar, dachte sie. Schröders haben für ihre Kinder die reinsten Schaukelpferde angeschafft, damit die armen Kleinen nicht runterfallen und sich schmutzig machen.

„Nun schlaf nicht ein, Junge, ich glaube, du hast Blei in den Hufen. Dir muss man wohl erst Pfeffer in den Hintern streuen, ehe du angaloppierst!"

Immerhin nahm Hannibal die Hindernisse ohne Widerspruch und mit dem gelangweilten Gehabe eines berühmten Künstlers, der auf einem Kaffeekränzchen Gedichte vortragen muss. Den Hang erstieg er wie ein Achtzigjähriger und hinunter rutschte er auf dem Hinterteil.

„Das wird Bernhard unheimlich freuen!", sagte Bille kichernd. „Er liebt es so, dich zu putzen!"

Während Bille durchs Ziel galoppierte und Bernhard sich vor dem ersten Hindernis mit Zottel auseinandersetzte, kam Daniel auf der Waldwiese an. Er ritt bereits Yvette, Brigittes Stute.

„Brigitte kannst du streichen, Papi, sie hat aufgegeben", rief er schon von Weitem. „Ich fand sie heulend vor dem Schafstall. Sie ist in den Teich gefallen, und als sie dann noch die Schafe sah, war es aus und vorbei. Wir haben die Pferde getauscht und sie ist mit Asterix nach Hause geritten." Daniel konnte den Triumph in seiner Stimme kaum verbergen.

„Gut, hast du alle Aufgaben gelöst? Dann kannst du gleich weiterreiten. Ich komme mit dem Wagen nach Groß-Willmsdorf herüber." Herr Henrich packte seine Liste ein und klappte den Campingtisch und den Hocker zusammen.

Im Groß-Willmsdorfer Park drängten sich die Zuschauer. Erwachsene und Kinder umringten die beiden Stangen, die das Band mit dem Wort „Ziel" hielten. Etwas abseits war ein Tisch aufgestellt, auf dem man die Trostpreise und den auf Pappe aufgemalten Gutschein für drei Schallplatten – den ersten Preis – bewundern konnte. Neben Frau Henrich stand Fräulein Fuchs, die Haushälterin, mit einem Korb voller Kuchen und belegten Brötchen. Zur Erfrischung für die durstigen Reiterkehlen hatte man auch einen Kasten mit Cola und Limo nicht vergessen.

Bille, Bettina, Florian und Simon stürzten sich mit Heißhunger auf die leckeren Schinkensemmeln und Kuchen, während Jochen nervös hin und her ging und auf seine Geschwister wartete. Seine durchnässten Lederstiefel quietschten schauerlich bei jedem Schritt.

„Jetzt bin ich gespannt auf Bernhards Ankunft", sagte Bille vergnügt. „Auf was wetten wir, dass Brigitte aufgegeben hat?"

„Auf gar nichts. Das ist doch so klar wie Tinte", sagte Florian. „Da!"

„Quatsch, das ist doch Daniel!"

Daniel galoppierte durchs Ziel und sprang strahlend aus dem Sattel. Er zwinkerte den Freunden zu.

„Wo ist Brigitte? War sie nicht vor dir an der Reihe?", fragte Jochen unsicher.

„Doch. Aber sie hat aufgegeben. Sie hatte Angst vor den Schafen, weißt du?"

Jochen biss sich auf die Lippen. „Und Bernhard? Ist er nicht vor dir losgeritten?"

„Das ist er", sagte Daniel freundlich. „Aber er scheint Schwierigkeiten mit Billes Pony zu haben."

Jochen schnaufte verächtlich. „Das glaube ich nie im Leben!"

„Dann wirst du es gleich sehen", sagte Bille grinsend. „Achtung, Leute! Der letzte Reiter geht durch's Ziel! Einen Tusch für den letzten Reiter!"

Das war Karlchens Signal. Er drückte auf die Taste, und als Zottel sich dem Ziel näherte, rauschte Walzermusik auf. Die „Schöne blaue Donau", seine Nummer! Zottel stutzte, machte vor dem Ziel eine Vollbremsung, warf freudig den Kopf hoch und begann sich im Walzertakt in kleinen Galoppsprüngen um sich selber zu drehen. Bernhard wusste nicht, wie ihm geschah. Er hatte die Steigbügel verloren und die Zügel hingen irgendwo zwischen Zottels Ohren. Die Zuschauer quietschten vor Vergnügen und applaudierten wie wild. Das Gelächter übertönte fast die Musik.

Als es Bernhard mit keinem Mittel gelingen wollte, Zottel durch das Ziel zu dirigieren, sah er sein Heil nur noch in der Flucht. Er sprang aus dem Sattel und landete unsanft auf dem Hosenboden.

Karlchen drehte die Lautsprecher leiser und spielte eine andere Melodie. Zottel hörte auf sich zu drehen und trabte zu Bille hinüber, die nicht mit Leckerbissen sparte.

„Tja, mein Lieber, mit einem Pony umzugehen muss man gelernt haben." Daniel kam Bernhard zu Hilfe und reichte ihm die Hand. Bille klopfte ihm Sand und Heuhalme aus seinem verschwitzten Jackett.

„Verdammtes Mistvieh!", knurrte Bernhard, und es war nicht ganz klar, ob er Bille oder Zottel meinte.

„Dürfen wir jetzt zur Siegerehrung bitten?", rief Frau Henrich laut über den Platz.

„Gewinner des ersten Preises ist Simon Henrich!"

„Super, Simon!"

„Großartig!"

„Ich wusste, dass du der beste Reiter bist!"

Simon nahm den Applaus strahlend entgegen und schmückte Pünktchen und Sternchen mit den ihm überreichten Rosetten.

„Auf den zweiten Platz kommt Florian Henrich – unser Geburtstagskind!"

Daniel und Simon nahmen ihren kleinen Bruder in die Mitte und stemmten ihn mit einem dreifachen „Hurra!" in die Luft. „Den dritten Preis bekommt Bille Abromeit!"

Donnernder Applaus belohnte Bille, die sich eigentlich den zweiten Preis mit Florian hätte teilen müssen. Aber sie hatte Frau Henrich gebeten, ihn dem Geburtstagskind allein zu überlassen.

„Sieger in der Mannschaftswertung ist die Mannschaft Henrich-Abromeit", verkündete Frau Henrich noch, aber das ging schon im allgemeinen Trubel unter.

„Und jetzt wollen wir feiern und alle Strapazen vergessen!", rief Herr Henrich und sah seine Söhne durchdringend an. Bille verstand seinen Wink als Erste. Sie ging zu Jochen hinüber und gab ihm die Hand.

„Es tut mir leid, dass du nicht auf den dritten Platz gekommen bist. Du bist super geritten und hast toll durchgehalten!"

„Findest du?", sagte Jochen schwach.

„Ja – ganz ehrlich! Und nun lass uns zurückreiten, sonst bekommst du noch einen Schnupfen. Fräulein Fuchs kocht heute ein tolles Geburtstagsessen, ich freu mich schon drauf. Reiten wir zusammen? Dann warte kurz auf mich."

Bille lief zu Jochens Bruder rüber, der gerade von Bettina und Simon bearbeitet wurde. Auf seinem Gesicht breitete sich bereits wieder das überlegene Lächeln aus.

„Du hast ein großartiges Pferd, Bernhard!", rief Bille über die Köpfe der beiden anderen hinweg. „Tut mir leid, dass Zottel dir Ärger gemacht hat. Na, vergiss es – ich hatte mit Hannibal auch meine Schwierigkeiten."

Bernhard schenkte ihr ein gnädiges Lächeln und Bille kehrte zu Jochen zurück.

„Würde es dir was ausmachen, wenn ich Zottel zurückreite?"

Bille schaute Jochen überrascht an. „Nein, gar nicht. Ich bin neugierig, wie ich mit Mambo zurechtkomme."

Sie wechselten die Pferde und ritten durch den Park in Richtung Peershof davon. Weit hinter ihnen folgten die anderen.

„Hoffentlich geht es deiner Schwester wieder besser", sagte Bille. „Es täte mir leid, wenn ihr jetzt der ganze schöne Tag vermiest wäre."

„Ach, die kleine Panne wird sie nicht gleich umhauen", antwortete Jochen lächelnd. „Sie hätte sich nicht so anstellen sollen. Schließlich waren wir es, die euch herausgefordert haben – mit unserem Getue."

„Ist das dein Ernst?" Bille hielt überrascht an.

„Na ja …" Jochen wurde rot. „Es war nur, weil wir sauer auf unsere Eltern waren – dass sie uns nach Peershof abschieben und selber nach Mexiko fliegen. Gerade in den Osterferien! Wir waren irgendwie … na ja, wir haben eben unseren ganzen Ärger auf euch abgeladen. Dabei finde ich es herrlich, wie ihr hier lebt – mit euren Pferden. Ich wünschte, ich hätte es so gut."

„Du – es tut mir leid", sagte Bille und schaute Jochen ins Gesicht.

„Was denn?"

„Dass du so nass geworden bist – und gestürzt bist, und …"

„Quatsch", sagte Jochen, „ist doch unwichtig. Die Hauptsache ist, dass es ein toller Geländeritt war! Und das war es doch, oder?"

Tina Caspari wurde in Berlin geboren und lebt heute in der Nähe von München. Das Leben auf dem Land, Tiere und besonders Pferde spielen für Tina Caspari eine wichtige Rolle, hier findet sie die Ideen für ihre Geschichten. Bevor Tina Caspari das Schreiben von Kinder- und Jugendbüchern zu ihrem Hauptberuf machte, war sie Schauspielerin und Sprecherin in Funk und Fernsehen. Und eines möchte sie immer noch gerne: selber Filme machen. Das rotweiß gescheckte Pony Zottel hat es übrigens wirklich gegeben. Tina Caspari sagt über ihn: „Zottel war unglaublich verfressen und immer zu Streichen aufgelegt. Er war mein bester Freund. Ich werde ihn nie vergessen."

Bille & Zottel

Bille liebt Pferde über alles. Da macht es ihr noch nicht mal etwas aus, um fünf Uhr morgens aufzustehen, um im Stall zu helfen. Als sie das ehemalige Zirkuspony Zottel zur Pflege bekommt, ist Bille das glücklichste Mädchen der Welt. Zottel erobert Billes Herz im Sturm, und bald sind die beiden unzertrennlich. Billes sehnlichster Wunsch ist es, dass Zottel ihr gehört. Ob ihre Mutter und ihr Stiefvater damit einverstanden sein werden?

Sammelband 1:
Ein Zirkuspony
zum Liebhaben
ISBN 978-3-505-13807-2

Enthält die Einzelbände 1-3:
· Pferdeliebe auf den ersten Blick
· Zwei unzertrennliche Freunde
· Mit einem Pferd durch dick und dünn

Bald ist Sommer! Bille und ihr Pony Zottel freuen sich schon auf die Ferien. Aber vorher steht noch einiges an: Ein verwaistes Pony braucht ihre Hilfe, und ein kranker Reitlehrer muss unbedingt aufgemuntert werden. Mit den Sommerferien geht das Abenteuer dann richtig los: Bille und ihre Freude unternehmen mit ihren Pferden einen Wanderritt – aber sie müssen sich auch gegen eine Motorradbande behaupten, die die Koppel zur Rennstrecke auserkoren hat …

Sammelband 2:
Der schönste Sommer für Bille und Zottel
ISBN 978-3-505-13808-9

Tina Caspari
Bille und Zoattel
je 380 Seiten, gebunden
€ 9,99 [D]

Enthält die Einzelbände 4-6:
· Applaus für Bille und Zottel
· Die schönsten Ferien hoch zu Ross
· Gefahr auf der Pferdkoppel